하나님의 보좌

저자 김 형 일 목사

조 은

머 리 말

내가 이 땅에서 호흡하고 살아온 지가 59년이란 세월이 흘렀습니다. 이 시간이 긴 시간인지 짧은 시간인지 판단하기는 어렵지만 하여간 나는 이 한 많고 사연이 많은 시간을 보내왔습니다.

동두천에서 출생하여 중학교 1학년 때 둘째 형님의 도움으로 시장통 안에서 있었던 동두천 성결교회를 통해 첫 신앙을 하게 되었습니다. 신앙의 입문하면서 여러 가지 궁금증들이 생겨났습니다.

하나님은 어떠한 분이신가? 과연 하나님이 존재하기나 한 것일까?

하나님은 우주 창조를 어떠한 형태로 창조하셨을까? 예수님이 진리라고 하는데 진리가 무엇인가? 그리고 사람이 죽으면 성경에는 천국과 지옥이 있다는데 과연 그 말이 사실인가? 사후 생에 대한 궁금증이 더해 갔습니다.

성결대학교에 입학하면서 이 궁금증을 해소하기 위해 미친듯이 책을 읽어 나갔습니다. 신학교 1학년 때 거대한 벽에 부딪히게 되었습니다. 강흥수 목사님이 쓴 번역서인 스베덴보리의 『천국과 지옥』이라는 책을 읽고, 그렇게 내가 알고 싶었던 내용들을 스베덴보리 선생은 정확하고 자세하게 하나님에 대하여, 진리에 대하여 그리고 사후생에 대해서 자세하게 설명하였습니다.

글자 한 자 한 자에 보석이 박히어 그 보석들을 캐내듯이 스베덴보리 저서들을 탐독했습니다. 그리고 내 안의 하늘에서의 밝은 빛이 비치기 시작했다. 번민하고 갈등하던 신앙적인 지식들이 밝은 이해와 지식으로 나에게 설명해 주고 있었습니다. 감격과 환희 그리고 하늘에서 놀라운 사실들이 칠흑같이 어두웠던 나에게 눈처럼 하얗게 소복이 차곡차곡 쌓이고 있었습니다.

나만이 알 것이 아니라 다른 사람에게도 전해주고 싶었습니다. 하나님에 대하여 잘 모르는 사람들에게, 진리가 무엇인지를 알고자 하는 이들에게, 사후 생에 대해 무지한 사람들에게 스베덴보리가 우리에게 알려주고자 했던 보석함 안에 있는 수많은 귀한 보물들을 참고하면서 이 내용들을 전해야 되겠다는 뜨거운 마음이 용솟음쳤습니다.

세상에 대해서 하나님과 진리와 사후 생에 대해 조금이라도 궁금한 사람들에게 이 글을 전하고 싶습니다. 특별히 지금도 이 세상에 살아계신 어머니와 가족들 평생 물신양면으로 도와준 둘째형님 내외분께 그리고 나의 첫사랑이며 마지막 사랑인 나의 사랑과 그리고 나의 딸 다혜 그리고 영적스승 이신 이모세 목사님 내외분과 이영근 목사님 내외분과 하나님의 보좌를 출판해주신 도서출판 조은 김화인 목사님 그리고 직원들께 그리고 뒤에서 후원해준 김연경님과 예수교회 이영근 목사님의 스베덴보리 역서들이 없었다면 저의 책은 끝을 보지 못했을 것이고 지면으로나마 나의 영적스승인 이영근 목사님께 깊은 존경과 감사를 드립니다. 또한 저를 사랑해주신 모든 분들에게 이 책을 바칩니다.

이 책을 읽는 모든 이들이 하늘로부터 오는 빛과 소리를 들었으면 하는 마음 간절하고 주님의 은혜와 평강이 함께 하시기를 두 손모아 기도드립니다.

목 차

제5장 하나님 말씀(성스러운 책)

제6장 믿 음

제7장 생활론

제8장 천국의 결혼

제9장 최후심판

제10장 주님의 재림

제11장 천계비의

제12장 지옥론

제13장 천국과 지상의 대응물

제1장 들어가는 말

1. 사람의 출생

무(無)였던 존재가 새로 나타난 세상

보이지 않는 작은 물체, 인간의 눈으로 파악할 수 없는 작은 물질이 다른 생명체에 연결됨으로 인해 새로운 형태의 생명을 탄생하게 된다. 미세한 작은 물질로부터 파생되는 신비한 세계에 대한 상상력과 풍요로움이 흙을 먹고 사는 모든 이들의 희망과 삶에 기대치가 된다.

정교하고 섬세한 물질로부터 출발한 하나의 생명이 유전자를 통해 어느 시대, 어느 나라, 어느 가정에 의해서 태어나느냐 또한 남자의 성을 가졌는지 여성의 유전인자를 가졌는지에 따라서 인생 항로가 바꿔지기도 한다. 인간의 출생이라는 것이 인간 그 자신의 의지라기보다는 먼저 창조 되어 나온 이에 의해서 영향을 받는 것이 사실이다.

나 보다는 나 이전에 출생한 자에 의해서 우리 운명의 반이 결정되기도 하는 것 같다. 우리 부모 또한 우리 조부모에 의해서 영향을 받아왔고, 우리 조부모는 증조부모에 의해서 그리고 증조부모는 고조부모에 의해서 삶을 영위해 왔고, 우리 선조들은 그런 식으로 이 땅에서 한 많고 생로병사가 있고 끊임없이 움직이는 변화무쌍한 세상에서 삶을 이어왔다. 땅에서 흙을 디디고 살았던 모든 사람들이 공기를 들이 마시므로 호흡을 하듯이 또 태양과 지구를 통해 우리가 살아 갈 수 있는 에너지를 공급받고 우리가 활동할 수 있는 공간이 주어지고 우리가 어떻게 살아야 하고, 과연 어떠한 사고방식을 갖고 사는 것이 옳고 그른 것인지 도덕적이라고 부르는 것은 무엇인가? 과연 선이란 무엇이고? 악이란 무엇일까? 인간이기 때문에 더욱 간절히 요구되는 인간적인 삶의 방식이 무엇인가? 인간의 삶이란 과연 자연적으로 파생되어 나온 자연물의 소산인가? 아니면 그 누가 말하듯이 창조주 하나님에 의해서 만들어 졌는지 그래서 우리는 아무리 우리가 활동하든지 우리의 생각을 넓혀서 사고한다고 해도 전능한 신의 범주 안에 있을 수밖에 없으며 우리의 놀라운 생각들이 부처님 손바닥 안에서 놀아나고 있는지 과연 우리는 알 수 없을까? 과연 인간이라는 존재가 나약하기 그지없는 세포로부터 시작하는 것은 어쩔 수 없는 것이다. 우리는 정작 무였던 존재에서 유한한 유에 존재로 던져졌기 때문에 과연 우리가 이 땅에서 영원한 삶을 살 수 있을까? 성경에 보면 아담이 구백삼십 세를 향수하고 죽었다고 하는데 구백년이 아니라 구천년 구 만년에 삶을 살 수 있을까? 아니면 어머니의 모태에서 출생하기도 전에 죽은 태아의 삶을 행복의 극치라고 표현해야 하는 것일까? 차라리 이 고통스럽고 풍파가 심하고 변덕이 심한 이 세상을 경험해야만 우리의 인생을 논할 수 있을까? 우리는 망망대해에 한 조각 나뭇배처럼 떠돌아다니는 일촉즉발의 초라한 인생인가? 조그만 바람이 불어도 피할 수가 없고, 얕은 파도가 몰려오면 어디서 흔적도 없이 찾아볼 수 없는 미미한 존재일까? 좌우간 우리의 시작이 초라하기 때문에 작은 실체로부터 출발 할 수밖에 없는 것이다.

모든 생명체는 식물이든 동물이든 세포로 만들어져 있다고 한다. 세포는 살아있는 가장 작은 구성 단위이다. 어떤 세포는 그들 스스로 살아 나갈 수 있는 존재들도 있다고 한다. 아마 단세포 생물이 최초의 생명체이었을 것이다. 여러 세포가 한데 모여 그들 사이에서 서로의 할 일을 분담하고 나서야 비로소 고등동물로 나아가기 위한 진화의 과정이 가능하게 되었다. 어떤 세포는 운동하는 쪽으로 전문화 하여 근육세포가 되고, 또 어떤 세포는 느끼고 전달하는 쪽으로 전문화하여 신경세포가 된다. 구성단위의 종류는 고등동물일수록 풍부한데 특히 인간의 신경계는 다른 종(種)에서는 찾아볼 수 없을 정도의 잘 발달된 연결 장치와 독특한 형태를 갖추고 있다. 신경계통을 제외하면 구성단위, 즉 세포의 유형은 동물세계를 통틀어 큰 차이가 없다. 그리고 거의 모든 생명체는 한 개의 세포에서 자라기 시작한다. 바로 수정된 난자이다. 우리는 이 조그마한 수정된 난자로부터 출발하지 않을 수 없고 이 사실은 축복이 될 지 저주가 될 지 영원한 삶의 지속이 될 지 영원한 삶의 저주가 될 지 누가 알겠는가?

2. 사람이 무엇인가?

모든 사람은 그들의 마음에 속한 내면적인 것들의 측면에서 보면, 모든 경우에 영에 속한 사상이나 영의 정동의 결단에 내맡겨지는 물질적인 몸으로 옷 입혀진 이 세상에 있는 영들이다. 왜냐하면 비물질인 영인 마음은 실제적으로 행동하지만 물질인 육체는 마음에 따라서 행동하기 때문이다.

사람은 영계와 자연계에 동시에 존재할 수 있도록 창조되었다. 영계는 천사들이 거주하는 곳이고, 자연계는 자연적인 사람들이 사는 곳이다. 그리고 사람이 그렇게 창조되었기 때문에 사람은 내적인 것에 의해서는 영계에 살 수 있도록, 외적인 것에 의해서는 자연계에 살 수 있도록, 내적인 것과 외적인 것을 선천적으로 가지고 태어났다. 사람의 내적인 것을 속사람(the internal man)이라고 부르고, 사람의 외적인 것을 겉 사람(the external man)이라고 호칭한다.(순정기독교 제401항)

사람은 생명 자체가 아니고, 하나님에서 비롯된 생명을 담는 생명의 수용 그릇일 뿐이다. 일방적으로 믿어지고 있는 사실은 생명은 사람 안에 존재하며, 생명은 사람의 것이다. 그런 까닭에 단순히 생명의 수용 그릇이 아니라 사람은 실제적으로 생명이다는 견해이다. 이와 같이 일반적인 견해는 생명의 외현(外現)에 근거한 것이다. 왜냐하면 사람은 자기 스스로 사는 것처럼 산다는 것 때문인데, 다시 말하면 사람은 전적으로 자기 스스로 느끼고, 생각하고, 말하고, 행동한다는 외현 때문이다. 그러나 어느 누구가 무한존재가 유한한 것 이외의 그 어떤 것을 창조할 수 있다고 이성적으로 생각할 수 있으며, 또 유한하기만 한 사람은 무한존재께서 그분 자신 안에 가지고 있는 생명으로 말미암아 생기발랄하게 할 수 있는 하나의 형체 이외의 다른 것이 아니라는 것을 이성적으로 생각할 수 없겠는가?(순정기독교 제470항)

하나님께서 오직 생명이시고 사람은 그 생명에 속한 기관(器官)이다. 하나님께서는 마치 태양이 그것의 볕을 한 나무와 또는 그 모든 부분에 주입하듯이, 하나님의 생명의 기관(器官)인 사람이나 그의 모든 부분에 주입한다. 그리고 하나님께서는 사람으로 하여금 자기 자신 안에 있는 생명이 마치 자기 자신의 것처럼 느끼게 하셨는데, 그리고 사람의 생명에 관해서 이와 같은 느낌을 가지게 한 하나님의 원하심은 사람 스스로, 성경말씀에 속한 규례와 꼭같이, 많은 질서의 법칙에 따라서 살기 위한 의도이고, 따라서 하나님의 사랑을 수용하도록 자기 자신을 준비하게 하는 것이다. 사람의 참된 생명은 그 사람의 사랑이다. 사랑이 어떤 유이냐 하는 것은 곧 그런 유의 생명을 가리킨다. 실제로 그 사랑이 곧 그 사람 전부이다. 그러나 이러한 사실은 주도적인 사랑(主導愛)에 의해서 이해할 수 있겠다. 왜냐하면 이 사랑이 사람의 성품(性稟)을 결정하는 것이기 때문이다. 이 사랑은 그것에서 파생된, 즉 그것에 종속되는 수많은 사랑을 거느린다.(순정기독교 제399항)

그럼에도 불구하고 하나님께서는 계속해서 손가락으로 저울의 지침을 직각(直角)되게 하시고, 또한 사람의 선택의 자유(選擇自由)를 조절한다. 그렇다고 하여 하나님께서는 강제에 의하여 선택의 자유 즉 자유의지를 침범하지는 않는다. 사람의 선택의 자유는 사람이 향유하는 생명이 마치 자기 자신의 소유인양 느낄 수 있는 감관을 가졌다는 사실에서 생겨나는 것이다.(순정기독교 제504항)

3. 인생무상(죽음)

나는 어디서 왔을까? 그리고 나는 왜 살며 그리고 종국에 나는 어디로 가는 것일까? 이러한 의문들이 사람이면 누구나 궁금해 하고 알려고 하는 내용들이다.

존재하지 않았던 존재에서 보여지는 새로운 세계로의 출발이다. 나는 어디에서 온 것일까? 보이지 않던 조그마한 생물에서 어느 누가 우리가 어디서 온 줄 알면 그곳으로 가고 싶은데 그 누구도 쉽게 우리가 어디서 왔는 지를 알려주지 않는다.

인류학자들이 말하듯이 현대인과 유사한 골격을 가진 300만년 전에 기원을 소급해서 찾아 볼 수 있을까? 부모에 사랑에 의하여 태어났으니 우리는 부모님들과 때로는 같이 살아야 하는데 어떻게 살아야 하는가 또한 만만치 않은 일이다.

어느 날 붓다(B.C. 624~544년)는 갠지스강 기슭을 거닐고 있었다. 이때 물건을 훔쳐 도망치는 여인을 찾고 있는 한 청년을 만났다. 붓다는 그를 보고 "보라! 도망친 여인을 찾는 것과 잃어버린 자기를 찾는 일과 어느 것이 더 소중 하뇨?"라고 질문했다.

불교에서는 사리자야 색(色;물질)이 공(空)과 다르지 않으며, 공이 색과 다르지 않으니라. 색이 공이 되며 공이 색이 되느니라. 수(受), 상(想), 행(行), 식(識)도 역시 또한 이와 같으니라. 색시공(色是空) 그러니 모든 존재는 참 존재가 아니다. 가유(假有) 아니면 잠유(暫有)다라고 말한다.

"한번 온 자는 가는 때가 있고 한번 만났던 자는 헤어질 때가 반드시 있고 한번 태어난 자는 죽을 때가 있는 법이다." 그래서 사도 바울같은 대석학도 통곡을 했다. "오호라 곤고한 사람이로다 누가 이 사망의 몸에서 나를 건져 줄고" 소크라테스는 "나는 아무것도 모른다는 것 외에는 아는 것이 없다"고 고백했다.

공자의 평생 가르침처럼 이 세상에서 어떻게 바로 살아야 하는지 우린 신이 아닌 이상 일곱 번 넘어지고 여덟 번 일어나야 하는 육체라는 한계를 갖고 태어났다.

우리 조상들이 상여가 나가며 부르는 구슬픈 민가의 가락 내용이 이렇다. "가네 가네 나는 가네 북망산에 나는 가네 북망산천 멀다더니 문턱 밑이 아니던가, 어느 친구 날 찾거든 북망산천 갔다 하소 아가 아가 울지 마라 네 복 없으면 잘 사느니 허-허 허허노 허헌차 허허노"

우리가 잘 알듯이 천하 부귀를 누리며 천하일색 시바를 사랑했던 솔로몬왕은 전도서에서 인생을 이렇게 기록하고 있다.

"헛되고 헛되며 헛되고 헛되니 모든 것이 헛되도다 사람이 해 아래서 일하는 모든 수고가 무슨 유익이 있는가"(전도서 1:2~3)

어느 시인은 인생을 이렇게 표현하고 있다.

생은 다만 그림자
실낱같은 여름 태양 아래 어른거리는
하나의 환영
그리고 얼마큼의 광기
그것이 전부
우리에게 시간은 충분했다.
그러나 우리는 그만큼 살지 않았을 뿐

빈손으로 왔다가 빈손으로 가는 것 세상 일은 모두 뜬 구름과 같구나 무덤이 이뤄지고 사람들이 헤어진 후 산은 적막하고 보이는 건 빈 것뿐이다. 공자는 인륜이나 정치의 실제문제를 다루었지만 장자는 형이상학을 논했다. 장자는 사생(死生)의 문제를 다루었고 어떤 때는 죽음을 찬미하기까지 했다. 장자는 해골(骸骨) 바가지를 들고 대화를 했다. 해골이 말하기를 "죽음의 즐거움을 남면하여 천하의 왕 노릇하기보다 더 즐거운 것이다."고 뽐냈다. 장자가 해골을 보고 "너를 다시 살려 옛날의 젊은이로 환원시켜주고 부모도 모조리 옛날대로 해준다면 어떻냐…" 물으니 해골은 얼굴을 찌푸리며 "천만에"라고 거절했다는 이야기가 있다.

공자는 사후문제에 대해서 미지생 언지사(未知生 焉知死) "아직 생을 알지 못하거늘 죽음을 어찌 알수 있겠느냐"라고 표현했다.

불교에서는 이러한 말을 한다. "아제 아제 바라아제 바라승아제 모지 사바하"(건너 가리라, 건너 가리라 저편(彼岸)으로 건너 가리라. 이승은 허무한 곳 피안으로 건너가야 해)

사람들이 건너기 어려운 곳은 한번 가면 다시 올 수 없는 세계이다. 누구나 가기를 원하지 않지만 끝내 갈 수밖에 없는 나라이다. 이 세상에서 아무리 권력이 높아서 수 백만 명을 죽이고 성이 차지 않아서 마음 안의 증오와 복수심이 가득 차서 천하를 자기 마음 내키는 대로 하는 자라도, 또한 가진 것 없이 남에게 이타적인 행동으로 선하게 살아왔다고 하는 자도 그에게 남아 있는 것이 선한 것뿐이 없어서 만일 하나님이 살아 계시면 이 사람에게 특권을 주어서 아담처럼 구백 년을 살게 해 주어야 이 세상이 정의가 올바르게 진행되는 것이 아니냐 할지라도, 어머니의 뱃속에서 얼마 태어나지도 않았는데 세상의 이치를 알기도 전에 겨우 눈에 들어오는 빛이 밝음과 저녁이 되어 어둠이 오고 어둠이 오면 자기를 낳게 해준 어미와 함께 꿈을 꿀 나이든, 살기는 살았지만 아직 사랑의 열정과 남녀 간의 애정을 깨닫기도 전에 아이들이라 할지라도, 혹은 하나님이 장수하게 만들어서 100세를 넘어가는 장수노인들도 그들의 인생행로의 긴 여행과 함께 우리는 그곳으로 긴 여정을 떠나야만 한다.

4. 자연계의 광대무변성

사람은 동물 중에서 가장 나약하게 출생하게 된다. 이 가장 나약하게 출생하는 생명체에 하나님의 깊은 속뜻이 있다. 우리가 동물의 왕국이나 동물 세계에서 보면 송아지나 연약한 사슴같은 짐승들은 낳자마자 금세 걸을 수 있고 움직일 수 있다. 자연적인 동물의 세계에서 움직이지 못하거나 자라지 못하면 금세 육식 동물한테 먹이로 전락하니 빨리 움직여서 제 구실을 해야지 그렇지 못하면 죽기 때문이다. 그러나 만물의 영장이라는 사람은 부모가 아기를 보살펴주지 않으면 살 수가 없다. 부모가 모유나 우유를 며칠 주질 않으면 영양결핍으로 죽게 될 것이다. 중요한 사실은 이러한 생명에게 부모가 끊임없는 관심과 보살피는 돌봄이 없으면 이 아기는 생명을 유지시키지 못한다는 것이다. 주님께서 우리들에게 보호자라고 하시는데 그래서 우리가 하나님을 '아바 아버지'라고 부르는데 어릴 때에 부모의 돌봄이 없으면 사람의 생명을 유지시키기가 어렵다는 것이다.

그래서 이 생명체가 세상에 새로운 것들을 배운다. 어머니 자궁에서 자라던 아이가 세상에서 나와 공기를 마시고 세상과 호흡하고 세상을 알게 된다. 우리가 태교교육이 중요하다고 하는데 왜 중요하냐면 부모가 갖고 있는 지식과 애정, 느낌 사고방식이 바로 아이한테 훈육되어지고 교육되어지기 때문에 부모의 수준만큼 커갈 수 있고 더 커갈 수 있기 때문에 중요한다.

요사이 의료기술이 발달되어 80세는 기본이고, 90세, 100세까지 장수하는 사람들이 있다. 의료기술이 발달하지 못했던 시대에 태어났던 우리 조상들은 단명하는 것을 알 수 있고, 아프리카에 사는 원주민들이 짧게 삶을 마감하는 것을 우리는 안타까운 모습으로 볼 수 있다.

우리의 생각을 넓게 하여 우리의 주위를 살펴보자. 우리가 살고 있는 태양계는 수성, 금성, 지구, 화성, 목성, 토성, 천왕성, 해왕성, 명왕성이 있다. 우리가 살고 있는 태양계의 태양은 은하수라고 부르는데, 우리 은하를 구성하는 1,000억 개의 별들 중 하나일 뿐이다. 은하수는 또 국부 은하군에 속한 수많은 은하들 중 하나이며, 국부 은하군은 다시 은하단 속의 수 천개의 은하군들 중 하나이다. 은하단은 지금까지 알려진 우주 구조 가운데 가장 큰 것이다. 우리가 전능한 신이 아닌 이상 우주의 끝을 아는 사람이 없을 것이다.

현대의 우주관

구약의 세계관

구약의 세계관이란 그림을 보면 맨 위에 높은 하늘이 있고, 궁창 위에 물이 있고, 궁창에는 눈 저장소, 우박 저장소, 바람 저장소가 있다. 하늘에는 하늘의 수문이 있어 비와 눈과 우박이 쏟아진다. 하늘의 기둥들이 하늘을 떠 받들고 있고, 땅의 기둥들이 땅의 중심들을 잡고 있으며, 하늘 기둥과 땅의 기둥 사이에 깊은 샘이 있다. 땅의 배꼽이 있으며 땅 아래의 물과 지하 세계의 강이 있고, 그 가운데 스올(지옥)이 그려져 있다. 지금 천체 물리학자들에게 이 사진을 보여주면 어떠한 얘기를 할까? 오랜기간 동안 성서를 문자적으로 해석해 놓은 성서학자들의 묘사가 이렇게 정리되었고, 근대까지 사람들의 이성은 이렇게 믿어 왔다.

현대 자연과학을 연구하는 사람들은 영리해서 정확한 데이터로 우주의 무한광대한 것을 새롭게 밝혀내고 있다.

미국 하버드 스미스 소니언 천체물리센터 연구진은 2014년 3월 17일 기자회견에서 "남극의 전파망원경(바이셉 2)으로 3년간 추적 끝에 우주가 급팽창했음을 입증하는 중력파(重力波)의 흔적을 처음으로 찾아냈다고 밝혔다. 우주 급팽창은 138억년 전 빅뱅이 일어나 우주가 탄생한 직후에 '10의 33제곱 분의 1초'라는 찰라 동안 우주가 '10의 20제곱' 배 이상으로 팽창했다는 이론이다. 우리나라에서도 우주의 탄생에 얽힌 비밀을 찾기 위한 연구가 활발한데, 그 대표적인 것이 우주의 기본입자 중 하나인 중성미자(中性微子)와 암흑물질 연구이다. 중성미자는 우주의 모든 물질을 구성하는 기본입자이다. 대폭발(빅뱅)이나 핵융합 과정에서도 발생하는 중성미자는 빛의 속도로 움직이면서 다른 물질과는 전혀 상호작용하지 않아 '유령입자'라고도 불린다.

우주에서 우리가 눈으로 볼 수 있는 은하, 별 등이 차지하는 비율은 4%에 불과하다. 나머지 73%는 암흑에너지, 23%는 암흑물질로 구성돼 있다. 암흑물질이 우주연구에서 중요한 이유는 별과 은하, 우주가 어떻게 생성되는지 알 수 있는 열쇠이기 때문이다.[조선일보 기사 인용]

그러나 근대까지만 해도 보통사람들은 수평선 넘어가면 절벽 끝이라 무한한 낭떠러지로 떨어진다고 믿었다. 고대 종교서적들을 보면 별들을 크리스마스 추리처럼 매달아 깊은 밤중에는 해가 굴속으로 들어갔다가 아침이면 다시 굴속으로 빠져 나오는 것으로 묘사하고 있다. 고대 힌두교에서는 우주는 코끼리가 떠받치고 있고, 그 아래쪽에서는 뱀 위에 올라타 있는 거북이 지옥을 떠받치는 형상으로 우주관을 인식하였다.

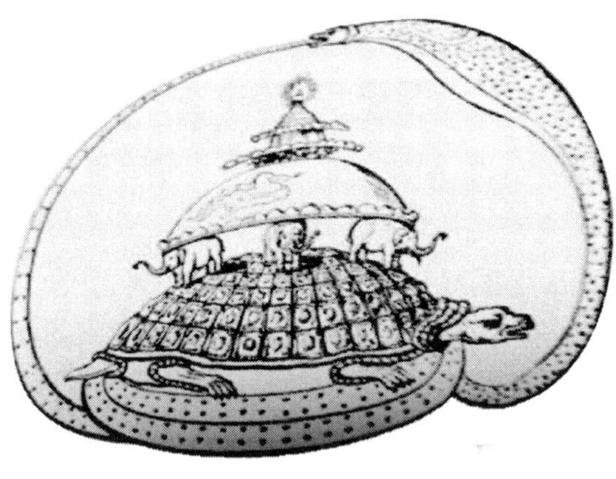

고대 힌두교 우주관

아리스토텔레스(B.C. 384~322년)는 지구가 정지해 있고 태양, 달, 행성 그리고 항성들이 지구의 주위를 원 궤도를 그리며 회전한다고 생각했다.

이렇게 믿은 까닭은 어떤 신비스러운 이유에서 지구가 우주의 중심이며, 원 운동이 가장 완벽한 운동이라 생각했기 때문이다. 초대교회사에서 중요하고 신학적인 사고를 깊이 해온 오리겐(A.D.185~254년)이란 학자가 있다. 그의 신학이론에 내용들을 살펴보면 매우 이채로운 내용들이 있다.

오리겐의 사색적 이론체계에 우주관은 이렇다. 하나님은 처음에는 이 물질계를 창조하시지 않으셨다. 오직 이성(reason)과 자유의지(free will)를 하나님께 부여받아 창조주께 의지하고 있던 영적 존재들(spiritual beings)의 세계만이 존재했다는 것이다. 즉 이러한 영적 존재들이 항상 하나님께 영광을 드리는 생활에 싫증을 느끼고, 태만 중에 타락하게 되어, 점차 하나님에 대한 사랑이 식어짐에 따라 그에게서 멀어져 이보다 낮고 열등한 것에 애착을 가지기 시작하였다는 것이다. 이 타락의 결과 물질계는 존재하기 시작하였는데, 이단들이 주장하는 바와 같이 우연히 사고에 의해 생긴 것이 아니라 하나님 자신의 직접적인 목적의 표현으로서 창조되어 이 세계의 아름다움과 질서 가운데에는 창조주의 선하심(goodness)이 충만하게 나타나 있다고 한다. 따라서 물질계는 인간이 우연히 그 속에 태어나서 고통을 당하는 장소가 아니라 지고하신 하나님의 의지하에 창조된 영역으로서 이를 지으신 이의 선하심과 정의로우심과 우리를 구속하시고자 하는 의지를 표현하는 곳이었다. 이 물질계의 목적은 또한 인간들이 단순히 편안하게 할 수 있는 장소를 제공하고자 함이 아니라, 이들을 교육하고 훈련시켜 재창조하여 그가 없이는 인간들이 인간 이하로 떨어질 수밖에는 없는 창조주에게로 다시 돌아가도록 하는데 있었다.

오리겐은 인간들은 자기 앞에 닥치는 모든 고난들을 극복해야할 의무가 있으며, 눈에 보이는 물질계는 일시적이며 잠정적인 것으로 보았으며 육체와 연합하기전 이미 존재하였고, 또한 영원토록 존재할 영혼의 보다 긴 생명에 비하면 물질계에 속한 생명은 짧은 것에 지나지 않았다. 따라서 구속의 과정은 점진적인 것이었다. 예수님의 대속은 항상 계속되는 것이며, 하나님은 함부로 물리적 힘을 사용하지 않으며 자유를 존중하시는 분이므로 하나님의 의지에 따라 행해지는 인간 복구의 역사는 점진적으로 고난을 수반하여 계속되는 오르막길과 같은 것이었다. 오리겐은 교회가 전하는 복음도 이승의 가능성이라는 범주 내에서 볼 때는 절대적인 것이나, 후에 밝혀질 진리에 비교하면 상대적일 수밖에 없다고 보왔고, 죽음의 자리에서 아무도 죄 없는 이가 없고 하나님의 거룩함과 사랑을 감당하기에 적당한 자도 없으므로 영혼의 모든 불순물을 깨끗이 정화시킬 '불'이 있으리라고 하였다.

천당과 지옥에 관해 설명하는 모든 언어는 상징적 의미를 가지고 쓰였으므로 오리겐은 지옥의 온도를 잴 수는 없다고 믿었다. 이러한 상징적 언어가 포함하고 있는 가장 중요한 진리는 하나님의 징벌이 엄연히 존재한다는 사실 그 자체였다. 하나님의 징벌에 목적에 관해서는 하나님의 진노 가운데는 항상 치유적인 목표가 포함되어 있다고 주장하였다.

성 아우구스티누스(출생 미상~604년)는 창세기에 의거해서 기원전 5,000년 쯤을 천지창조가 이루어진 연대로 받아들였다.

우리가 알고 있듯이 갈릴레이(1564~1642년)가 코페루니쿠스

(1473~1543년) 학설, 태양이 태양계의 중심이며, 지구는 태양을 돌고 있다는 학설을 발표했을 때 교회는 지동설 보다는 프톨레마이오스(85?~165년?)가 주장한 지구가 중심에 놓여 있고, 그 주위를 달, 태양, 항성들과 수성, 금성, 화성, 목성, 토성들이 회전한다고 믿고, 교회는 이 이론이 기독교에 부합하다고 인정해서 이 학설을 받아들여서 갈릴레이에 지동설을 극구 반대했다. 그러나 20세기 들어와서 교황청은 당시에는 "이단으로 의심" 받아 20년간 갈릴레이에 저서는 금서목록에 오르게 되었고, 360년이 지난 1992년 교황 요한 바오르 2세는 '비극적인 상호 몰이해' 라는 표현으로 공식적으로 카톨릭의 잘못을 시인했다. 지동설을 주장하였던 부루노(1548~1600년)는 종교재판에서 이단으로 판정하고 화형에 처하였고, 종교개혁가였던 후스도 불에 타 죽이는 끔찍한 일을 저질렀다.

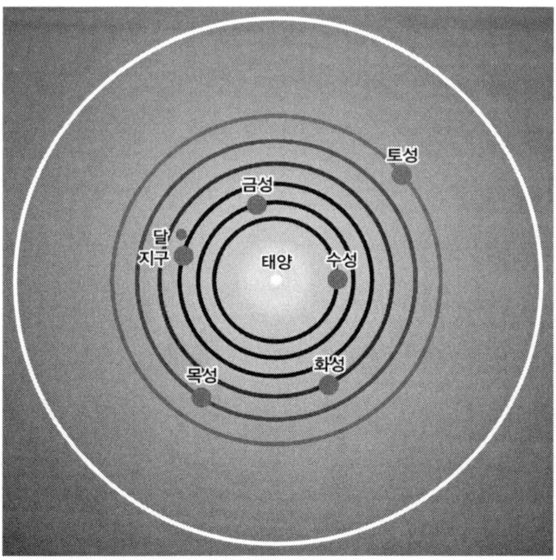

코페르니쿠스 이론
코페르니쿠스의 체계에서, 태양은 태양계의 영주이다. 모든 행성들은 태양 주위를 돌고, 오직 달만이 지구 주위를 돌고 있다.

※ 참고도서 : 사진 ② 코페르니쿠스 이론 사진 – 누구나 알아야 할 모든 것 우주, 크리스쿠퍼 지음, 김충성, 김다현, G brain 옮김, P.45, 2014년, 서울.

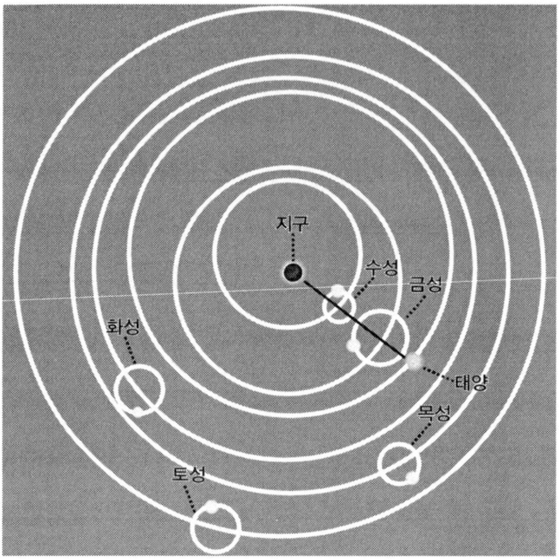

프톨레마이오스 이론

프톨레마이오스의 체계에서, 각 행성은 주전원이라고 불리는 작은 원을 따라 돌고 있으며, 이 원의 중심은 항상 태양 가까이에서 보이는데, 이 때문에 이 행성들의 주전원은 지구와 태양을 잇는 선 위에 중심을 두고 있다고 가정해야만 했다.

※ 참고도서 : 사진 ③ 프톨레마이오스 이론 사진 – 누구나 알아야 할 모든 것 우주, 크리스쿠퍼 지음, 김충성, 김다현, G brain 옮김, P.43, 2014년, 서울.

5. 우주의 탄생신비

하나님의 우주 창조가 그 최초의 상태로부터 어떻게 진행되어 왔는가를 설명하기에는 너무나 긴 시간이 필요하겠지만, 나는 조요된 상태에서 당신들의 세계의 태양에게서 발하는 볕과 빛을 방편으로 해서 그 자체가 본질적인 영적 대기가 차례로 창조된 것을 알게 되었다. 그 대기는 셋이며 세 계도가 있는 까닭에 또 세 천계가 만들어졌다.

즉 그 하나는 사랑과 지혜의 지고(至高)한 계도에 있는 천사들을 위한 천계이고, 그 다음에는 두 번째 계도에 있는 자들을 위한 천계이고, 제 삼의 천계는 가장 낮은 계도에 있는 자들을 위해서 지어졌다.

그러나 영적인 우주는 자연적 우주 없이는 존재할 수 없기 때문에 나는 자연적인 모든 것들을 발생시키는 태양이 영적인 태양과 동시에 창조되어서 같은 식으로 별과 빛을 방편으로 해서 외피가 그 핵을 싸는 것처럼 또는 나무껍질이 그 나무를 싸는 것처럼 영적세계를 싸고 있는 세 대기가 만들어 졌다. 맨 나중에 이 대기들을 수단으로 해서 물과 육지가 되는 지구가 형성되고 거기서 흙과 돌과 광물이 되는 지질에 의해서 만들어진 사람 · 짐승 · 물고기 · 나무 · 관목 그리고 기타 식물이 존재하는 것을 알았다. 어쨌든 당신들이 말한 것 같이 무에서는 아무 것도 생겨질 수 없는 고로 하나님은 우주를 무에서 창조하시지 않으시고 당신의 존재(存在)에서 발출하시고 순수한 사랑과 지혜인 천사적 천계의 태양에 의해서 창조하셨다는 결론을 계시한다. 물론 우주라 함은 영계와 자연계를 포함한 말이지만 신령 지혜를 방편으로 해서 신령 사랑에서 만드신 것을 삼라만상이 증명하고 있다.

6. 심령과학자가 본 우주창성기

지금으로부터 2백 억년 내지 3백 억년 전 일이었다고 생각된다. 거대한 블랙홀로 이루어진 암흑성운과 그 주위를 둘러싸고 있는 중성자로 된 성운 그리고 이른바 신들의 의식이라고 불리우는 빛의 세계가 존재했다. 빛의 존재였던 신은 어느 날 자기의 뒤를 돌아오고 있는 암흑성운의 정체가 무엇일까 생각을 하고 호기심에 사로잡혀 그 암흑성운 속에 뛰어 들었다. '라-옴' 하는 비명소리와 함께 그 원시물질로 이루어진 암흑성운의 살아있는 의식이었던 원시 우주는 놀란 나머지 분노에 떨면서 최초의 창조주를 낳았다. 아직 스스로의 본질이 무엇인지도 깨닫지 못했고, 서로가 상대방에게 사랑을 느껴서 초우주적인 규모로 성교를 할 준비가 되어있지 않았던 마이너스의 성질을 지닌 원시 우주에서 태어난 최초의 창조주는 지혜와 힘만 지녔을 뿐 사랑이 없는 불완전한 신이었다. 따라서 그 불완전한 최초의 하나님에 의하여 만들어진 세계는 사랑을 그다지 필요로 하지 않는 지혜와 힘만을 자랑하는 인간들에 의하여 통치가 되었다. 지혜와 힘만 있고 사랑이 없는 최초의 하나님이 만든 인간들은 서로 전쟁을 했고, 그 전쟁은 처음에는 하나의 별에서 시작하여 전 우주에 걸쳐 거창한 규모로 발전하여 별들의 세계는 거의 멸망 직전에 이르렀다. 한편 그로부터 50억년 가량 지난 뒤에 음(陰)과 양(陽)의 원시 우주는 성숙하여 서로에 대하여 이른바 애정을 느끼고 하나가 되고 싶다는 강렬한 의혹을 느껴서 초우주적인 스케일의 교합을 했다. 그 결과 '옴-' 하는 목소리와 함께 사랑에 가득찬 두 번째의 창조주의 여신(女神)이 태어났다. 이 여신이 낳은 백성들은 죽는 일이 없는 진인족(眞人族)이었고 신과 같은 존재여서 필요하다면 스스로의 의지의 힘으로 육체를 가질 수 있는 그런 존재였다. 이들 진인족들의 아득한 자손들은 오랜 세월이 지난 뒤에 우리 지구에 식민을 해서 무와 레무리아 대륙의 원주민이 되었던 것이다. 그리고 최초의 창조주가 만든 백성들은 오늘날의 백인들 선조로서 이 역시 지구에 보내져서 아틀란티스 대륙의 백성으로 번성을 했다. 지구에 오기 전에 이들 백성들은 이미 전 우주에 널리 퍼져 있었다. 그러나 지혜와 힘을 자랑하는 백인들의 선조에 의하여 거의 전 은하계가 멸망 직전에 놓인 적이 있었다. 그래서 지금으로부터 4만 2천년 전에 북극성 네 번째의 별에서 신들의 대회의가 있었다.

이 모임의 주체자는 오리온 좌(座)에 거쳐를 갖고 있던 창조주들의 아버지인 하나님이었다. 왕비인 여신은 말할 것도 없고 은하계를 대표하는 천지인(天地人) 세분의 신들과 8천억 개의 별들을 다스리는 수

많은 신들도 옵서버로서 참가했다. 그때 모임의 정경을 전해 보고자 한다. 물질 우주의 창조주의 아버지이신 하나님은 말씀하셨다. "내가 아직 미숙했을 때 잘못에 의하여 원시모성 우주를 나도 모르게 겁탈하고 말았다. 그래서 불완전한 창조주를 태어나게 했고 그 창조주에 의하여 사랑이 없는 불완전한 인간들이 태어나서 지혜와 힘만을 겨루는 문화가 발생했다. 지금 그들 백성들에 의하여 이 우주는 깊이 병들어가고 죽어가고 있다. 나는 자신의 책임을 통절하게 느낀 나머지 이들을 붙잡아서 지구 성(星)에 추방했다. 그와 동시에 사랑에 의하여 만들어진 다른 백성들도 같은 지구상에 이동시켰다. 이들 두 개의 이질적인 문화는 서로 접촉함으로써 지혜와 힘으로 살아가기 어렵다는 진리를 차차 깨닫게 되리라 생각한다. 그러기 위해서는 이들 백성들에게 죽음을 주어서 1만 2천년에서 2만 4천년에 걸쳐 윤회 전생을 하게 했다,

㉠ 인과응보(因果應報) ㉡ 공존공영(共存共榮) ㉢ 불 간섭주위로 된 세 개의 우주법칙을 저절로 깨닫기 위해서 인간은 그만한 세월에 걸쳐 윤회전생을 하지 않으면 안되리라고 생각한다. 그리하여 마침내 깨닫게 된 인간들의 영혼은 새로 태어난 신의 자식으로서 우리들의 세계에 받아들이도록 한다. 1천 억 개의 은하계가 1천 억 개나 존재하는 이때 우주에 지금 가장 부족한 것은 신들이기 때문이다." 하나님은 이들이 만든 인류가 생존할 수 있는지 없는 지를 시험하기 위해 6천년을 주기로 일곱 번의 기회를 주어서 지구인에게 살 수 있는 권리가 있음을 증명하도록 하겠다. 70% 착한 마음과 30% 왕성한 생명력 즉 스스로 살아남기 위해서는 무엇이나 할 수 있는 악한 마음을 갖게 한다. 나와 아들은 덧없이 죽어가는 인간이 되어 4만 2천년 동안

윤회 전생을 해야만 한다. 인간을 돕기 위해서 비록 하나님이라고 해도 우주의 대법칙을 누구보다도 철저히 지켜야 한다는 것이다. 또 인간으로 출발하여 신으로 진화하는 길고 고달픈 길을 걸어야만 한다는 것이다. 최종적으로 지구인들이 지구연방을 만들게 되었을 때 꿈에서 깨어나서 하나님으로서의 의식을 되찾게 된 뒤에 다시 신들의 모임을 갖고 8천억의 별들을 다스리는 수많은 신들로부터 심판을 받으실 것을 선언하신 것이다. (이 우주의 탄생신비는 심령과학자가 우주창성기의 본 내용들을 정리한 부분이다)

제2장 사람이 죽으면 어떻게 되는가?
(사후의 상태)

1. 죽음 이후의 인간상태(영인의 세계)

일반적으로 인간의 의식은 현재의식과 전의식, 무의식으로 나눈다. 현재의식은 지적능력과 자제작용을 하는 곳이며, 전의식과 무의식을 합쳐서 잠재의식을 구성하게 된다. 현재의식은 잠재의식의 10분의 1 정도라고 한다. 심리학자들의 의식단계를 6단계로 구분하고 있는데, 깨어 있는 상태, 수면 상태, 꿈의 상태, 초의식의 제1단계 우주의식의 단계, 통일의식의 단계로 구분하고 있다. 티벳 불교 "사자의 서"라는 책에는 사후세계에서 의식체가 초자연적 지각 능력을 갖게 되는데 여섯 가지 능력을 갖게 된다고 한다.

㉠ 초자연적인 시력(천안통) ㉡ 초자연적인 청력(천이통) ㉢ 다른 사람의 생각을 읽는 능력(타심통) ㉣ 기적을 일으키는 능력(신족통) ㉤ 과거의 생을 아는 능력(숙명통) ㉥ 번뇌를 끊는 능력(누진통)이다.

불교 경전에서는 인간은 일곱 가지 식(識)을 가지고 있다고 한다. 듣고 보고 닿고 하는 감각 즉 오감을 말한다. 6번째 의식은 5감을 통하여 우리 자신이 만드는 의식, 인간이 잠잘 때는 1~6단계는 정지 상태이다. 7식은 대표적인 것이 꿈이다. 숨이 끊어질 때 제8식이 나타난다. 이것을 아랴야식이라고 부른다. 제8식은 1에서 7까지의 능력 모두를 구비하고 있는 완전한 한 생명의 형태이다.

영인의 세계란 천국도 아니요, 지옥도 아닌 그 사이에 있는 중간적 위치 상태를 말하는 것이다. 영인의 세계란 사람이 죽은 후 처음 가는 곳으로 사람이 육체에서 영혼이 빠져 나가는 상태를 말한다.

영이 육체로부터 이탈하는 초기에는 영은 반드시 자고 있는 것도 아니고 그렇다고 완전히 깨어 있는 것도 아닌, 특별한 감각 속에 있는 자신을 지각하게 된다. 그런데도 이 순간에 영(육체에서 빠져나온 영혼)은 자신으로서는 내가 충분히 각성하고 있다고 하는 의식이 생생하다. 이 각성은 육체를 지니고 있는 보통 인간으로서의 각성이 아니라 영혼으로서의 영혼 감각에 있어서의 각성이라고 하는 것이다.

그러니까 보통의 귀, 코 등 외부적이고 육체적인 감각은 모두 잠들어 그 기능을 완전히 상실해서 없어져 버린 것이나 마찬가지라고 생각해도 좋을 것이다. 이것들은 모두 다 육체를 지닌 인간으로서 갖고 있던 감각이기 때문이다. 그러나 한편 앞에서 말한 영혼으로서의 의식 속에서의 시각, 청각, 그리고 촉각에 이르러서는 인간으로 느낄 때의 오십 배, 아니 백 배나 더 날카로와 진 것을 자신도 확실히 알게 된다. 이럴 때 누군가 다른 사람이 나를 본다면 나는 인간으로서의 모든 의식을 잃어서 죽었다고 밖에는 보지 않을 것이다. 또 심장의 고동이나 맥박도 완전히 멈추고 있음에 틀림없다. 이런 상태를 "죽음의 상태"라고 말한다. 다른 말로는 "영혼의 상태"라고도 할 수 있다. 죽음의 상태 영의 상태가 되면 나에게는 영이 자기 육체 안에 있다고도 혹은 밖으로 나가 있다가도 할 수 없는 어느 쪽도 아닌 상태에 있는 것 같은 느낌이 든다. 영들의 모습이나 영계의 모양이 조금씩 나의(스베덴보리, 1688~1772년) 눈에 보이기 시작하며, 또 영들의 말을 듣고 그 말뜻을 이해할 수 있을 것 같은 기분이 드는 것은 이때이다. 그리고 영들을 내 손의 촉각으로 직접 만질 수 있을 것 같은 생각이 든다.

이것은 영과 나 사이에 육체라고 하는 장애물이 없어지고 영이 직접 영들과 어울릴 수 있게 되었다는 증거이다. 이 상태가 좀 더 진행되면 영은 영계 안을 자유롭게 왕래하고 또 인간들과 어울리는 것과 꼭 같이 다른 영들과 어울릴 수 있게 된다. 육체를 이탈한 후 육체와의 거리가 아직 그다지 멀리 떨어져 있지 않은 단계에서는 나의 영은 지금 막 이탈해 온 자기 자신의 육체를 확실히 볼 수 있으며 어느 정도 육체에 대한 지배력을 지속하고 있다. 인간의 육체적 죽음이 확실히 이 세상 전체의 종말이라는 것은 물질계, 자연계적으로 보면 옳은 일이다. 그러나 죽음을 영의 입장, 영계 입장에서 본다면 단지 그 육체 속에 살고 있었던 영혼, 육체 속에 살면서 그 육체를 이 세상을 사는데 있어서 단지 하나의 도구로서 사용해왔던 영이 육체의 사용을 그만두었거나 육체를 지배하는 힘을 잃었다고 하는 것에 지나지 않는다.

그리고 영은 그 후에는 영계를 향해서 떠나는 것이다. 죽음이란 영으로서는 단지 새로운 여행길을 떠나는 것에 불과하다. 사람이 죽으면 그 육체에 살고 있었던 영혼은 영계를 향해서 여행길을 떠나게 마련인데 여행을 떠날 때까지는 보통 이 세상의 시간으로 말해서 2, 3일의 틈이 있다. 죽음과 동시에 육체 안에 있던 영으로서 눈을 뜨게 되지만, 이 사실을 알고 영계로부터 다른 영(인도하는 역할을 하는 영)이 죽은 사람의 새 영혼이 있는 곳으로 찾아온다. 이것은 영끼리의 감응(感應)에 의해서 일어나는 결과이다. 그리고 영계로부터 인도하는 구실을 맡고 찾아온 영과 죽은 사람의 영은 죽은 자의 죽은 육체가 있는 곳에서 서로의 상념(想念)을 교환하게 된다. 이것은 죽은 자의 영이 그 후 영원한 삶을 보내기 위한 중요한 첫 단계의 준비가 되는 것이다. 앞에서 말한 죽은 지 2, 3일 동안은 죽은 자의 영이 아직도 죽은 자의 육체 안에 남아 있는 이유는 이 상념의 교환을 위해서이다.

그리고 이 사이에는 죽은 자의 영은 죽은 육체 안에서 조용히 소리 없는 영의 호흡을 계속 하고 또 영으로서의 생각에 잠기고 있는 것이다. '죽은 자도 생각한다'는 것은 이렇게 이루어지는 것이다. 영들은 누구나 다 자기에게 가장 적합한 단체에 속해 영원한 삶을 보낸다. 인도하는 영이 나타나 죽은 사람의 영과 같은 단체에 속할 수 있는 성질을 갖고 있는지 어떤 지를 알기 위해서이다. 그러므로 이 상념의 교환에 의해서 같은 단체에 속할 수 있는 성질을 새로운 영이 갖고 있다고 판단하게 되면, 인도하는 영은 자기 스스로 죽은 자의 영을 영계로 인도해간다. 또 반대로 그 죽은 자의 영을 육체 안에 그대로 둔 채 사라져버린다. 이런 때는 죽은 자의 영은 그 뒤 잇달아 나타나는 인도하는 영에 의해서 자기가 장래에 속해야 할 단체가 확인될 때까지 육체 안에 남아서 영의 삶을 보내게 된다.

2. 죽은 후에 세상에 버린 것은 물질적 형체뿐

인간은 저 세상에서도 이 세상 있을 때와 같이 감각, 기억, 사고, 애정을 가지고 있다. 죽은 후에 세상에 버린 것은 물질적 형체 뿐이다.

영인의 세계는 인간계와 비슷한 점이 많다. 영인은 다 하나의 인체

(정확하게 말한다면 이 세상 인간과는 조금은 다른 점이 있다.)를 갖고 있고 얼굴의 생김새도 영인이 된 후 얼마 동안은 이 세상의 사람이었던 때와 거의 변함이 없다. 또 영인의 세계에서는 이 세상에 있는 모든 것이다. 예를 들면 산이라든가, 강이라든가, 집 등 무엇이든지 다 있다. 또 영인의 세계에는 인간이 갖고 있는 모든 감각도 그대로 갖추고 있다. 다만 감각에 있어서 이 세상 인간과 다른 점이 있다면 인간으로서는 있을 수 없는 영인으로서의 감각을 갖고 있다는 점이다. 그리고 이 영적성격은 차차 갈고 닦여서 그 성격이 영적인 의미로 차차 물질계적인 것에서 벗어나게 되면, 그들에게는 천국에 갈 수 있는 자격이 부여된다. 영인의 세계는 영적인 영을 완성시키는 과정에서 시련을 견디고 수양을 하는 곳이라고 해도 좋을 것이다. 영인의 세계에 영인들이 영적인 감각이 뛰어난 것을 여러분에게 알리기 위한 한 예로서 나는 그들의 놀라운 기억력을 들어 보기로 하겠다.

영계에서 온 검사(檢査)하는 영 앞에 한 사람의 영인이 섰다. 검사하는 영은 우선 이 정령(아직 죽어서 얼마 되지 아니한 영)의 얼굴을 가만히 지켜 보았다. 그리고 다음에는 시선을 차차 옮겨서 가슴에서 배로 다시 다리로 그리고 손끝으로 이렇게 정령의 온몸에 집중해 갔다.

다른 영인들도 주위를 빙 둘러싸고 이 광경을 보고 있었다. 그러자 무슨 영문인지도 모를 기이한 일이 일어나 다른 영인들을 놀라게 했다.

검사하는 영 앞에 서 있던 정령의 머리 위에 안개와도 같은 구름이 한 가닥 솟아 오른 것이다. 그리고 이 구름은 차차 형태를 이루어 한 채의 집이 되었다. 그리고 그 집 문간에는 한 사람의 남자의 모습이 나타나 주위를 살펴보더니 집안으로 들어갔다. 그는 좋지 않은 일을 상의하기 위해 들어간 것이다. 그런데 다른 정령들이 놀란 것은 다음에 일어난 기이한 현상이었다. 이 정령의 머리 위에서 일어나고 있던 광경에 정신이 팔리고 있던 다른 정령들은 땅 위에서 책장을 넘기는 것 같은 소리를 듣고 땅위로 눈길을 돌렸다. 그러자 검사하고 있는 영 앞에 서있던 정령의 발밑에 한 권의 메모장 비슷한 것이 아무도 알지 못하는 사이에 나타나 그 페이지가 한 장 한 장 넘겨지고 있었다. 이 메모장이 언제 나타났는가를 아는 영인들은 아무도 없었다. 이 메모장에는 그 정령이 인간세계에 있을 때 저지른 과거의 죄상이 낱낱이 기록되어 있었다. 그 메모장은 뇌물을 먹고 부정행위를 한 그 자신이 인간계에 있었을 때의 일들이 상세하게 전부를 적어놓은 바로 그 메모장이었다. 그리고 놀라운 것은 그 자신이 이 세상에 있었을 때에는 까마득하게 잊어버리고 있었던 일까지도 적혀 있었다. 당황한 정령은 말하기를 '이것은 내가 세상에 있을 때 저술한 책이오, 그런데 어떻게 해서 이 책이 지금 여기에 나타났는가?' 그 정령은 놀라움을 감추지 못하고 이렇게 외쳤다. 그런데 검사를 하는 영은 조금도 놀라는 빛도 없이 조용히 대답하였다. 나는 지금 그대의 기억 속에서 이 저작(著作)을 끌어내어 여기에 다시 나타나게 했다. 그대는 조금도 놀랄 필요가 없다. 그러나 그 정령의 놀라움과 흥분은 더해 갈 뿐이다. 그는 계속해서 외쳤다. 이 불가사의한 일을 어떻게 이해하란 말이오, 이 저서는 틀림없이 내가 인간세계에 있을 때 쓴 것이요. 그런데도 나는 이렇게 세밀한 부분까지 기억하고 있지는 못하오. 그런 잊어버리고 있는 것까지 적혀 있으니 어떻게 된 일이오? 이 영인은 인간세계 있을 때 학자였다. 그리고 지금 영인의 세계에서 그가 저술한 책이 다른 정령들 눈앞에 나타난 것이다. 그리고 그가 말하고 있는 것처럼 그 자신이 인간이었을 때 잊어버리고 있던 세밀한 부분까지도 재현되었고 글자 한 자 틀린 곳이 없었다. 이것은 검사하고 있는 영도 말하고 있는 것처럼 검사하는 영이 학자였던 정령의 기억 속에 끌어내어 다른 영들의 눈앞에 재현시킨 것인데 이런 일이 재현될 수 있었다는 것은 학자인 영이 인간이었을 때에는 까마득히 잊고 있었던 것을 정령이 되어 기억을 되살려 내고 있었음을 보여주는 것이다.

인간의 사고와 의지에 관한 일은 극히 미세한 점까지 모두 뇌속에 새겨진다. 그것은 두뇌는 이들 사물의 출발점이기 때문이다. 그리고 이것은 전신에도 새겨진다. 왜냐하면 사고와 의지에 관한 사항은 그 출발점을 나와 전신에 퍼지고 이것을 종극점으로 하여 거기에 머무는 때문이다. 그러므로 의지와 사고에서 또한 전신에 새겨진다고 할 수 있는 것이다. 그리고 이 사물은 여기서 신체 제부의 질서에 따라 배열되는 것이다. 그리하여 사람의 몸 전체는 그 사람의 의지와 사고를 그대로 나타내고 있다. 즉 악인은 자기가 가지고 있는 악의 표현이요, 선인은 자기가 가지고 있는 선의 표현인 것이 확실하다. 그러므로 성경에 '생명의 책'이라고 말한 것이다. 즉 사람의 사고와 의지는 모두 그 사람의 전신에 새겨지는 것이요, 기억 중에서 이것을 불러일으킬 때는 마치 문서를 읽는 것 같이 나타난다. 또 이 눈앞에 영혼을 천국의 광명중에 내 놓을 때는 모든 것이 전부 사람의 눈앞에 드러난다는 것은 분명한 일이다. 여기 첨가하고 싶은 것은 사후도 존속하고 있는 인간의 기억에 대한 놀랄만한 일이다. 즉 일단 사람의 기억 속에서 들어간 것은 전반적 사물 뿐 아니라 가장 미세한 점에 이르기까지 다 거기 머물러 있어 결코 말살되는 일이 없다는 사실이다. 나는 이를 충분히 확인하였다. 나는 천국에서 어떤 책을 보았는데 거기 써 있는 문자는 세상 문자와 같았다. 천인은 나에게 말하기를 "이것은 쓴 사람의 기억에서 나온 것으로 그가 세상에 있을 때 쓴 책의 글은 한 자도 여기 빠지지 않았다. 그래서 극히 작은 것으로 세상 있을 때 이미 잊어버린 것이라도 그 기억 중에서 되살아나는 것이다."

천인은 그 이유를 나에게 말하였다.

사람에게는 내적 기억과 외적 기억이 있다. 외적 기억은 그의 자연적 인격에 속하고, 내적 기억은 그의 영적 인격에 속하고 있다. 사람의 사상, 의지, 언어, 행위 또는 그가 보고 들은 것들이 내적, 영적 기억 중에 기입되어 일단 기입된 것은 결코 소멸되지 않는다. 또는 지체위에 명기되고 영은 사고와 의지의 행위에 따라 형성되기 때문이다.

이것은 좀 모순같이 보여 믿기 어려우나 결코 모순 없고 진리이다. 그러므로 누구나 사람이 한번 마음에 생각하고 숨어 행한 일이 사후에도 드러나지 않는다고 생각하면 잘못이다. 모든 일은 그 하나하나가 그 때 대낮과 같이 폭로되는 것을 알아야 한다.

영인이 되면 인간으로 있었을 때와 같은 육체적인 구속에서 벗어나기 때문에 사고력, 이성, 지혜 등의 영적인 능력이 인간과는 도저히 비교도 안 될 정도로 뛰어나게 된다는 한 예이다. 검사하는 영은 정령의 기억 속에 있는 것을 그의 얼굴과 온 몸을 응시 하는 것만으로 끌어냈다. 이것은 영계에만 있는 특유한 능력이며 인간에게는 없는 것이다. 그리고 또 한 가지는 정령의 기억 속에서 끌어 낸 것을 다른 영들의 눈앞에 재현시킨 것이다. 그런데 이 재현은 이 세상에서와 같이 책이나 메모장 같이 물질적인 형태로 나타난 것이 아니라 다른 정령들의 영적인 시력에만 보이는 형태로 나타난 것이다. 따라서 영적 시력이 아직 발달하지 못한 정령에게는 이런 것들은 보이지 않는다. 인간은 원래 영계에 속해 있는 영과 자연계에 속해 있는 육체로 이루어져 있다는 것을 설명했다. 그러면 인간을 이와 같이 두 개로 나눈다면 어느 부분이 영이고, 어느 부분이 자연계에 속하는 육체의 영역에 포함되는 것일까? 이것은 다음과 같이 구분 할 수 있다.

한마디로 말하자면 인간의 본성 · 마음 그 자체 안에서 가장 내면적인 것, 진실한 뜻에서의 지혜, 이성, 지성, 마음 속의 욕구라고 할 수 있는 것이다. 그 인간을 정말로 움직이고 있는 것은 영의 영역이며 이것들은 모두 영(靈)이 하는 일이다.

사람이 인간세계에 있을 때 내분이 잘 나타나지 않는데, 그 이유는 사람은 어릴 때부터 우정, 자선, 성실을 외면에 나타내려는데 익숙하여 졌으나 그 의지에서 오는 상념은 이것을 속에 숨김으로 그 속마음은 어찌 되었든지 표면에는 도덕적, 문화적 생활을 하는 것이 보통이다. 그 습관의 결과로서 사람은 좀처럼 자기의 내분을 알지 못하며 또 이 때문에 번민하는 일도 없다. 이에 반해서 육체는 물론이고 눈이나 귀, 코, 혀, 몸, 감각 등의 육체적 표면적인 감각들은 모두 다 물질계 자연계에 원래부터 속해 있다. 인간이 육체적으로 죽어서 영이 되어 영계에 가게 되면 그 영은 본래의 영 자체로 되돌아간다. 정령이라도 처음 얼마 동안은 외부적인 감각의 잠재나 외부적인 기억을 갖고 있으나 차차 그것들을 버리고 본래의 영의 모습이 되고 또 영적인 감각이 나타나게 된다. 본래의 영의 모습이란 사람들에게는 이해하기 어려울 지도 모르지만 만약에 누구나 사람이 사회나 다른 사람과의 관계를 완전히 버리고 한 밤중에 자기 방에서 혼자서 명상에 잠기고 자기 마음의 참 모습을 들여다보았다고 한다면, 이것이 바로 사람의 본래의 마음의 모습 즉 영의 모습에 가깝다고 할 수 있을 것이다. 사람이 세상 있을 때에는 도덕, 법률, 예의, 타인의 대한 고려, 습관 그리고 이해타산 등 그물처럼 얽혀 있는 외면적인 것에 속박 당하고 혹은 지식과 같은 내면적인 기억에 사로잡혀 해를 입고 있다. 그러나 영계에서는 이런 것들은 모두 필요 없을 뿐 아니라 오히려 방해물에 지나지 않는다. 세상에서 같이 지낸 가족이라 해도 영계에서 생활하고 있는 사이에 그들은 세상에 있을 때의 가족의 정리라고 하는 외면적인 것들을 차차 잃어버리고 자기 자신의 영으로서 참모습으로 돌아간다.

그리고 그 영들은 각각 다른 영계의 단체에 가서 이후에는 영원히 만나지 못하게 된다. 아버지와 자식, 어머니와 어린아이가 아무리 같은 영계의 단체에 속하기를 희망하고 있다할 지라도 좀더 영인의 세계에서 날을 보내고 있다가 마음이 맞지 않으면 결국 헤어져 각각 다른 길로 가는 것이다

3. 사후 인간의 제1상태(외부의 상태가 벗겨지는 상태)

죽은 사람이 영계에서 거치게 되는 단계에 대해서 스베덴보리는 다음과 같이 말하고 있다. 죽은 사람은 천국이나 지옥으로 가기 전에 각기 상태가 다른 세 단계를 거친다. 첫째는 외적인 상태고, 둘째는 내적인 상태며, 셋째는 천국이나 지옥으로 가기 위한 준비 상태이다. 죽어서 영인이 된 사람은 누구나 이 세 단계를 통과한다.

죽어서 영인이 된 사람은 맨 먼저 외적인 상태에 있게 된다. 모든 사람의 영혼에는 외적인 면과 내적인 면이 있다. 외적인 면이라 함은 다른 사람들과 관계를 가지기 위해서 나타내는 얼굴 표정이나 언어나

동작 등을 일컫는다. 그리고 내적인 면이라 함은 마음의 동기나 생각 등을 가리킨다. 사람들은 어릴 때부터 속마음을 감추고 우정이나 자비나 성실함을 겉으로 나타내 보이는데 익숙해져 있다. 그래서 마음속에 품은 뜻은 어찌 되었든 간에 외적으로는 도덕적이고 문화적인 사람인 것처럼 보인다. 사람들은 이러한 생활이 습관화되어 자기의 내적인 상태가 어떠한 지에 대해 관심을 가지는 일이 드물며, 또 자기의 내면의 모습과 외적인 상태가 다르다는 것 때문에 고민하지도 않는다. 죽음 직후에는 아직도 외적인 상태에 그대로 남아있기 때문에 이 세상에 있을 때와 별로 다르지 않다.

첫번째 상태에 있는 동안에는 이 세상에서와 똑같은 얼굴 표정과 말과 동작을 보인다. 그는 계속해서 도덕적이고 문화적인 사람인양 행동한다. 그래서 영계에서 자기가 경험하고 있는 일이나 '당신은 이제 영인이 되었다'는 천사들의 말에 주위를 기울이지 않는다면 자기가 죽었다는 사실조차도 알지 못한다. 이 세상에서의 삶과 저 세상에서의 삶은 서로 연결되어 있는 것이며, 죽음이란 이 상태에서 저 상태로 옮겨가는 단순한 상태의 변화에 불과한 것이다. 이 세상을 떠난 지 얼마 안 되는 사람은 대개 이와 같은 상태에 있기 때문에 이 세상에서 알던 사람이나 친구들을 알아본다. 영인들은 얼굴이나 말로 사람을 알아볼 뿐만 아니라 누군가가 자기에게 접근해 올 때, 그 사람에게 고유하게 존재하는 생명의 파동으로 그 사람을 알아본다.

영계에서는 어떤 사람을 생각할 때 그 사람의 얼굴이나 성격이나 외모 등을 떠올리게 된다. 그러면 누가 가서 불러오기라도 한 듯 그 사람이 나타난다. 이러한 일이 가능한 것은 영계에는 파동이 교통하는 상태의 세계이기 때문이다. 그렇기 때문에 누군가가 저 세상으로 들어가면 저 세상에 먼저 가 있던 친구나 친척이나 가족들이 그를 알아보고, 이 세상에 있을 때와 마찬가지로 서로 대화를 나누며 교제를 한다. 나는 이 세상에서 온 자들이 영계에서 친구와 다시 만나 재회의 기쁨을 나누고, 영계에 먼저 가 있던 친구들도 저들이 온 것을 기뻐한다는 말을 여러 차례 들었다.

4. 사후 인간의 제2의 상태(내부의 상태가 드러나는 상태)

죽음 이후 두 번째 단계는 첫 번째 단계의 연속이다. 사람의 영혼이 처음 영인의 세계에 들어가면(재생 후 곧 일어나는 일), 세상 있을 때와 꼭 같은 얼굴과 음성을 가진다. 그는 저가 외분의 상태에 있어 그 내분이 아직 열리지 않은 때문이다. 이것이 사후 최초의 상태이다. 그러나 그 후에는 그 얼굴이 변하여 마지막에는 세상 있을 때와 아주 딴 사람이 된다, 왜냐하면 그가 세상 있을 때 그 마음의 내분을 지배하고 있던 정동(情動) 즉 그를 지배하던 사랑의 여하에 따라 그 얼굴은 점차 변화하여 이 사랑에 해당한 모습으로 닮아가는 때문이다. 그래서 세상에 있을 때의 마음속 즉 신체 중에 있을 때의 영과 꼭 같은 얼굴이 된다. 왜냐하면 사람의 영의 얼굴은 그의 신체의 얼굴과 크게 다른 까닭이다. 신체의 얼굴은 그 부모에게서 받은 것이나 그 영의 얼굴은 정동(사랑) 자체의 상이다. 이 때 외분은 제거되고 내분만 나타난다. 이것이 사후 인간의 제2의 상태이다. 마음의 동기나 속에 품은 뜻이 있는 그대로 겉으로 드러나는 단계이다. 스베덴보리는 이 단계의 상태에 대해 다음과 같이 말하고 있다

이 세상에 있을 때 선한 생활을 하고, 양심을 속이지 않고, 신성을

시인하고, 신적인 진리를 사랑하며 그 진리대로 살아온 사람은 내적인 것이 그대로 드러나는 두 번째 단계에 이를 때 마치 잠에서 깨어난 것과 같은 느낌 내지는 어둠속에서 빛으로 들어온 한 느낌을 가지게 된다. 그 때 그들은 천국의 빛 즉 내적인 지혜로 말미암는 생각을 하게 되고, 내면의 선한 동기와 뜻에 따라 행동하게 된다. 그들의 머리는 천국의 지혜로 채워지고 가슴은 천국의 사랑으로 채워진다.

천국은 이렇게 그들 속으로 흘러 들어오고, 그들은 이전에 결코 경험해 보지 못했던 천국의 환희와 기쁨 속에 있게 된다. 그들 속에 그러한 천사들과의 교통이 열리게 된 때문이다. 그러나 이 세상에서 악한 생활을 하고, 양심을 속이고, 신성을 부인하는 생활을 한 자의 상태는 그와는 정반대다. 마음 중심에서 신성을 부인한 결과 악한 생활을 영위한 자들의 내적인 것이 그대로 드러나는 두 번째 단계에 이르면, 마치 미친 사람처럼 보인다. 왜냐하면 내적인 마음이 그대로 드러나게 되는 이 단계에서는 속에 품은 뜻이 아무런 방해도 받지 않고 겉으로 표출되는데, 속에 감추어져 있던 악한 뜻이 폭발하기 때문이다.

저들은 사람이 어찌 저럴 수 있을까 하는 정도의 온갖 증오와 복수심과 모독과 교활함을 거리낌 없이 겉으로 표출시켜 낸다. 그러한 것들은 이 세상에서는 그럴듯한 표정이나 말이나 행동 등으로 위장되어 억압되어 있던 것들인데, 영계의 두 번째 단계에서는 내적인 것이 그대로 드러나기 때문에 그들의 마음속에 품고 있는 생각과 뜻이 거리낌 없이 나타나는 것이다.

한마디로, 이 단계에 이르면 이 세상에 있을 때 가지고 있던 내면의 뜻과 생각이 그대로 나타난다. 이 단계에서는 은밀히 행한 행동과 말이 모조리 폭로 된다. 그것은 누가 강제로 그렇게 시키는 것이 아니고,

외적인 것이 사라지고 내적인 것이 그대로 드러나는 이 단계에서는 저절로 그렇게 되는 것이다. 주님의 다음 말씀은 이 상태에 대한 것이다.

'감추인 것이 드러나지 않을 것이 없고 숨은 것이 알려지지 않을 것이 없나니 이러므로 너희가 어두운데서 말한 모든 것이 광명한 데서 들리고 너희가 골방에서 귀에 대고 말한 것이 집 위에서 전파되리라' (누가복음 12:2~3)

이 제2상태에서는 선영(善靈)과 악영(惡靈)으로 분리가 생긴다. 왜냐하면 제1상태에서는 저들은 외분의 상태에 있으므로 이 세상에 있을 때와 같이 악인이 선인으로, 선인이 악인으로 함께 살기 때문이다.

그러나 저가 내분의 상태 즉 자기의 성질 또는 의지 그대로 있게 될 때에는 이와 다르다. 악영들과 선영들의 분리는 여러 가지 방법으로 행하여진다. 대개 말하면 악영들은 제1상태 있을 때 그들이 선한 사고와 선한 애정으로 사귀었던 사회에 인도된다. 이 사회는 저들의 외관만 보고 저들이 악영이 아니라고 믿었던 사회이다. 보통 저들은 원형의 장소를 통과하는데 저들의 악한 본성이 선영들에게 밝히 드러난다. 그것을 보고 선영들은 얼굴을 돌리고 악영 들도 얼굴을 돌려 지옥적 사회가 있는 방향으로 간다.

영계에서 천국으로 이전하는 방법은 기이한 방법으로 행해졌다. 그 내용을 정리해본다. 그날은 이 세상에서 말하자면 미풍이 간들거리는 화창한 봄 날씨와 같은 느낌이 드는 날이었다. 나는 정령계의 들판 가에 있는 나무 그늘에 앉아서 눈앞에 펼쳐진 들판과 그 들판에 있는 정령들을 보고 있었다. 내(스베덴보리)가 기묘한 생각에 사로잡힌 사건이 일어난 것은 이 화창함이 한창 무르 익었을 때였다. 나의 시야에서 들판도 정령들도 일체의 것이 갑자기 씻은 듯이 없어지고 나는 그 순간 현기증 같은 것을 느꼈다. 그리고 다음에는 광대한 정령계의 주위를 둘러싸고 있던 거대한 연봉(連峰)의 산맥만이 보통 때보다도 무서울 정도로 뚜렷하고 따갑게 나의 눈에 비치는 것을 느꼈다. 그것은 나에게는 모든 산들이 주위에서 일제히 발맞추어 나를 향해서 다가오는 것같이 느꼈을 정도였다. 나는 이 산들이 나를 짓누르려고 하는 구나 하고 생각했다. 그때 또다시 나를 놀라게 하는 일이 돌연 일어났다.

이 산맥 중에서도 특히 높이 솟아 있는 두 개의 산이 서로 좌우로 조금씩 이동하기 시작한 것이었다. 그것은 하늘까지 닿은 거대한 문짝이 좌우로 열려지는 것 같았다. 그리고 거기에는 산맥 너머로 통하는 입구가 열리는 것이었다. 나는 눈을 의심하며 생각했다. '산이 움직이고 있다.' 나의 목구멍에서는 쉰소리 조차 나오지 않았다. 나는 그대로 정신을 잃었던가 아니면 정령으로서 죽었음에 틀림없다. 얼마나 시간이 흘렀는지 알 수 없었다. 다만 나는 몇 만년이나 세월이 흐른 것 같은 느낌이 들었다. 내가 제정신이 들었을 때 나는 나의 주위가 온통 붉은 흙 같은 적갈색으로 둘러 싸여 있다고 느꼈다. 나는 저 산맥 사이에 거대한 입구 사이를 지나갔던 것 같다. 어쩐지 내 몸 전체가 공중에 떠올라 어떤 방향으로 비행을 계속하고 있었다. 그리고 나는 속도가 아주 느린 것 같기도 했고 또 반대로 맹렬한 속도로 날아가는 것 같기도 했다. 나는 맨 처음에는 큰 강위를 날고 있었던 것같이 생각된다. 그 강은 동양의 성스러운 강인 갠지스 강이나 중국의 양자강 등과는 비교도 안 될 정도로 크나 큰 강이었고 물은 유유히 흐르고 있었던 같다. 강위를 지나자 나의 눈 아래에 넓은 바다가 보이기 시작했다. 그리고 그 바다에는 지금까지 본 일이 없는 아니 상상해 본 일조차도 없는 짐승과 물고기가 보였다. 나는 바다 위를 날면서 내가 날아가고 있는 방향의 어두운 하늘에 하나의 작게 빛나는 별과 같은 것을 보았다. 그것이 빛의 덩어리가 되어 나를 태워 버리려고 하는 것을 순간적으로 느끼고 너무나도 공포에 질린 나머지 눈을 감아 버렸다.

나는 여기에서 또 한 번 정신을 잃은 것같이 생각된다. 나는 적갈색 속에서 겁이 나면서도 살짝 눈을 떠 보았다. '나는 살아 있다, 틀림없이 살아 있다.' 이것이 내가 느낀 최초의 느낌이었다. 눈을 떠 보고 내가 비로소 내가 어째서 적갈색 속에 있는 것처럼 느끼게 되었는 지를 알게 되었다. 나의 눈앞에는 눈에 익은 정령계의 광경 따위는 흔적도 없었다. 눈에 들어오는 것은 어디까지 이어져 있는 지 조차 알 수 없는 적갈색의 광막한 세계 그것은 사막이 아닌가 생각했으나 사막과는 분명히 다른 것이었다. 그것이 펼쳐져 있었고 나는 그 속에 저녁놀과 같은 희미한 밝음 속에 혼자 있었다. 이 세계에는 생명의 존재 같은 것은 그 흔적도 찾아 볼 수가 없었다. 그것은 참으로 영원한 죽음의 세계였다. 그런데 얼마 후에 기묘한 일이 일어나 나의 가슴을 설레게 했다. 적갈색의 죽음의 사막과도 같은 세계의 저편에 약한 빛을 발하는 태양 비슷한 것이 보이기 시작했다. 다만 이 태양의 높이가 나의 가슴까지 닿을 정도의 높이였으므로 말할 수 없는 기묘한 느낌을 품게 했다. 그리고 이 태양의 희미한 빛을 통해서 바라보니, 사막의 끝인 내 시야의 끝에 울퉁불퉁한 바위산들이 보였고 그 산들 주위에 고대 이집트의 벽화라든가 피라미드 안벽에 그려져 있는 것과 꼭 같은 기사라든가, 환상의 세계에 있는 동물 비슷한 것들이 공중에서 이리저리 돌아다니고 있었다. 내가 이곳 영계에 들어가 최초의 영의 소리를 들은 것은 이때였다. '그대는 이제야말로 영원한 영이 되었도다, 여기는 영계이니라.' 나에게는 이 소리가 아주 먼 곳, 사막 끝에 보이는 바위산 쪽에서 들려오는 것처럼 생각되었다. 소리는 또한번 되풀이 되었다. '너는 이제야말로 영원한 영이 되었도다. 여기는 영계이니라.' 그리고 그 소리와 함께 나의 눈앞에는 하나의 사람의 모습 비슷한 것이 나에게 얼굴을 돌리고 서 있었다. 내가 얼마나 놀랐는지는 여러분들의 상상에 맡기기로 하자. 나의 기억은 놀라움의 소용돌이 속에서 주마등처럼 빙빙 회전하기 시작했다. 죽음의 사막을 방불케 하는 적갈색의 광막한 세계 그리고 태양과 같은 것의 출현, 사막 끝에 있는 울퉁불퉁한 바위산과 전설 속에 나오는 인물이라든가 동물들의 움직임 그리고 지금의 기이한 소리와 그 소리의 임자의 돌연한 출현. 나의 마음은 잇달아 일어난 기묘한 사건의 연속에 정말 압도 당하고 말았다. 나는 침착하게 이와 같은 여러 가지 사건이라든가 주위의 상황의 의미를 알려고 애썼다. 그러나 의미를 해독할 수 있는 실마리는 전혀 아무 것도 주어지지 않았다. 잠시 후 나는 문득 알아차렸다.

울퉁불퉁한 바위산, 환상 속의 있는 것 같은 인물이나 동물들 그리고 죽음의 사막과도 같은 세계 자체도 알지 못하는 사이에 나의 시야로부터 사라져 버리고 말았다. 나는 이런 사실의 의문을 잠시 보류한 채 조금 전에 나타난 목소리의 임자에게 이 불가사의란 일에 대해서 물어 보았다, 그는 이렇게 대답했다. '그대는 아직 영계에 익숙지 못했노라. 이 영계에는 불가사의한 일이 얼마든지 있으니 그대도 이제 머지않아 이 영계에 익숙하게 되리라.' 이 영의 대답은 나의 놀라움이나 흥분 따위는 아랑 곳 없다는 듯 평온하기 그지없는 것이었다.

그리고 그 말이 끝나자마자 조금 전까지 내가 보았던 광경이 또다시 나의 시야 속에 나타났다. 이상은 내 자신이 처음으로 영계에 갔을 때의 경험을 적은 것이다. 나는 그 후 어느 정령에게 있어서도 처음으로 영이 되어 영계로 들어 갈 때의 경험은 다소 차이가 있긴 해도 대개는 내가 경험한 것과 같다는 것을 다른 천사로부터 들어서 알게 되었다.

그러므로 이 경험은 모든 정령이 영계로 들어갈 때 겪게 되는 경험이라고 생각해도 좋을 것이다. 그리고 최초에 만난 영으로부터 안내 지침서 같은 내용을 알게 되었다. 우선 영계는 영계의 태양 '그는 이에 비해서 이 세상 태양을 자연계의 태양이라고 말했다.' 아래에 있는 영원한 세계라는 것이다. 그리고 내가 처음에 보았던 가슴 높이에 있는 태양이 바로 그것이며, 영계의 태양은 영계 전체에 대해서 자연계에는 없는 영류(靈流)라고 하는 독특한 빛과 열을 주어 생명을 유지시켜 줄 뿐 아니라, 자연계에 방사(放射)하고 있다는 것이다. 또 영계가 이 세상과 특히 다른 점은 표상(表像)의 세계라는 점이라고 말했다. 그리고 내가 경험한 기이한 체험도 표상의 세계인 영계에서는 흔히 있는 아주 평범한 일에 지나지 않다고 하면서 그 이유를 그는 다음과 같이 설명해 주었다. 먼저 내가 최초로 보았던 적갈색의 사막 비슷한 세계 그리고 저 멀리 보였던 바위산, 환상의 세계에서 나오는 것과 같은 인물이나 동물은 어느 것이나 다 내 자신이 인식하지 못하는 중에 그것을 보고 싶다고 희망했기 때문에 눈에 보이게 된 것이며, 그것은 현실로 존재하고는 있으되 보고자 하는 의사가 없고, 볼 수 있는 능력(靈力)이 영계에 구비되어 있지 않으면 눈에 들어오지 않는다는 것이다.

그래서 처음에는 내 눈에 사막 비슷한 세계 밖에는 보이지 않았고, 다음에 바위산 등이 보이게 된 것은 약간이기는 하지만 나의 영력이 영계에 다소 익숙해졌기 때문에 그것이나마 볼 수 있었다는 것이다. 또 도중에 이러한 광경들이 잠시 나에게 보이지 않게 되었던 것은 내가 딴 일을 생각했기 때문에 아직도 발달하지 못한 영력이 흐려져서 그렇게 된 것이므로 별로 이상할 것은 없으며, 그리고 마지막으로 이 광경이 또다시 보이게 된 것은 실은 그 자신이 보이게 해 준 것이라고 하면서, 그는 무엇인가 뜻이 있는 표정으로 내 얼굴을 살폈다. 그리고 잠시 뜸을 들인 후 그는 그 이유를 설명해 주었다.

영은 상대방 영의 머리속에 있는 상념(想念)을 마치 자기의 것처럼 감지할 수 있는 능력을 가지고 있다. 그는 이에 의해서 내가 보았던 광경을 자기 시야 안에 복사해 두었다. 그리고 나의 시야에서 이러한 여러 가지 광경이 사라진 후 또다시 그는 방금 자기 시야에 넣어 두었던 광경을 나의 상념 속에 던져 넣어 내가 그것을 볼 수 있게 해 준 것이라고 말하는 것이었다. 그리고 그는 영계 태양만은 변함없이 나의 시야 안에 있었던 이유도 설명했다. 그 이유는 영계의 태양만은 다른 사물과 다른 존재여서 표상의 대상이 되는 것이 아니라 모든 영계에 똑같이 존재하는 것이기 때문이라고 말하였다.

5. 사후 인간의 제3의 상태 (천국을 들어가는 자를 위한 교육상태)

영인이 영계에서 맞이하는 세 번째 단계는 천국에 들어가기 위한 교육을 받는 단계이다. 스베덴보리의 말을 들어보면, 죽음 이후의 세 번째 단계는 교육을 받는 단계이다. 이 단계는 천국에 갈 자들에게만 주어지고 지옥에 갈 자들에게는 주어지지 않는다. 왜냐하면 지옥에 갈 자들은 교육에 의해 변화할 가능성이 없기 때문이다, 따라서 지옥에 갈 자들에게는 두 번째 상태가 곧 세 번째 상태인 셈이다. 그들은 두 번째 단계에서 이미 완전히 자아 사랑에 몰입하게 되고, 자기와 같은 사랑을 가진 지옥 사회로 들어간다. 그들의 말과 행동은 모두 자아 사랑을 위한 것이었다. 그런데 이 단계에 이르면 속에 있는 것이 그대로 겉으로 드러나지 않을 수 없기 때문에, 자아 사랑의 목적을 이루기 위해 수단으로 사용하던 위장된 선과 진리를 모두 버리게 된다. 그리고 곧바로 지옥 사회를 향하여 돌진한다.

그러나 선한 영인은 교육을 받기 위한 세 번째 상태로 들어간다. 그들은 이 단계에서 영적인 선과 진리에 대한 교육을 받으며 천국에 들어갈 준비를 하게 되는데, 그것은 영적인 선과 진리에 대한 지식이 없이는 아무도 천국에 들어갈 수 없기 때문이다. 이 세상에서는 정의와 신용이 선이고 진리라는 사실을 알고 있다. 사회적 법률과 윤리적 도덕 규범이 그것을 가르치고 있기 때문이다. 그러나 영적인 선과 진리는 천국의 빛에 의해서만 완전히 깨달을 수 있는 것이다. 이 세상에서도 성경이나 교회의 가르침을 통하여 영적인 선과 진리가 무엇인지를 배울 수는 있다. 하지만 마음 중심이 천국적이지 않으면 진정으로 영적인 선과 진리가 무엇인지를 알지 못하는 것이다. 그리고 이 세상에서의 교육은 기억을 통하여 이루어지지만 천국에서의 교육은 기억을 통하지 않고 곧바로 생명에 연결된다. 천국 입문 과정에서 주어지는 모든 가르침은 성경에서 이끌어 낸 것이지만, 아무런 체계도 없이 성경 구절만을 전해 주는 것은 아니다. 그리스도인은 성경의 속뜻과 일치하는 가르침을 받는다. 그리고 다른 사람들(다른 종교인들)은 그들이 속해 있던 종교의 가르침을 통하여 그들이 이해할 수 있는 방법으로 교육을 받는다. 교육을 마친 영인들은 주님에게 이끌려 각각 적절한 사회로 들어가게 되며, 거기서 기쁨이 넘치는 환영을 받게 된다.

지금까지의 이야기를 통해 천국이나 지옥에 가는 것은 누가 강제로 보내는 것이 아니고, 스스로 마음 중심에 품고 있는 뜻에 따라 결정되는 것이라는 사실을 알았을 것이다. 천국이나 지옥을 스스로 선택하도록 하는 것이 하나님의 섭리이며, 우리가 알고 있는 하나님의 성품에 어긋나지 않는다. 하나님은 악한 삶에게나 선한 사람에게 똑같이 비를 내려 주시고 빛을 비추어 주신다. 다만 자기를 사랑하는 마음이 있는 사람이 그 하나님의 은혜를 거부하는 것이다.

기억해야 할 영계교통

천국으로 가는 준비는 영들의 세계, 천국과 지옥의 중간지점에서 행해진다. 이 준비를 모두 끝마친 자들은 열심히 천국에 들어갈 것을 소원한다. 순식간에 그들의 눈이 열리고 천국안의 특수한 어떤 사회에로 인도되는 길을 본다. 그들은 즉각 이 길을 올라가기 시작한다. 올라가보니 문지기는 그들에게 문을 열어주고 신참자(新參者)들을 받아들인다. 그리고 검문자(檢問者)를 만나게 되고 그가 그들에게 들어와서 자기들의 것이라고 인식할 수 있는 집을 찾아도 된다는 통치자의 말을 전해 받는다. 그 까닭은 새집 한 채씩이 각 신참자 천사를 위해서 준비되어 있기 때문이다. 만일 그 집을 발견하면 그 사실을 보고하고 거기 머문다. 그러나 만일 찾지 못하면 돌아와서 검문자에게 그들의 찾는 노력이 헛되었다고 아뢴다. 그러면 검문자는 한 현명한 천사에 의해서 그들 안의 빛과 볕이 그 사회의 사람들의 그것들과 조화되는지 아닌 지를 알게 된다. 왜냐하면 천국의 빛과 볕은 그 본질에 있어서 천계의 태양으로서의 주님에게서 발해지는 신령, 진리와 신령,

선이기 때문이다. 만일 그들의 빛과 볕 즉 그들의 진리와 믿음이 그 사회의 그것들과 다르면 그들이 그곳에 받아들여지지 않는다. 그러므로 그들은 그곳을 떠나서 천국의 이 사회에서 저 사회로 인도하는 길들을 방황한다. 그들은 자기들의 정동들이 전적으로 그들의 것과 일치하는 최종적인 사회를 발견하기까지 그들의 방황은 계속된다. 그것이 그들의 영원한 과정이다. 왜냐하면 그것이 자기들의 친척들과 벗들 사이에 있게 되기 때문이다. 거기서 하나님의 평화가 그들의 심중 속에 들어가고 그들은 거기서 완전한 행복 속에 영원히 산다. 그 까닭은 천국의 온기와 빛 안에는 말로 할 수 없는 환희가 있기 때문이며 그 환희가 그 주민들에게 전해지기 때문이다. 그리고 이것이 천국 안에 들어가는 방법이다. 악들과 비진리들 안에 있는 자들의 경우는 다르다. 만일 그들이 천국 안으로 올라가기를 원한다면 그들도 천국 안에 올라가는 것이 허락된다. 그러나 그 문턱에 이르자 호흡이 어렵게 되기 시작한다. 순신 간에 그들의 시각이 흐려지고 그들의 이해가 둔해진다. 사고가 정지되고 죽음이 그들의 얼굴들을 마비시키듯 고통을 느끼게 된다. 그때 그들의 심장이 격심해지고 가슴에 고통을 느끼게 된다. 그리고는 계속 증대되는 정신적 고뇌로 고생한다. 이 상태에서는 불에 거슬려지는 뱀처럼 몸부림치며 그들에게 나타나는 비탈길을 돌진해 내려간다. 그리고는 그들이 자기들의 벗들이 있는 지옥 안에 있게 될 때까지 그 다름질이 멎지 않는다. 왜냐하면 그때에야 그들의 심장들이 정상으로 뛰고 호흡을 제대로 할 수 있기 때문이다. 후에 그들은 천계를 증오하고 진리를 거부한다. 그들의 중심에는 주님을 훼방하고 천계에서 그들이 견디어야 했던 고통과 괴로움을 그들에게 내리신 분이 주님이라고 믿는다. 이것이 천국의 천사들의 빛이고 온기인 믿음의 진리와 사랑과 인애의 선을 가볍게 여긴 자들의 운명을 증시한다. 그리고 각 사람이 천계 안으로 허입되는 고로 아무나 천국적 축복을 향유한다고 믿는 자들의 오류도 폭로한다. 왜 그런가 하면 오늘의 교회에서는 천국에로 받아들여지는 것이 순전한 자비의 행위라고 믿고 그것은 혼인 잔치에 가서 그 환희와 기쁨에 참여하는 것과 같다고 믿어지고 있기 때문이다. 그러나 천국에는 정동과 사상의 사회가 있다는 것을 알아야 한다.

대저 사람은 그 때에는 영이고 영의 생명은 사랑의 정동이라고 그리로부터 오는 사상이기 때문이다. 유사한 정동들은 결합하나 서로 같지 않는 정동들은 분리된다. 부동성(不同性)은 마귀가 천국에서 감수해야 할 고통의 원인이고 천사가 지옥에서 당해야 하는 고통의 원인이다. 이런 것의 이유가 되어 천사들과 마귀들은 그들의 사랑의 다양성에서 따라서 멀리 분리되어 진다.

제3장 천국의 이해

1. 천국의 이해

고등종교인 세계3대 종교만 해도 천국에 대한 개념들이 해석하는데 차이가 있다. 기독교적인 해석을 하자면 성서에 의해서 육신은 거처와 같아서 죽을 때에 인간은 육체를 떠나서 죽은 후에는 선인과 악인이 심판받는다고 기록돼 있다.

요한복음 14:2~3 "내 아버지 집에 거할 곳이 많도다 그렇지 않으면 너희에게 일렀으리라 내가 너희를 위하여 처소를 예비하러 가노니 가서 너희를 위하여 처소를 예비하면 내가 다시 와서 너희를 내게로 영접하여 나 있는 곳에 너희도 있게 하리라."

불교(佛教)에서는 아미타불을 지극히 신봉하여 사후에 극락세계로 가서 탄생한다는 종지(宗旨) 그래서 정토종이라 한다.

이슬람교에서는 신을 두려워 한 선남선녀, 신을 섬기는 자, 가난한 사람에게 은혜를 베푼 자, 신을 위한 성전(聖戰)에서 순교한 자들이 천상의 낙원, 평화의 집인 천국에 들어가기 위하여 부름을 받는다고 한다. 이슬람 문화권에서 목숨을 걸고 싸우는 것이 신을 위한 성전이 되기 때문에 그들에 문화권에서 목숨을 걸고 싸우고 있다.

9 · 11사건을 통해 많은 사람들의 목숨이 희생되었다. 강대국인 미국이 이를 보고만 있을 수 없는 일이다. 이라크 대통령 사담 후세인을 죽이고 결국 빈라덴까지 제로니모 작전을 통해 사살하기에 이른다.

두 이질적인 문화가 화해가 아닌 충돌로 서로 죽이고 죽고 하는 극단적인 방법으로 나아갔는데, 이는 칼을 쓴 자는 칼로 망한다는 이야기를 경솔하게 받아들였기 때문이다. 서로의 문화를 이해하고 존중했다면 많은 사람이 죽지 않았을 것이다.

썬다싱(인도의 성자)은 말하기를 '천국은 참 신자가 이 세상에 사는 생활 중에서부터 시작이 된다. 저들의 마음은 항상 평화와 기쁨으로 충만한데 그것은 모든 평화와 생명의 근원이 되시는 신이 저들의 마음속에 거하기 때문이다. 죽음은 저들에게 있어선 죽음이 아니요, 영원한 본향의 집으로 들어가는 문이다.'라고 말했다.

천국은 이 땅의 시간과 공간과 같은 한정이 없는 영원하고 무한한 세계이다. 이 땅에서의 삶은 시간과 공간의 제약을 받으며, 인간의 경험은 시간과 공간속에서 이루어진다. 이 땅에서는 흘러가는 시간을 붙잡아 둘 수 없으며, 뛰어 넘을 수 있는 공간에는 한계가 있다. 인류는 끊임없이 하나의 세계를 꿈꾸어 왔지만 개인과 개인 사이의 단절과 민족과 민족 사이의 불화가 없는 날이 없다. 물질과 육체 차원의 이 세상에서는 이러한 일이 벌어지는 것이 불가피하다. 그러나 천국의 상황은 사뭇 다르다. 천국에도 시간과 공간이 존재한다. 아니 이 땅에서 보다 더 실제적으로 존재한다. 천국에서도 사건이 일어나는 순서가 있으며 멀고 가까움이 있다. 하지만 그 내용과 질이 다르다.

천국에서는 어떠한 일이 먼저 일어나고 나중에 일어나는 상태의 순서는 있지만 해가 가고 달이 가는 식의 시간의 경과는 없다. 또 멀고 가까움이 있지만, 그것은 길이의 길고 짧음에 의한 것이 아니고 마음 상태가 비슷하냐 틀리냐에 따른 것이다. 따라서 천국의 시민들은 주님의 사랑과 지혜를 점점 더 깊이 깨달아 가는 영적인 성숙의 과정을 밟아 나가지만 늙지는 않는다. 상태가 변화하는 순서는 있지만 시간의 경과는 없기 때문이다. 우리는 이 땅에서도 천국적인 시간을 경험하는 경우가 종종 있다. 정신을 잃을 정도로 무서운 공포의 순간을 맞이했을 때나 사랑하는 사람과 깊은 사랑에 빠졌을 때, 또는 자기가 좋아하는 일에 몰두하고 있을 때는 시간의 흐름은 존재하지 않고 다만 상태의 변화만이 일어난다. 다른 예를 들어보자. 햇빛이 따스하게 내리쬐는 나른한 봄날, 흔들리는 버스가 정류장에 막 들어설 때 깜박 졸았는데, 그 순간에 여러 가지 사건이 일어나는 굉장히 긴 꿈을 꾸는 경우가 있다. 그 경우도 분명히 시간의 경과는 없지만 상태의 변화는 존재하는 일종의 천국적인 시간의 경험이랄 수 있다. 이 땅에서의 인간은 분명히 시간과 공간의 제약을 받는다, 그럼에도 불구하고 마음 상태 여하에 따라 시간과 공간을 초월하는 경험도 하면서 살아가고 있다. 우리들 내면의 마음 상태는 끊임없이 변화하며 흘러가고 있다. 결코 한 가지 마음 상태가 영원히 지속되지는 않는다. 우리는 계속 사람을 만나고 헤어지고, 좋은 기분을 느끼는가 하면 나쁜 기분을 가지게도 되며, 어떤 식으로든 반응을 해야만 하는 외부로부터의 자극을 받으며 살아간다. 이렇게 끊임없이 흘러가는 삶의 경험 속에서 우리의 마음 상태도 끊임없이 변화하며 흘러간다. 그리고 이러한 과정을 통해 우리의 진정한 존재의 모습은 내적이라는 것을 점점 더 깊이 이해해 가게 된다. 시간과 공간은 하나의 무대 장치에 불과하다. 실재하는 것은 '관계와 상태' 뿐이다. 이 땅에서의 내적인 마음 상태가 끊임없이 변화하며 성숙해 간다. 천사란 영적으로 거듭난 영계의 사람을 가리킨다. 그들도 완전한 존재는 아니다. 그들도 자기들의 삶과 관련되어 일어나는 일들을 통해서 끊임없이 배워나가야 하며, 좀 더 높은 차원을 향해 지속적으로 영적인 성숙을 이루어나가야 하는 존재들이다.

천사들도 개인적인 차이가 있긴 하지만, 자아의식을 가지고 있다. 따라서 천사들의 경우에도 최선의 것이 아닌 것을 선택하는 경우가 왕왕 생긴다. 그럼에도 불구하고 성숙을 향한 방향성을 가지고 있는 천사라면 점점 더 신성에 가까운 완전성과 아름다움을 이루어 나가게 된다.

이제 영계 또는 천국의 공간에 대해서 이야기 해보자. 이 세상에서와 마찬가지로 천국에서도 사람이나 사물이 공간을 차지하고 일정한 위치에 놓여 있는 것처럼 보인다. 그러나 천국에서의 공간은 시간과 마찬가지로 상대적이다. 즉 사랑하는 사람과 사물은 가까운 곳에 나타나고, 그렇지 못한 것은 멀리 나타나는 것이다. 이것은 사랑하는 사람은 수억 만리 떨어져 있어도 곁에 있는 것처럼 느껴지고, 남남일 경우에는 만원버스 안에서 몸을 맞대고 있어도 멀리 느껴지는 이 땅에서의 물리적인 공간은 사라지고 사랑하는 정도에 따르는 정신적인 공간만이 존재하는 것이다. '관계와 상태만이 유일한 실제' 라는 말은 생명의 신비를 여는 열쇠가 된다. 관계와 마음 상태만이 유일한 실제이고 물리적인 시간과 공간은 존재하지 않기 때문에, 영계에서는 어떤 사람을 사랑하는 마음을 가지고 그와 함께 있기를 원하기만 하면 즉시 그렇게 된다. 그들은 자기들이 원하는 한 함께 머물 수 있고, 언제라도 자기들의 공동 관심사에 대해 이야기를 나눌 수가 있다. 그러나 관심사가 서로 틀리고 마음 상태가 다르면 함께 있기가 괴로워지고, 괴로움을 느끼는 순간 그들은 서로 멀리 떨어지게 된다. 이 세상의 물리적인 시간과 공간 개념을 떨쳐버리지 않고는 영적인 세계를 이해할 수가 없다. 영적인 세계를 이해하기 위해서는 일종의 사고의 도약이 필요하다. 대부분의 삶의 경험이 계측 가능한 물리적인 시간과 공간 개념에 근거해서 축적돼 왔기 때문에, 그러한 개념이 배제된 상태에서는 어떤 생각도 할 수 없을 것이라고 느끼기가 쉽다.

우리는 정말 시간과 날짜와 무게와 거리와 돈의 액수에 너무나도 짓눌려서 살고 있다. 그러나 우리가 그렇게도 중요하게 여기고 있는 그러한 것들이 실제에 있어서는 우리들의 진정한 모습을 억누르고 제한하고 있다. 이러한 굴레를 벗어던지지 못하면 우리들 내면의 '하나임' 상태와 창조성이 질식해 버리고 만다. 시인 워즈워드(1770~1850년)는 물질의 굴레 속에서 질식해 가고 있는 영혼의 모습을 이렇게 노래하고 있다.

우리는 너무나 세상에 묻혀 산다
새벽부터 늦은 밤까지
벌고 쓰는 일에
생명의 힘을 헛되이 낭비 한다
자연의 아름다움도 보지 못하고
심금(心琴)의 울림 마저도 버렸으니
아, 이 누추한 흥정이여
달빛에 젖은 가슴을 드러낸 바다
밤새 잉잉대는 바람소리

그러나 이제는 시들은 꽃포기처럼 잠잠한데
아, 우리는 이 모든 것들과 남남이다
이들이 우리를 춤추게 하지 못한다.

지금까지의 이야기는 우리가 악한 이 세상으로부터 떠나야 한다는 뜻이 아니다. 이 세상은 하나님의 뜻대로 지어 졌으며, 따라서 하나님의 창조질서에 따라 즐기고 사용한다면 이 세상 만큼 아름다운 곳도 없을 것이다. 다만 우리는 물질 차원에 종속된 존재가 아니고 더 고상한 자유의 존재라는 사실을 잊지 않아야 한다. 우리는 분명히 하늘나라 시민이고, 하늘나라 시민임을 자각하는 사람만이 이 땅 위에 하나님의 나라가 건설되는 데 일익을 담당할 수 있을 것이다. 하늘 차원과 땅 차원은 뗄래야 뗄 수 없는 유기적인 관계를 가지고 있다. 그것은 마치 정신과 육체의 관계와도 같다. 문제는 땅과 육체를 버려야 하는 것이 아니라, 무엇이 주인이 되고 무엇이 종이 되느냐에 있다. 즉 하늘 차원이 주가 되고 땅 차원은 그에 순응하는 것이 법칙인데, 만약 그것을 뒤집어 땅이 주가 되고 하늘이 종이 된다면 그것처럼 비참한 일도 없을 것이며, 그러한 상태가 지옥인 것이다.

2. 삼층천으로 구성되어 있는 천국

주변을 둘러보라. 비슷한 것은 있지만 똑같은 것은 하나도 없다는 사실에 놀라움을 금할 수 없을 것이다. 얼굴 모습이 다르고 풀잎과 돌맹이의 모습도 각기 다르다. 만물은 제 각각의 모습을 하고 있으면서도 전체로서 하나의 유기적인 통일성을 이루고 있다. 실로 하나님으로부터 흘러나오고 있는 생명은 계속 새롭고 다른 모습으로 나타나면서도 고도의 통일성을 유지하고 있는 것이다. 마찬가지로 천국도 다양성을 띠고 있으며, 또 전체적인 통일성도 가지고 있다. 천국은 다양한 층(層)으로 구분되어 있으며, 각 층은 각기 수많은 개체들의 집합 내지는 사회들로 이루어져 있다. 이 세상은 민족과 지리적인 여건의 차이에 의해 수많은 지방과 국가로 나뉘어져 있다. 천국도 마찬가지로, 거기에 소속되어 있는 사람들의 영적인 상태에 따라 여러 층으로 나누어져 있다. 천국에는 인위적으로 만든 경계가 존재하지 않는다. 다만 천국의 시민들 각자가 자기의 영적 수준과 어울리는 사회를 찾아 자연스럽게 끌려들어감으로 각 사회 사이의 구분이 생겨나는 것이다. 강제로 이리 보내고 하는 사람은 없다. 스스로 편안하게 느끼는 분위기를 찾아 그 사회에 소속되는 것이다. 우리는 이 세상에서도 대부분의 시간을 우리와 마음이 서로 통하는 사람들과 보내게 된다.

그건 누가 시켜서가 아니라 저절로 그렇게 된다. 천국도 마찬가지다. 천국도 스스로 편안함을 느끼는 사람들끼리 모인 여러 계층의 사회로 이루어져 있는 것이다. 이를테면 유유상종(類類相從)의 법칙이 천국에서도 작용하고 있다는 말이다. 물이 흘러흘러 결국은 자기에게 적합한 수준에 머무는 것처럼 천국사회를 구성하고 있는 동료들이 구성하고 있는 사회에 머무른다. 인간에게 선택의 자유의지를 주신 하나님은 영계에서도 자유의지의 행사를 간섭하지 않으신다. 만약 천국의 어떤 한 사회의 구성원들이 하나도 틀리지 않고 똑 같다면, 그 천국은 매우 단조롭고 지루한 것이 될 것이 분명하다. 그러나 천국 각 사회의 구성원들은 사회별로 일반적인 유사성을 가지고는 있지만 개인별로는 독특한 다양성을 유지하고 있다. 천국 사회 구성원들의 성격이나 정신적인 분위기는 그 구성원들의 숫자만큼이나 다양한데, 그러한 다양성이야말로 천국을 매력 있게 만드는 요소라고 할 수 있다.

만약 이 세상의 모든 사람들이 똑같은 성격, 똑같은 생각, 똑같은 모습을 가지고 있다면 세상이 얼마나 지루해지겠는가? 이 세상을 매력 있게 하고 생동감이 넘치게 만드는 것은 다양성이 아닌가? 마찬가지로, 천국도 다양성에 의해 생동감과 매력이 주어지는 것이다. 영계에서의 상황과 주변 환경을 결정하는 것은 이 땅에서의 외적인 용모나 지위가 아니다. 영계는 영적인 상태의 세계이기 때문에, 영계에서의 주변상황을 결정하는 요소는 내면적인 영혼의 상태라는 점을 기억해야 한다. 영계에서는 얼굴과 지위가 아니라 마음이 비슷한 사람끼리, 또는 영적인 수준과 상태가 비슷한 사람끼리 어울려 자기들의 분위기를 만들어낸다.

스베덴보리는 영계 체험을 통하여 천국의 각 사회가 구성원들의 영적인 상태에 따라 구분되어 있음을 보았다. 자기들이 속해 있던 종족과 종교 안에서 자기들이 알고 있던 신적인 존재를 진정으로 사랑하며 이웃을 사랑했던 사람들은 거의 직관적인 애정과 끌림에 의해 3층천(가장 높은 단계의 천국) 시민이 된다. 3층천의 특징은 외적인 율법이나 규율에 의해서가 아니라 자발적인 사랑과 헌신으로 하나님을 섬기며 동료들을 사랑하는데 있다. 3층천 시민들의 자발적인 헌신으로 하나님과 이웃을 섬기는 것은, 그들은 그렇게 함으로써 기쁨을 누리게 되기 때문이다. 따라서 그들도 자기가 기뻐하는 일을 행하는 사람들이라고 볼 수 있다. 오랜 세월을 거쳐 오면서 여러 종교 속에서 탄생한 위대한 영혼의 소유자들은 하나님과 하나 되는 방법을 말과 행동으로 보여주었다. 그들이야말로 진정한 부자였으며 인생을 의미있게 산 사람들이다. 그러나 그들은 대개 역사의 무대 뒤편에 숨어 있어서 사람들의 눈에 쉽게 드러나지 않는다. 하지만 그들이 있음으로 해서 생명이 연출되는 역사의 무대가 축복으로 넘치는 것이다. 2층천(중간 단계의 천국)은 이성적이고 합리적인 성향이 강한 사람들이 이루고 있다. 2층천 시민들은 정신 능력의 확장에서 기쁨을 느끼며, 하나님보다는 이웃에게 더 많은 관심을 가지고 있다. 물론 그들에게도 하나님은 중요한 존재다. 하지만 그들은 하나님을 사랑하기보다는 이웃을 이해하기 위해서 더 많은 힘을 쏟는다. 그들은 이성적이고 합리적으로 생각하는 것을 좋아하고 기질상 사랑과 애정보다는 지성과 이지쪽에 더 가깝다. 이러한 사람들로 구성된 2층천의 시민들은 정직과 고결과 성실 그리고 진리와 정의에 대한 열정을 가지고 있다.

1층천(가장 낮은 단계의 천국)과 1층천 시민들은 이 땅의 수많은 사람들이 보여주고 있는 것처럼 본능적인 충동에 따라서 움직인다. 그들은 생명의 의미가 무엇인가?하는 문제에 대해 관심이 없으며, 거룩하고 영적인 삶을 지루하고 융통성이 없는 것으로 여긴다.

그들은 자기들을 둘러싸고 있는 비 본질적인 잡다한 일 속에 파묻혀 바쁘게 살아가는 것을 기쁨으로 여긴다. 입으로 괴로운 신음소리를 내지만, 마음이 그런 것들을 원하기 때문에 자기들을 둘러싸고 있는 현실에서 벗어나지 못한다.

스베덴보리는 말한다. 사람의 내성(內性)이 천국을 이루는 것이 분명하다. 천국은 사람 밖에 있는 것이 아니라 사람 안에 있다. 이점은 주님께서도 "하나님의 나라는 볼 수 있게 임하는 것이 아니요, 또 여기 있다 저기 있다가도 못하리니 하나님의 나라는 너희 안에 있느리라."(누가복음 17:20~21)고 분명히 가르쳐 주셨다. 천국의 각 층과 사회의 다양성에 관해 마음속에 새겨 두어야 할 중요한 사실이 있다.

앞에서 높은 단계의 천국과 낮은 단계의 천국에 대해서 이야기를 했지만, 실제로는 어떤 층은 더 우월하고 어떤 층은 더 열등하다고 말하기는 어렵다. 우리가 천국의 각 층과 사회 사이에 우월과 열등의 차이가 있다고 생각하게 되는 이유는 천국의 실상을 설명하기에는 부적절한 물질계에서 통용되는 언어와 개념을 사용했기 때문에 생겨난 착각이다. 정확하게 말하자면 천국을 구성하고 있는 각 사회의 상태와 수준은 그 사회를 구성하고 있는 구성원들에게 가장 적합한 상태요 수준이다. 따라서 각 사회의 구성원들은 자기들에게 가장 편안하고 좋은 천국에 있는 셈이다. 그들은 각기 자기들에게 가장 적합한 상태 속에서 자기들 나름대로 최대의 기쁨을 누리고 있다. 그들은 자기들이 처해 있는 상태를 떠나 다른 상태의 사회로 가는 것을 원치 않는다. 만약 낮은 단계의 천국에 있는 사람을 높은 단계의 천국에 데려다 놓는다면, 그는 몹시 불편해 할 것이다. 그런데 천국의 각 사회는 무한대로 개방되어 있으며, 그 구성원들의 영적상태가 성숙되어 감에 따라 전체로서의 천국도 함께 발전해 나간다.

우리가 천국에 대해 가질수 있는 이해는 우리의 영적 수준을 넘어서지 못한다. 그러나 우리의 영혼이 성숙해 나감에 따라 점점 더 확실하게 천국의 실상이 열려지게 될 것이다. 스베덴보리는 천국의 각 사회에 대해 다음과 같이 말하고 있다. 각 천국의 구성원들인 천사들은 한 곳에 모여 있지 않다. 그들은 각기 자기들이 가지고 있는 사랑에서 말미암는 선(善)과 지혜(智慧)에서 말미암는 믿음의 수준에 따라 유사한 수준에 있는 자들끼리 서로 모여 크고 작은 다양한 사회를 이루고 있다. 유사한 선과 진리 가운데 있는 천사들은, 전에 서로 본 일이 없어도 마치 이 세상에서 가족이나 친척이나 친구를 서로 알아보는 것처럼 서로를 알아본다. 그것은 천국에서의 가족관계나 친척관계나 친구 관계가 영적인 상태와 수준에 따라 맺어지기 때문이다. 즉 천국에서의 모든 관계는 사랑과 믿음의 상태에 따라 형성되는 것이다.

스베덴보리는 천국의 다양성과 개방성에 대해서는 다음과 같이 말한다. 여기서 한 가지 언급해 둘 필요성이 있는 것은, 천국의 어떠한 사회이든지 그 사회를 이루고 있는 구성원의 숫자가 많으면 많을수록, 그리고 그 구성원들이 하나로 결합되면 결합될수록 그 사회는 보다 완전한 사람의 형체가 된다는 점이다.

더 많은 수의 구성원들이 결합될수록 더 완전해지는 이유는 다음과 같다. 모든 독립적인 개체는 다양한 부분들이 유기적으로 결합되어 이루어져 있다. 그런데 다양한 부분들이 하나의 개체로 통일성을 이루고 있을 때 그것을 완전하다고 한다. 따라서 어떤 사회를 형성하고 있는 구성원의 수가 많다는 것은 더 다양한 부분들이 있다는 얘기고, 더 다양한 부분들이 하나로 결합하여 통일성을 이룬다면 그것은 더 완전한 사회라고 볼 수 있는 것이다.

천국은 각 사회의 구성원 수는 매일 증가하고 있으며, 그 수가 증가할수록 각 사회들은 보다 더 완전해져 가고 있다. 물론 각 사회들이 점점 더 완전해져 감에 따라 전체로서의 천국도 점점 더 완전해져 간다. 그것은 천국 전체가 각 사회들로 이루어져 있으며, 천국을 형성하고 있는 각 사회들이 완전해지면 전체로서의 천국도 자연히 완전해지기 때문이다. 천국은 결코 닫혀지거나 발전을 멈추지 않을 것이다. 오히려 구성원의 수와 다양성이 증가할수록 완전을 향해 점점 더 성숙해 나갈 것이다. 그래서 천사들은 자기들의 영역으로 새로운 천사들이 오는 것을 간절히 기다리는 것이다.

제4장 천국의 신(神) 하나님

1. 창조주 하나님

하나님에 속한 개념은 교회, 종교, 예배의 모든 것들의 시작이고 또 중요한 요소를 이룬다. 하나님에 대한 개념은 사람의 마음 안에 있으며 으뜸의 자리 안에 존재한다. 보편적인 천국이나 지상의 보편적인 교회 또는 일반적으로 종교에 속한 전부는 하나님의 올바른 개념 위에 세워진다. 왜냐하면 이 신관을 통해서 거기에 결합이 있고 그 결합을 통해서 빛, 지혜, 영원한 행복이 존재하기 때문이고 천국과의 교류가 이루어지기 때문이다.

영원 전부터 계신 주님 즉 여호와께서 지옥들을 정복하시고 당신의 인간 성정을 영화스럽게 하시기 위하여 세상에 오셨다. 이분 없이는 아무도 구원될 수 없으며, 이분을 믿는 자는 모두 구원된다. 하나님은 본질로나 인격으로 한 분이시며, 그분 안에 신령 삼일성이 있는데, 이분이 주 하나님 구주 예수 그리스도라는 것이 주된 믿음의 항목이다.

또 사람은 만일 주님께서 세상에 오시지 않으셨다면 아무도 구원될 수 없다는 것이 주된 내용이다.

요한복음 1:1~14 “말씀이 하나님과 함께 계셨으며, 하나님은 말씀이셨다. 이 말씀이 육신이 되어 오셨다.”

요한복음 16:28 “내가 아버지께로 나와서 세상에 왔고 다시 세상을 떠나 아버지께로 가노라.”

요한1서 5:20 “또 아는 것은 하나님의 아들이 이르러 우리에게 지각을 주사 우리로 참된 자를 알게 하신 것과 또한 우리가 참 된 자 곧 그의 아들 예수 그리스도 안에 있는 것이니 그는 참 하나님이시오 영생이니라.”

그리고 영계에서는 한 사람으로의 신관에 따라서 모든 민족에게는 각자의 처소가 주어진다. 그들의 주님관은 그 신관 안에 존재할 뿐 다른 신관에는 존재하지 않는다. 여호와 하나님은 사랑 자체시고 지혜 자체시다. 또는 선 자체시며 진리 자체이시다. 신령 진리로서의 주님은 성언(聖言)이시고 하나님과 함께 계신 하나님이다.

2. 하나님은 사람 자체

온 천국에서 통용되는 하나님의 유일한 개념은 그 분이 사람이시다(he is a man)는 개념이다. 이것은 천국이 전체적으로나 부분적으로나 그 형체에 있어서 한 사람(a man)처럼 되어 있기 때문이고 또 천국를 구성하고 있는 천사들이나 그리고 사상도 그 천국의 형체에 따라서 생성됨으로 그리고 그 천사들과 같기 때문에 천사들은 하나님에 관하여 다른 식으로 생각할 수 없기 때문이다. 천국과의 결합이 있는 이 세상 사람들이 그들 자신 안에서 그들의 영 안에서 내면적으로 생각할 때 하나님을 꼭 같은 식으로 생각하는 내용이다. 하나님은 사람이시다(God is man)는 사실에서부터 모든 천사들과 영들은 완전한 형체의 사람들이다라는 결론이 뒤따른다. 이러한 사실은 천계가 가장 큰 것 안에서나 가장 작은 것 안에서나 꼭 같다는 천계의 형체(the form of heaven)에서 비롯된 결과이다.

창세기 1:26 하나님께서 말씀하셨다. "우리가 우리의 모습과 형상대로 사람을 만들자." 27절에 "하나님께서 하나님의 형상대로 사람을 창조하시되 남자와 여자를 창조하셨다."

하나님께서 아브라함이나 다른 사람들에게 한 사람으로 나타나셨다는 사실에서 잘 알 수 있다. 일찍이 하나님을 본 사람이 없으나, 아버지의 품속에 계시는 독생자이신 하나님이 그 분을 나타나 보이셨다.(요한복음 1:18) 너희는 그의 음성을 들은 일도 없고, 그의 모습을 본 일도 없다.(요한복음 5:37)

신령 인간으로서의 주님은 중보자 또는 조정자라고 부른다. 그럼에도 불구하고 주님께서는 자기 자신으로서 중재하시고 조정하신다. 그럼에도 불구하고 주지하여야 할 사실은 하나님에 관해서 자기 자신으로부터 또는 육(肉)에 기초하여 생각하는 사람은 하나님에 관하여 애매 모호하게 생각한다. 다시 말하면 명확한 개념없이 생각할 것이다. 그러나 하나님에 관하여 자기 자신으로부터 또는 육에 기초하여 생각하지 않고, 오히려 영(靈)에 기초하여 생각하는 사람은 하나님에 관하여 명확하게 생각할 것이다.

다시 말하면 그들은 사람의 형체(under human form)로 신령존재의 개념을 자기 자신에게 들어내 보여 줄 것이다. 천계에 있는 천사들은 신령존재에 관해서 이런 식으로 생각하고, 따라서 고대의 현자(賢

者)들도 이와 같이 생각하였는데, 그들에게 신령존재께서 현연(現然)하실 때에는 신령존재께서는 신령사람(神靈人間) 존재로 나타나셨다.

3. 하나님의 본질은 신령사랑과 신령지혜

사랑은 지혜와 더불어 하나님 안에 내재해 있는 그 본질 안에 있다.

이러한 사실은 어느 누구도 부인할 수 없다. 왜냐하면 하나님께서는 당신 자신 안에 있는 사랑으로 모든 사람들을 사랑하고, 당신 안에 지혜로부터 모든 사람들을 인도하시기 때문이다. 더 나아가서 창조된 우주를 그 질서라는 관점에서 볼 때 귀하는 전체의 것 즉 한 묶음으로 파악해서 지혜이다라고 말하게 될 만큼 사랑에서 비롯된 지혜로 가득차 있다는 것을 알게 된다. 왜냐하면 헤아릴 수 없이 많은 것들은 이와 같은 질서 안에 놓여 있어서, 계속적으로나 동시적으로나 이것들을 한데 모으면 그것들은 하나(一體)를 형성하기 때문이다. 이것으로 말미암아 그리고 오직 이것만이 계속적으로 함께 보존되는 것이다.

사람의 생명은 두 기능을 가지고 있다.

그 하나는 우리에게 이해를 주고, 다른 하나는 우리에게 의지를 주는 것은 그 신령본질 자체가 지혜와 사랑이기 때문이다. 이해 안에 결과 되는 기능은 하나님으로부터 오는 지혜의 입류에 의해서 모든 것을 얻게 되고, 의지 안에 결과 되는 기능은 하나님으로부터의 사랑의 입류에서 모든 것을 얻게 된다. 한 개인이 철저하게 슬기롭고, 철저하게 사랑하는 데 실패한다고 해서 이 기능들이 말살되지는 않다. 다만 그것들이 단순히 밀폐될 뿐이다. 하나님의 본질을 구성하는 2가지 요소가 있는데 그것은 신령 사랑과 신령지혜이다. 하나님의 사랑을 구성하는 3가지 요소가 있다.

㉮ 하나님 자신 밖의 다른 존재를 사랑하는 것이다.

온 인류를 향한 하나님의 사랑으로 말미암아 하나님 안에 존재한다는 것을 시인하는 것이다. 이런 이유 때문에 하나님께서는 창조한 만유를 사랑하신다. 그 이유는 하나님의 목적을 이루기 위한 방편들이고 수단들이기 때문이다. 그래서 하나님은 인류를 사랑 하실 수밖에 없다.

㉯ 하나되는(合一) 것을 갈망하는 것이다.

천국과 주님과의 결합 또는 지상의 교회와 그리고 그 교회안에 있는 각자와 그리고 사람과 교회안에 존재하는 모든 선과 진리는 주님과의 결합으로 말미암아 시인되는 것이다. 하나님께서 사람과 결합하시기 위해서 하나님께서는 당신의 형상과 닮음대로 사람을 창조하셨다.

요한복음 17:21~26 "우리가 하나된 것 같이 저희도 하나가 되게 하고 저희로 온전함을 이루어 하나가 되게 하려함이라." 그래서 교회는 하나님의 뜻을 따르고 개인 개인은 몸과 마음을 다 해 하나님을 섬겨야 한다.

㉰ 하나님 자신으로 말미암아 그들을 행복하게 만드는 것이다.

이것은 끝없는 지복, 만족, 행복을 뜻하는 영생의 은총으로 말미암아 시인된다. 하나님께서는 자기 자신이 하나님의 사랑을 영접하는 사람들에게 이와 같은 은총을 내려주신다. 왜냐하면 하나님께서는 사랑 자체이신 것같이 하나님께서는 지복 자체이시기 때문이다. 모든 사랑이 그 자신으로부터 기쁨을 내뿜듯이 신령 사랑은 영원히 지복, 만족, 행복 등을 불어넣어 주신다. 우리들은 기도하면서 우리의 것을 만족하려고 하는 데 기도의 큰 뜻은 하나님의 것을 만족하게 하는 것이다.

하나님께서는 자신으로부터 천사들과 사후 사람들을 행복하게 하시는데 이러한 것들의 성취는 하나님께서 그들과의 결합으로 이루신다.

하나님은 사람에게 생명의 두 기능을 주셨다. 하나는 이해를 주셨고 우리는 이 이해를 통하여 하나님으로부터 오는 지혜의 입류를 얻을 수 있고, 또 한 가지는 의지를 주어서 하나님으로부터 오는 사랑의 입류를 통해서 모든 것을 얻게 된다. 하나님은 사랑 자체시고, 지혜 자체시다. 그래서 이 둘이 합해져서 하나님의 본질을 구성하고 있고, 사랑과 지혜는 하나님 안에서 하나를 이루고 신령 사랑들의 속성은 우주 창조의 원인이 되었고 우주 보전의 동인이 되었다.

기억해야 할 영계 교통

삼층천 천사들에 의하여 논의 되어진 세 가지 문제 중 한 가지인 생명나무에 의해서 무엇이 표의되고 있으며 선악을 아는 지식의 나무로는 무엇이 표의되는가? 그리고 그 열매를 먹는다는 것으로 표의되는 것은 무엇인가? 토론의 주제가 주어졌다. 이 주제에 관해서 동방의 영들이 대답했다. 우리가 우리의 의견을 내겠지만 모든 지혜가 하나님에게서 오고 사람에게서 오는 것이 전혀 없다는 것을 아는 까닭에 우리는 하나님에 의해서 말하겠고 그의 영감에 의해서 말하겠다.

그러나 우리 자신들의 의견인 듯 우리의 의견을 제시하겠다. 그리고 그들은 이렇게 그들의 의견을 발표했다. 나무는 사람을 표의한다. 그 열매는 삶의 선이다. 그러므로 생명나무로는 하나님으로 인해서 사는 사람을 표의한다. 사랑과 지혜, 인애와 믿음 또는 선과 진리는 사람 안에 있는 하나님의 생명을 구성하고 있기 때문이다. 생명나무로는 그것들을 하나님에게서 받아 살아서 영생이 있는 사람을 표의한다. 즉 요한계시록의 열매가 먹음직스러웠던 생명나무도 동일한 것을 표의한다.(요한계시록 2:7;22:2,14) 선악을 알게 하는 지식의 나무는 사람의 생명을 하나님에게 받지 않고 자기 자신에게서 얻는다고 믿고 그 결과로 자기 안의 사랑과 지혜, 인애와 믿음 즉 선과 진리가 다 자기 자신의 것이고 하나님의 것이 아니라고 믿는 사람을 표의한다.

그러므로 사람이 모습에 있어서나 외적 표현에 있어서 그의 모든 사상들과 성향성들, 언행이 모두 자기 자신에게서 온다는 신념으로 기울게 된다. 이러한 신념이 사람으로 하여금 자기 스스로가 하나의 신이라고 생각하는 종지(宗旨) 때문에 뱀이 말했다.

너희가 그것을 먹는 날에는 너희 눈이 밝아 하나님과 같이 되어 선악을 알 줄을 하나님이 아심 이니라.(창세기 3:5)

그 나무의 열매들을 먹는 것으로는 수용과 귀속을 표의한다. 생명나무의 열매를 먹는 것에 의해서는 영생의 수용이 표의된다. 선악을 아는 지식의 나무 열매를 먹는 것에 의해서는 저주와 정죄를 받는 것을 표의한다. 뱀으로는 자아애에 관련되는 마귀를 표의하는데 이 자아애는 이 나무를 지키는 자이고, 그 자아애의 영향을 받아 자기들의 이해를 자만하는 사람은 모두 그러한 나무들이다. 그러니까 아담이 그의 신념 때문에 정죄받은 것을 보아서 아담이 자기 자신의 것인 지혜를 즐기고 그 선을 행하면서 그가 안정된 상태에 있었다고 생각하는 것은 무서운 오류이다. 이것이 선악과를 아담이 따 먹었다는 것에 의해서 표의되는 바이다. 그러므로 아담은 선악과를 먹자마자 그 안정된 상태에서 떨어져 나갔다. 안정된 상태는 사람의 지혜와 선을 행할 수 있는 능력이 하나님에게서 오며 사람 자신에게서는 결코 오지 않는다는 신념 안에 있다. 이것이 "선악을 알게 하는 지식의 나무의 열매를 먹는 것"으로 표의되는 바이다. 주님만이 홀로 그가 세상에 계셨을 때 자기 스스로의 근원에서 지혜를 가지셨고 또 선을 행하실 능력이 있으셨다. 그 까닭은 신령자 자신이 그분 안에 계셨고 그의 탄생시부터 신령자 자신이 그분의 것이었다. 또한 주님은 당신 자신의 능력으로 속량주가 되시고 구주가 되셨다.

이 모든 논의에 의해서 그들은 그들의 결론에 도달했다. 생명나무와 선악을 알게 하는 지식의 나무와 그 열매를 먹은 것에 의해서 사람의 생명이 그 사람 안에 계신 하나님이며 그 하나님 안에서 사람은 천계와 영생을 소유한다. 사람의 진정한 죽음은 자기 생명이 자기에게서 오고 하나님에게서 오지 않는다고 고집하고 믿는 것이니 그 고집스러운 신념에 지옥과 영원한 죽음, 즉 정죄가 있다. 그러므로 만일 그가 모든 사랑의 선과 모든 지혜의 진리를 하나님께 귀속시키면 그때 그는 생령(生靈, 살아 있는 사람)이 된다. 그러나 사람이 그것들을 자기 자신에게 귀속시킨다면 그는 죽은 사람이 된다. 이 결론을 그들이 종이 위에 써서 책상 위에 놓았다. 그런데 보라, 천사들이 갑자기 휘황한 구름 속에 나타났다. 그리고 그 종이를 가지고 천계로 가지고 갔다. 거기서 그것이 읽어진 후에 그 자리에 앉아 있던 자들이 이런 인

사를 받았다. "좋군, 좋아 아주 좋아." 그리고 한 천사가 날개로부터 날아 내리듯 나타났다. 그 천사는 두 다리를 감싼 두 날개와 같은 것을 가지고 있었고 그의 두 관자놀이 둘레에도 두 날개 같은 것이 있었는데, 그 천사가 죽 내려 흐르는 듯한 긴 옷, 모자 그리고 월계꽃으로 된 화환으로 된 상을 가지고 왔다. 그리고 동쪽에 있는 자들에게 루비와 사파이어를 섞어 짠 월계꽃 화환을 주었다. 그들 모두는 각각 그들이 받은 상들을 존숭하며 그 자리를 떠나 기쁨으로 집에 돌아갔다.

4. 하나님은 사랑자체와 생명자체

㉠ 생명 자체가 하나님이다.

하나님께서 생명 자체시다고 생각하고, 동시에 생명에 관한 개념이 없다면, 그 같은 경우 하나님에 관한 지식(知識)은 위와 같은 표현 안에는 전혀 존재하지 않는다. 신령 지혜안에 있는 하나님을 가리키는 생명 자체인 신령사랑(神靈愛)은 그 사랑의 본질 안에는 결코 상상될 수 없다. 왜냐하면 그것은 무한(無限)하고, 따라서 그것은 사람의 이해력을 뛰어 넘기 때문이다. 그러나 그것의 표현 안에는 능히 그것이 상상될 수 있다.

㉡ 주님께서는 천사들의 안전에는 별과 빛이 발출되는 태양으로 나타나신다.

그 태양이 바로 신령 사랑이고 그 볕이 신령선(神靈善)이라고 부르는 신령사랑이다. 그리고 그 빛은 신령진리(神靈眞理)라고 부르고 거기에서 나온 신령지혜이다. 그럼에도 불구하고 우리가 마치 불, 볕,

빛에 속한 개념으로 하나님이신 생명의 개념을 갖는다는 것은 그 개념 안에 동시에 사랑이나 지혜가 존재한다고 생각하지 않는다면, 따라서 신령사랑이 불꽃과 같고, 신령지혜는 빛과 같고 또는 그 신령사랑은 마치 하나의 찬란한 광희와 같은 신령지혜와 함께 존재한다는 것을 생각하지 않는다면 허락되지 않는다.

㉢ 하나님께서는 완전한 사람(perfect man)이셔서 형체에 관해서는 아무런 차이가 없지만 다만 본질에 관해서는 차이가 있는 얼굴이나 몸으로는 꼭 같은 사람이다.

㉣ 하나님의 본질(essence)은 사랑 자체이고, 지혜 자체시며 따라서 생명 자체이시다라는 것이다.

㉤ 하나님께서 생명 자체이시기 때문에 뒤따르는 결론 하나님은 자존적 존재(uncreate)이다.

생명 자체는 창조될 수 없기 때문에 오히려 생명 자체가 다른 것들을 창조될 수 없기 때문에 오히려 생명 자체가 다른 것들을 창조할 수 있기 때문에 지음 받았다는 것이다. 즉 창조되어 진다는 것은 다른 것으로 말미암아 존재한다는 것이다. 만약 생명이 다른 존재로 말미암아 존재했다면 거기에는 생명이 될 수 있는 다른 존재가 존재해야 된다는 것이고 그리고 이 생명이 생명 자체가 된다는 것이다.(아타나시우스 第29항)

만약 어느 누구가 육체에 속한 감관에 비하여 뛰어난 이성으로 말미암아 생각할 수 있다면 생명이 비창조적이라는 것을 이해한다는 것은 너무나 자명하지 않겠는가? 왜냐하면 생명은 하나님 안에 존재하고, 또 그것들이 하나님인 사랑과 지혜에 속한 가장 내적인 활동이다. 그리고 그 생명은 또한 본질적으로 생기를 주는 힘이라고 부를 수 있겠다. 존재할 수도 없고, 존속될 수도 없는 존재는 다른 어떤 존재나 행동자의 힘을 빌리지 않고 자기 자신의 의해서 작동하고 움직이는 존재이다.

ⓑ 존재하고 존속하는 모든 것은 제1존재(the first being)에 의하여 작동하고 움직여진다는 것인데, 이 제1존재에서 비롯된 근원을 가지지 않으며 오히려 그 자신 안에 생명을 가리키는 살아있는 힘(the living force)이 내재한 존재이다.(아타나시우스 제45항, 요한계시록 해설 1146항)

중요한 비밀들

㉠ 사람에게 창조된 하나님의 형상은 무엇이며 하나님을 닮은 모습은 무엇인가?

㉡ 짐승들과 새들은 그 생김새나 자태의 높고 낮음의 관계없이 사랑의 기량을 갖고 태어나는데 사람은 어떤 사랑의 지식도 가지고 태어나지 않는 이유?

첫 번째 질문의 답은 사람은 하나님을 담는 그릇이며, 그 하나님의 용기는 하나님의 형상을 의미한다. 하나님은 사랑 자체시고 지혜자체이신데 사람이 이것을 수용하는 정도에 따라서 하나님의 형상이다.

또한 사람은 하나님에게서 온 것들이 마치 자기 안에서 마치 자기 자신의 것인양 나타나게 스스로 느끼는 마음의 덕으로 하나님의 닮은 모양이 된다. 사랑과 지혜를 얻는 만큼 하나님의 모양과 형상이 된다.

두 번째 질문의 대한 답은 사람이 과학지를 생득적으로 타고나지 않는 것은 사람이 모든 과학지에 도달한 후 이해에로 진전하고 그러해서 지혜에 이르게 되고자 함이다. 어떤 사람도 생득적으로 가지고 태어나지 않는 것도 사람이 후에 모든 사랑에 도달하고 과학지를 지혜롭게 자성적으로 응용하게 하고자 해서이다. 이웃을 향한 사랑에 의해서 하나님께 대한 사랑을 낳고 그 결과로 하나님과 결합되고 그 방편에 의해서 사람이 참으로 사람이 되고 영원히 살게 된다. 그래서 사람은 짐승들과 구분되어서 본능 보다는 사랑을 먹고 살 수밖에 없는 존재이다.

5. 하나님의 무한성, 광대무변성, 영원성

자연계에는 특유한 두 가지 성질이 있어서 그것들에 의해서 그 내용물들이 한계가 지어진다. 그 성질 중 하나는 공간(空間)이고 다른 하나는 시간(時間)이다. 하나님께서 이 세상을 창조하셨을 때 시간과 공간도 함께 창조하셨고, 그러므로 세계의 한정(恨定)도 함께 지으셨기 때문에 이 세계의 두 원래의 근원들, 즉 광대무변성과 영원성을 다루는 것이 당연하다고 생각한다. 그 까닭은 하나님의 광대무변하심이 공간과 관계되고 그 분의 영원하심은 그 광대무변하심과 영원하심을 모두 포함한다. 그러나 그 무한성은 유한성을 초월하고 또 무한성에 관한 지식은 유한한 지성을 초월하므로 이 주제에 관한 어느 정도의 이해를 위해서 다음과 같은 순서에 따라서 논의하고자 한다.

㉠ 하나님은 당신 자신 안에서 존재하시고 또 당신 자신 안에서 실존하시고 우주의 삼라만상은 하나님에게서 연유하고 존재하기 때문에 하나님은 무한하시다.

인간의 이성이 창조된 우주안의 수많은 것들에 의해서 이 진리를 확신할 수 있을 것이라는 것을 제시하겠다. 그러나 사람의 마음이 이런 것들을 심사숙고해서 제일 존재 또는 제일 실체가 무한하심을 발견할 수 있을 런지는 몰라도 무한자의 특성이 무엇인지는 이해할 수는 없다. 그러므로 그것을 무한하신 모두요, 그 자체가 존속하며 따라서 참되고 유일한 실체라고 밖에 정의할 수 없겠다. 또 그것이 만일 하나의 형상으로 있지 않고, 그 실체가 참되고 유일한 형상이 아니라면 아무것도 단정해 말할 수 없다. 그러나 이 결론들이 내려짐에도 불구하고 무한자의 특성은 나타나지 않는다. 그렇다. 아무리 사람의 마음이 고도로 분석적이며 승화된 사색에 적합하게 되어 있다고 하더라도 사람의 마음은 유한일 뿐이다. 그래서 그 존재의 이 필연성을 떨쳐버릴 수가 없다. 그러니까 하나님 또는 하나님의 무한하심을 이해할 수 없다. 따라서 사람의 마음은 하나님을 당신 자신 안에 계시고 또 당신의 현실적 존재 안에 계시는 분으로 볼 수밖에 없다. 그렇지만 마치도 그분의 뒷모습을 보는 것 같이 막연하게 하나님을 볼 수는 있다. 모세가 하나님을 뵙고자 해서 기도했을 때 그를 반석 틈에 두어져서 하나님의 등만을 보게 하셨다(출애굽기 33:20~23)고 기록된 것과 같다.

하나님의 등으로는 창조된 가시적 대상들이 표의된다. 그리고 사람들의 지각 아래까지 오는 즉 성언 안에 개별적인 것들을 표의한다. 그러므로 하나님께서 당신의 존재 안에 계시고 또 당신의 본질로 계실 때 어떤 분이신 가를 알고자 하는 것이 매우 허망한 것이지만 유한한 사물들 하나님께서 그 안에 무한하게 들어계신 창조된 사물들에 근거해서 그분을 시인하기에는 충분하다고 하겠다. 우리는 고대의 한 철학자가 자기 자신의 마음의 빛으로는 세계의 영원함을 볼 수도 이해할 수도 없음을 비탄한 나머지 바다에 빠져 죽은 이야기를 알고 있다.

그러나 그가 하나님의 무한하심을 깨닫고자 원했다면 무엇을 하여야 했을까?

㉡ 하나님은 무한하시다, 그것은 그분이 세상에 있기 전에 계셨고, 시간과 공간이 생기기 전에 계셨기 때문이다.

자연계에는 시간과 공간이 있으나 영계에서는 그것들이 실제로 존재하지 않고 외현으로 존재한다. 세상에 공간과 시간이 주어지게 된 이유는 서로 다른 대상물들의 양과 질을 구별하게 위해서이다. 즉 시공(時空)의 방편에 의해서 몸의 감각들이 사고를 자극하며 선택할 수 있게 하려는 것이다.

시간이 자연계에 있는 것은 지구가 그 축을 도는 것에 의해서 태양 둘레를 도는 지구의 움직임에서 이룩되고 그 궤도의 다른 지점들을 거쳐서 회전하는 과정에 의해서 또 태양의 궤도에서 그 수륙(水陸)의 지구는 그 볕과 그 빛을 얻게 되고 이 지구의 변화들은 태양에 의해서 생겨지는 듯 아침, 저녁 그리고 밤이 오고 한 해의 계절인 봄, 여름, 가을, 겨울이 온다. 날의 시간들은 빛과 어두움과 관계되어 구별되고 한 해의 시간들은 더운 것과 찬 것에 관계되어 구별된다. 그러나 자연계에 공간이 생겨지는 것은 지상의 입자(粒子)들이 지구의 형상으로 모아들여지고 물질 서로의 구분이며 또 동시에 확장되는 부분들을 가지고 채우는 것에 의해서 된다. 그러나 영계에서는 물질의 세계에 대응되는 공간과 시간이 없고 다만 그것들의 외현들만이 있다. 이것들과의 차이는 영들과 천사들의 마음 안에 있는 상태에 의해서 비롯된다. 그러므로 영계에서의 시간과 공간은 의지의 정동(情動)들을 따르고 의지의 정동이 자리 잡고 있는 이해 안에 존재하는 사고에 순응한다. 그러나 그 외모들은 그들의 상태들에 따라 일관하므로 현실적이다. 이것이 사후 영혼들의 상태에 관한 일반적인 일차적 개념이며 천사들과 영들이 어떤 확장(擴張) 어떤 시공 안에 살지 않는다는 것이다. 이런 관념에서 이 세상을 떠난 영혼들이 일정하게 고정되어 있는 거처를 가지지 않는다는 생각이 형성된다.

천사와 영은 바람과 같은 존재에 지나지 않아서 에텔, 증기 또는 바람으로 형성된 것이라는 것 외에 어떤 다른 관념도 수용할 수 없다고 생각된다. 그러나 진리는 이렇다. 천사와 영들은 본질로 된 사람들이며 자연계에서의 사람들처럼 공간의 여러 곳에서 함께 살며 위에서 고찰한 바 있듯이 시간부분에 관해서는 그를 마음들의 상태에 의거한다. 만일 그렇지 않고 이 세상을 떠난 영혼들이 모여 살고 천사들이 거주하는 그 세상에 공간과 시간이 없다면 이 전체는 바늘귀를 통해서 끌어내든가, 머리카락의 한 점 위에 응집될 수 있을 것이다. 영계에 본질로 된 확장이 없다는 상정 아래서 본다면 이것은 아주 가능할 것이다. 그러나 영계에는 본질적 확장이 있고 따라서 천사들이 서로가 확실하게 구별되고 서로 분리되는 상태로 함께 사는 것이 물질적 확장, 지상에서 사람들이 사는 것보다 더 확실하다. 그러나 영계에서 시간은 일, 주, 월 그리고 년으로 구별되지 않는다. 그 까닭은 태양이 동쪽에서 서쪽으로 뜨고 지는 것으로 나타나거나 어떤 진행 운동을 가지는 것으로 나타나지 않고 동쪽에 자리 잡고 있으며 정점과 지평선 사이의 한 적정 높이에 있기 때문이다. 영계에서 만유가 본질적인 것은 자연계 안에서 그것들이 물질적인 것과 같다는 맥락에 의해서 천사와 영들은 영계에서 공간을 점유한다.

그러면 이미 고찰한 바에서 공간과 시간은 두 세계에서 개별적인 것이든 또는 전반적인 것이든 그것들이 존재한다. 따라서 천사와 영들과 같은 사람은 육체적으로만 제약을 받는 것이 아니라 그들의 영혼들에 관해서도 제약을 받는다. 이 모든 고찰에서 하나님께서는 창조자 · 지으신 분 · 우주의 조성자이시기 때문에 우리는 하나님께서 무한하시며, 즉 유한하지 않고 모든 것들을 제한하시며 틀 잡아 주신다는 결론을 쉽게 내릴 수 있겠다. 하나님은 이 일을 당신께서 들어 사시는 태양을 방편으로 행하셨다. 이 태양 영기(靈氣)의 유출로서 하나님에게서 발출하는 신령존재로 구성된다. 거기에 또 그것에서 유한함의 시작이 있다. 그러나 그 진전은 그 자신에게서 자연계 안에 있는 궁극적인 것들로 확장된다. 하나님은 그 자체가 무한하시고 그 자신이 비창조의 존재이기 때문에 명백하다. 그러나 사람은 유한하고 유한한 것에 의해서 생각하기 때문에 무한은 그에게 아무것도 아닌 것으로 나타난다. 그러므로 사람의 생각에 집착되어 있는 유한한 성질이 제거되지 않는다면 남겨진 것이 아무것도 아니라는 지각을 가지게 될 것이다. 그렇지만 진리는 하나님께서 무한한 전체시고 사람 자신은 이에 비견한다면 티끌만도 못한 존재라는 것이다.

㉢ 하나님은 세상 창조 이후로는 공간 밖의 공간에, 시간 밖의 시

간에 존재하신다.

하나님 그리고 하나님에게서 직접 발출하는 신령자 그분은 광대무변하시면서 지상의 모두, 천국의 천사 모두, 천국 아래 영 모두와 함께 계시면서도 공간 안에는 계시지 않는다는 것은 어느 정도 영적관념에 의해서 알 수 있기는 하나 단순한 자연적 관념에 의해서는 결코 이해될 수 없는 진리이다. 왜 이 진리가 단순한 자연적 관념에 의해서는 이해될 수 없을까? 그 이유는 그러한 관념 모두에는 이 세상의 대상들에게서 개념 지어지는 공간 개념이 들어 있어 그 모두와 개개의 것 모두 안에는 가시적인 한에는 공간과 관계되는 것들이 들어 있기 때문이다. 크고 작은 것들 모두, 길고, 넓고 한 것이 공간과 관계를 갖는다. 한마디로 말해서 척량, 모양 그리고 그 안의 형상들은 동일한 관계를 갖는다. 그러나 사람은 만일 그가 영적 빛을 안으로 허입하려고 할 때 자신의 자연적 사고에 의해서 이 진리를 이해할 수 있을 것이다. 그러나 이것 보다 먼저 우리는 영적인 사고가 무엇을 뜻하는가를 고찰할 필요가 있다. 그러한 관념은 공간에서는 그 어떤 것도 추구할 수는 없고 그런 것들은 오직 상태(狀態)에서 비롯될 뿐이다.

상태에 의해서는 사랑, 생명, 지혜, 정동, 기쁨 그리고 일반적으로 선과 진리에 관계되는 것이며 무엇이든지 그것에 의해서 이해되어야 한다. 그러나 이런 것들에 관한 영적 관념에는 공간과 공통되는 어떤 성질도 없다. 즉 영적관념은 공간보다 우월하고 하늘이 땅을 굽어보듯 공간 관념을 초월한다. 하나님이 공간 밖의 공간에 임재하시고 시간 밖의 시간에 현재하신다는 것은 그분이 영원부터 영원까지 항상 동일한 존재로 계시고, 세상을 창조하시기 전과 창조하신 후에도 동일한 분이라는 것에서 오는 결과이다. 하나님 안에 그리고 하나님의 시야 안에는 창조 전의 공간이나 시간에 어떠한 것도 없었으나 창조 후에 비로서 그런 것들이 있게 되었다. 따라서 동일한 존재이신 그 분은 공간 밖의 공간, 시간 밖의 시간 안에 계신다. 그러므로 자연은 하나님에게서 분리되지만 그래도 하나님은 자연 안에 편재하신다.

이와 같이 생명이 삶의 본질적이고 물질적인 부분 안에 존재하면서도 그것들과 섞이거나 합일하지는 않는다. 마치 빛이 눈 안에 있고 소리가 귀 안에 있고 맛이 혀에 있는 것과 같으며 에텔이 땅과 물속에 있어서 지구를 현재의 조화 안에 보존하는 것과 같아서 지구에게 그 운행을 비롯한 기타의 모든 것들이 계속적으로 가능하도록 한다. 실제로 이런 원천 능력을 박탈한다고 한다면, 어떤 것 안에도 본질적이고 물질적 대상들은 일순간에 산산조각들이 되고 파멸될 것이다.

그렇다. 인간의 마음은 하나님께서 계속 그 안에 또 그 각 부분 안에 시시각각 내재하시지 않는다면 공기 안에 비누방울처럼 녹아 없어질 것이요, 마음의 그 첫째 또 주된 운영들을 힘써 해내는 양 두뇌는 거품처럼 녹아 버릴 것이며, 사람의 모든 것 역시 먼지처럼 되어 공기 속에 떠도는 띠끌이나 기체에 불과할 것이다. 하나님께서 시간 밖의 모든 시간 안에 계시는 것 같이 당신의 성언 안에서 과거와 미래를 현재의 것처럼 언급하신다.

이사야서에 한 아이가 우리에게 났고, 한 아들을 우리에게 주신 바 되었는데…, 그 이름은 영존하시는 아버지라, 평강의 왕이라 할 것이다.(이사야 9:6) 그리고 다윗의 시에서는 내가 내영을 전하노라. 여호와께서 내게 이르시되 너는 내 아들이라. 오늘날 내가 너를 낳았도다.(시편 2:7)

이 말씀은 장차 오실 주님을 두고 하신 것인데, 또 주의 목전에는 천년이 지나간 어제 같다(시편 90:4)라고 말씀되어 있다. 하나님께서 온 우주에 걸쳐서 어느 곳에나 계시지만 우주의 어느 부분도 하나님 안에 즉 공간과 시간에 관계되는 어떤 것도 가지고 계시지 않는 것이 몇몇 성구들에 의해서 성언을 주위 깊게 고찰하고 읽는 사람 모두에게는 명백하게 나타날 것임에 틀림없다.

예레미야서의 이 한 마디만을 소개하겠다. 나는 가까운 데 하나님이요 먼데 하나님은 아니냐…. 사람이 내게 보이지 아니하려고 누가 자기의 은밀한 곳에 숨길 수 있겠느냐? 나 여호와가 말하노라. 나는 천지에 충만하지 아니하냐?(예레미야 23:23~24)

㉣ 공간과 관계되는 것을 무한성을 광대무변성이라 일컫고, 시간과 관계되는 무한성을 영원성이라 부른다.

이러한 관계들이 있음에도 불구하고 하나님의 무한하심에는 공간의 어떤 광대무변한 성질도 없고 하나님의 영원하심에도 시간의 어떤 성질도 들어있지 않다.

공간에 관계되는 하나님의 무한성을 광대무변성이라고 부르는데, 그 이유는 "광대 무변하다"는 낱말은 그 어떤 거대하고 큰 것에, 그리고 그것의 확장과 광활함에 적용하고도 남기 때문이다.

그러나 시간과의 관계에 있어서 하나님의 무한하심이 영원성이라 불리워지는 이유는 "영원까지"라는 낱말이 끝없이 진전하고 시간으로 측정될 수 없는 어떤 것에도 합당한 표현이기 때문이다. 예컨대 공간의 관계들은 지구를 그 몇몇의 부분들과 함께 표현하고 시간과의 관계는 그 회전과 진전을 가지고 설명한다. 그러니까 후자는 시간을 구성하고 전자는 공간을 구성한다. 즉 이것들은 그러한 외관들 아래서 감각들에 의하여 반영하는 마음 모두의 지각 안에 재현된다. 그러나 상술한 바대로 하나님 안에는 공간과 시간의 어떤 것도 없고 다만 그것들의 지각을 하나님에게서 가릴 뿐이다. 따라서 광대무변함에 의해서는 공간들과의 관계에서 하나님의 무한하심을 표의하고 영원하심에 의해서는 시간과의 하나님의 무한하심을 표의한다.

천사들에게 하나님의 광대무변성은 그분 존재에 대한 하나님의 신성을 하나님의 영원성은 그분의 현현에 대한 하나님의 신성을 뜻한다. 그분의 광대무변하심은 사랑에 대한 그의 신성을 그분의 영원하심을 지혜에 대한 그의 신성을 뜻한다. 그 이유는 천사들이 신격을 지각하는 그들의 관념에서 공간들과 시간들을 사상(捨象)하고 그 사상이 직접 그러한 지각에로 인도하기 때문이다. 그러나 인간의 사고가 공간과 시간에 관계되는 대상들에게서 형성된 관념들에 의해서 틀이 짜여지기 때문에 사람으로는 공간의 존재와 시간의 존재 이전의 하나님의 광대무변성과 영원성을 확실하게 지각하는 것은 불가능하다. 그렇다. 만일 사람이 그러한 지각을 원할 것 같으면 그는 그 자신은 현기증을 느낄 것이고 물속으로 배가 파선해서 빠져드는 사람같이 또는 지진에 의해서 땅속으로 생매장되는 것 같은 두려움을 느끼게 될 것이다. 이러한 사색 속으로 깊게 들어가려고 힘쓴다면 그 사람은 쉽게 정신 착란에 빠져들고 그것 때문에 하나님을 부정하게 될 것이다.

나(스베덴보리) 자신은 영원 전부터 하나님이 어떤 분이신가? 그분은 세상 창조 이전에 무엇을 하고 계셨을까? 그리고 그분은 세상창조에 대해 숙고하셨을까? 또 그 각각의 숙고가 순연히 진공상태에서 가능했을까? 어떤가?를 생각하는 깊은 상념에 잠겨 있었으며 또 다른 맹랑한 생각에 잠겼던 경험에 의해서 나는 이 사실을 깨닫게 되었다.

그러나 내가 그러한 사색 때문에 미쳐 나가지 않도록 예방하시기 위해서 내면적 천사들이 살고 있는 영기와 빛 속으로 주님에 의하여 고양(高揚)되었고 거기서 내가 이전에 가지고 있었던 제한된 개념들인 공간과 시간의 관념들이 조금 제거되었을 때 하나님의 영원하심이 시간의 영원성이 아님을 이해하도록 허락되었다. 세상 창조 이전에는 시간이 없었기 때문에 하나님에게 대하여 그렇게 생각하는 것은 전적으로 무의미한 미련스러운 생각이다. 나는 이 진리도 확신하게 되었다. 영원 전부터 신령자, 즉 모든 시간에서 사상된 날들이나 해들 또 시대들과 관련이 없고 하나님에 관련되는 이 모든 부분들은 순간적이므로 세상은 하나님에 의해서 시간 안에 창조되지 않았고 시간들이 창조와 더불어 비로소 있어지게 되었다.

㉤ 조요된 이성은 이 세상의 여러 사물들에게서 창조주 하나님의 무한성을 깨달을 수 있다.

다음은 사람의 건전한 이성으로 볼 수 있는 하나님의 무한성을 명시하는 많은 고찰들 중 몇 가지 사실들이다.

㉮ 창조된 우주 안에는 동일한 두 가지는 존재하지 않는다.

이와 같은 사실은 동시적인 존재 또는 동시기에 존재하는 것과 같은 것들의 경우를 인간 이성의 도움을 받아 연구라는 인간의 학문에 의해서 발견되고 확인되어 왔는데 사실 이것들 안에는 두 개의 동일성을 동시에 지닌 사물은 없었다. 그러나 개별적으로 고찰되는 경우 창조의 본질적인 부분들은 그 수에 있어서 무한하다. 또한 다른 시기에 생겨지는 두 결과들의 경우에 있어서도 그것들이 엄밀하게 동일하다는 것은 지구의 회전에서 그 결과를 깨달을 수 있는 데, 즉 결코 둘이 동일하지 않다는 것은 사실이다. 왜냐하면 황도면(黃道面)에로 지구의 축(軸)이 기우는 것에 의해서 서로 다른 결과들의 계속적인 연계가 생겨지기 때문이다. 동일한 진리가 사람들의 얼굴들을 고찰하는 것에 의해서도 확인될 수 있는데 두루 세상을 통해서 꼭 같고 동일한 두 얼굴은 없다. 아니 그것은 불가능하다. 사람의 마음이 다른 사람의 마음과 꼭 같게 닮지 않았다. 전 세계에 76억의 인구가 일치하지 않고 서로 서로가 다르다.(各人各色) 일란성 쌍둥이라고 해도 이 세상에는 같은 것은 하나도 없다. 제 각각 고유의 성질(개성)을 갖고 있는 자유로운 조화속의 하나님의 모습을 본다.

㉯ 동물이나 식물의 모든 종자 안에는 천부적으로 된 일조의 광대무변성과 영원성이 있다.

그 광대무변성이라면 한없이 번성해 가는 것이고, 그 영원성이라면 세상이 창조 때부터 지금까지 방해받지 않고 계속 번성해 왔고 또 그 번성을 계속할 것을 이른다. 동물계에서 고찰한 이 진리의 증거로서 바다의 물고기 하나를 예를 들어 보자. 그들의 씨를 풍성하게 번식한다고 생각할 때 20년 또는 30년 동안에 바다는 그 한 종류의 물고기로만 넘치도록 채워져서 종국에는 바다의 물이 넘치고 홍수가 나며 온 지면이 파괴가 될 것이다. 그러나 이것을 방지하기 위해서 하나님의 섭리는 한 종류의 물고기가 다른 종류의 물고기를 위한 먹이가 되도록 정하셨다. 식물계의 씨앗의 경우도 동일하다. 한 종류의 종자만 매년 뿌려지고 자란다고 상상해 보자. 이 식물은 20년, 30년 지나면 한 지구뿐만 아니라 수삼개의 지구 표면을 덮고도 넘칠 것이다. 이 까닭은 어떤 종류의 관목들은 한 알의 씨앗이 백 배 내지는 천 배 이상 번식해 가기 때문이다. 만일 하나의 씨가 연속적 생산으로 시험 삼아 계산해보면 그 실험이 고찰의 진실됨을 입증해 줄 것이다. 두 경우에서 동물이나 식물들의 경우 다 하나님의 광대무변하심과 영원하심을 발견하게 하며 그것들에게서 일반적 형상과 닮음을 산출하게 될 것이다.

㉰ 조요된 이성의 눈에 의해서 과학들과 그에 의해서 계발되는 사람의 총명과 지혜가 무한히 성장하는 것을 보고 하나님의 무한하심이 발견된다.

사람의 지혜와 총명은 나무가 씨에서 자라고 숲과 동산이 나무들에게서 자라나오는 것처럼 자라고 증가될 수 있다 그러니까 결코 이것들에게 제한을 두는 것이 불가능하다. 사람의 기억은 총명과 지혜를 수용하는 터전이다. 이해는 그것들을 발아하고 개화하는 곳이며, 의지는 열매를 내는 곳이다. 이해와 의지 두 기능들은 이성에서 후에 영원에까지 계발되고 완성될 수 있는 성질을 가지고 있다.

㉱ 창조주 하나님의 무한하심은 무수한 항성들에게서도 발견될 수 있다.

그 항성들은 많은 태양들이고 따라서 그것들 주위를 공전하고 있는 많은 세계들이다. 별들이 있는 곳에는 지구와 여러 세계가 있고 거기 사람들과 짐승들, 새들 그리고 식물들이 서식하고 있다. 8천억 개나 되는 광대무변한 은하계를 보존하시는 경이로운 존재이시다.

㉲ 천사들의 천국과 지옥에 의해서 하나님의 무한하심이 더욱 명확해졌다.

둘 다 분할되고 또 그 안에 있는 자들의 선과 악을 사랑하는 다양성에 따라서 질서정연한 배열로 무수한 사회 또는 회중(會衆)으로 재분할되어 있다. 즉 그들의 사랑에 의거해서 거기 있는 자 모두가 제자리를 잡게 되어 있다. 왜 그런가 하니 세상 창조 이래로 전 인류는 모아졌고 또 오고 오는 세월을 통해서 모아질 것이기 때문이다. 그러나 그들 각자가 자기의 개별적인 장소 또는 거처를 취하기는 하지만 그들은 모두 연결되어서 천사들의 천국 전체가 한 신령 인간으로 표징되고 보편적인 지옥은 하나의 기괴한 마귀로 표징된다. 이 두 세계 또는 그 안의 무수한 경이(驚異)로움에서 하나님의 무한하심과 전능하심이 확실해지고 자명해진다.

㉥ 사람 각자가 사후에 영원토록 살 생명이 영원하신 하나님에게서만 주어질 수 있다는 것을 추리 기능이 조금이라도 고양된 사람이라면 지각할 수 있지 않겠는가?

㉦ 사람 안의 자연적 또 영적인 빛의 범위와 이해 아래 있는 많은 사물들 안에는 일종의 무한성이 있다

예를 들면 자연적 빛에는 무한한 확장을 계산하는 기하학적인 각양한 시리즈가 있음을 발견한다. 그리고 다시 높이의 세계도(degree of altitude) 사이의 무한을 향한 진전이 있는데 자연적이라고 부르는 첫째 계도가 둘째 계도, 즉 영적 계도의 완성(完成)에 이를 수 있도록 고양 되지는 못한다. 또 둘째 계도는 천상적 계도라는 셋째 계도의 완성을 얻지 못한다. 이 경우는 목적, 원인 그리고 결과의 관계와 동일하다. 결과는 결코 그 원인처럼 완전할 수 없고 원인은 그 목적같이 될 수는 없다. 이것은 가장 높은 계도에 있는 영기, 둘째 계도의 에텔, 그리고 가장 낮은 계도의 공기 등 세 계도가 있는 대기(大氣)로 예설될 수 있겠다. 즉 공기의 특성이 영기의 특성에 올리워 질 수 없으나 그 각각은 무한성의 완성에까지 고양될 수 있다. 사람의 영적 빛은 짐승의 자연적 사랑이 각 사람의 창조의 법에 의해서만 가능한 영적 사랑의 본성에는 결코 고양될 수 없음을 발견한다. 또 역시 짐승의 자연적 총명도 사람의 영적 총명에 결코 고양될 수 없다. 그러나 이 진리가 오늘날 세상에 알려져 있지 않다. 이상 서술한 바에 의해서 창조의 보편적 현상이 창조자 하나님의 항구한 타입들임을 지각하기는 용이하다고 하겠다. 그러나 개별적인 것들이 어떤 식으로 우주의 복사(複寫)들이 되고 창조자의 무한하심을 표징하는 가는 사람의 마음이 그 안에서 항해해야 할 심연(深淵)이며 대해와 같다고 하겠다. 그러니까 자연인이 혼자 자신만을 믿고 배를 타고 서 있는데 그에게 불어 닥칠 폭풍을 막기 위한 경계를 하지 않으면 그 배는 돛대와 돛과 함께 뒤집혀 산산조각이 나지 않을 수 없다.

기억해야 할 영계 교통

㉠ 자연이 생명에서 파생되었느냐? 아니면 생명이 자연으로부터냐?

㉡ 자연과 생명의 중심과 확장에 관하여?

우리는 책상 가까이 가서 그가 무엇을 쓰고 있는가를 물었다. 그가 대답했다. "자연이 생명에서 파생되는가? 아니면 생명이 자연에게서 파생되는가? 하는 주제에 관해서입니다." 그리고 그 어느 편으로도 확인해서 그것이 진리되게 할 수 있다고 말했다. 그러나 속에 감추어져 있는 무엇이 있어서 자기의 두려움을 자극하기 때문에 자연이 생명에서 파생되고 생명이 자연에게서 파생되지 않는다는 명제를 감히 확인했다고 말했다. 그래서 우리는 예의 바르게 무엇이 속에 숨겨져 있어서 두려움을 자극하는가를 말해 달라고 부탁했다. 그는 자연주의자 또는 무신론자라고 목사에게 지탄 받고 평신도에게 불건전한 판단의 사람이라고 지목되지 않으려고 해서라도 대답했다. "그것은 목사는 그 의견을 확인한 다른 사람들의 눈들을 가지고만 보고, 평신도는 맹목적 신뢰를 가지고 믿기 때문입니다." 그러나 우리는 더 이상 진리를 위한 의분(義憤)의 열정을 억제할 수 없어서 그에게 다가가서 말을 건넸다. "친구여 당신은 아주 많이 속았소! 오로지 저술을 위한 탁월한 재능일 뿐인 당신의 지혜가 당신을 부추겼고 당신의 명성의 영광이 당신을 당신의 현실적 신념들에 모순되는 것을 확인하도록 유혹했소! 당신은 인간의 마음이 관능적인 것들 이상으로 고양될 수 있는 것을 모르시오? 사람들의 마음은 신체적 감관들에게서 사고에로 수용된다오. 이것이 그렇게 고양되면 위에 있는 생명에 관계되는 것과 아래 자연에 관계되는 것을 모두 봅니다. 생명이 무엇이요? 사랑과 지혜입니다. 그리고 자연이 무엇입니까? 그것은 사랑과 지혜 즉 생명의 용기입니다. 이 용기에 의해서 사랑과 지혜는 그 결과들과 선용들을 생산합니다. 사람의 몸이 생명의 한 기관이 아니고 무엇일까요? 그것의 일반적 또 개별적 부분들이 사랑이 원하고 이해가 생각하는 바를 이룩하게 하기 위해서 유기적으로 형성되지 않았을까요? 자연으로부터 몸의 기관들이 있고 생명에서 사랑과 사상이 있지 않았을까요? 전자와 후자는 전적으로 구별되지 않았을까요? 당신의 생각을 좀 높게 자극해 보십시오. 느껴지는 것은 사랑에 속하고, 생각하는 것은 지혜에 속합니다. 그런데 이 둘은 모두 생명에 속합니다. 앞서 상고한대로 사랑과 지혜는 생명입니다. 당신의 지성의 능력을 좀 높이 올리면 사랑과 지혜는 그들의 기원을 어딘가에 가지지 않고는 존재할 수 없는 것을 지각하게 될 것인데, 그들의 기원은 사랑 자체요 지혜 자체이며 결과적으로 생명 자체입니다. 이것들이 하나님이며 자연은 하나님에게서 온 것입니다."

두번째 지혜에 관한 답변은 다음과 같다. 이 세계에 태양불이나 자연은 그것은 불이 아니고 그 안에 계시는 하나님에게서 직접 발출되는 신령 사랑인 천사들의 천계의 태양에게서 라고 대답하였다. 사랑은 그 본질에 있어서 영적인 불이다. 그래서 성언 또 거룩한 책에 영의에 의거해서 불이 사랑을 표의한다. 이것이 제사장들이 성전에서 사역할 때 기도하기를 하늘의 불이 예배하는 사람들의 심중에 채워지기를 기도하는 이유이다. 불로는 천국적 사랑을 뜻한다. 제단 위의 불, 성막 안에 촛대가 이스라엘 자손들 사이에서는 신령사랑 외에 다른 것을 표징하지 않는다. 피의 뜨거움, 또는 사람의 생명인 열기, 모든 동물들의 체온을 개관할 때 그들의 생명을 구성하는 사랑 이외에 다른 기원을 가지지 않는다. 그래서 사람이 열정으로 불타고 노여움과 의분심으로 자극될 때 열이 나고 뜨거워지고 불이 붙는다. 이 환경에서 사랑인 영적 열기가 사람들 안에 자연적 열기를 산출하고 얼굴과 관절에 붉게 물들고 열을 내기까지 한다. 그러니 자연적 태양의 불이 신령사랑인 영적 태양의 불 이외에 다른 기원에 의존하지 않음은 자명해진다. 천사들의 천국의 태양인 생명의 중심은 영계 태양 한 가운데 계신 하나님에게서 직접 발출하는 신령사랑이다. 영적세계인 그 중심의 확장이 영적 태양에게서 나오고, 보다 낮은 세계의 태양은 영적 태양에서 생겨나고, 자연계라고 불리 우는 그 확장은 그 태양에서 태어난다.

고로 우주가 하나님에 의해서 창조되었다는 것은 자명하다.

창조에 관한 영계 체험

천국의 다른 사회에 속한 천사가 나를 찾아와서 말했다. "당신이 우주의 창조에 관해서 명상한 것 때문에 우리들의 가까운 사회에 초청

되어서 거기서 창조에 관한 설명을 하고 크게 환영받았다는 이야기를 들었습니다. 이제 모든 종류의 동물과 식물들이 하나님에 의해서 어떻게 생산되었는지를 보여드리겠습니다." 그리고 그는 넓고 푸른 들로 나를 인도하고 내게 말했습니다. "둘러보시오." 그래서 나는 아주 아름다운 색을 가진 새들이 더러는 날고 더러는 나무들 위에 머물고 더러는 땅위에 산재해 있고 더러는 장미 꽃잎들을 쪼고 있는 것을 보았다. 그리고 그것들은 더러는 비둘기였고 더러는 백조였다. 이것들이 사라진 다음에 나는 내게서 멀지 않은 곳에 어미 양들이 어린 새끼양과 함께 있고 암염소 들이 새끼들을 데리고 있는 것을 보았다. 그리고 이것들 둘레에 암소들이 송아지와 함께 있고 또 낙타들과 당나귀들의 떼를 보았고 그리고 어떠한 작은 숲에서 가지 친 뿔을 지닌 뿔사슴과 외뿔 동물들도 보았다. 내가 이것들을 본 다음에 천사가 내게 말했다. "동쪽으로 돌아서시오." 그렇게 하고는 과목들 즉 오렌지 · 레몬 · 포도 · 무화과 · 석류나무로 가득 찬 정원과 딸기로 뒤덮힌 작은 숲을 보았다. 그랬더니 천사는 네게 "남쪽을 보시오."했다. 거기서 나는 밀 · 보리 · 조 · 콩 따위 여러 곡물과 그 주위에 색색가지의 장미 꽃밭을 보았다. 북쪽으로는 밤 · 종려 · 참피나무 · 플라타너스 그리고 활엽수들이 꽉 들어 찬 작은 숲이 있었다. 내가 이것들을 보았을 때 천사는 내게 말했다. "당신이 본 이것들은 모두가 당신 가까운 곳에 있는 천사들의 사랑의 정동에 대한 대응들입니다." 그리고는 갖가지 정동이 어떤 특수한 사물에 대한 대응되는 지를 내게 일러 주었다.

그리고 그것들만이 아니라 다른 모든 볼 수 있는 사물들 즉 가옥 · 가구 · 식탁 · 음식 그리고 옷 또 금화와 은화 그리고 천국에서 아내들과 처녀들이 단장하고 있는 다이아몬드와 여러 가지 보석들 역시 대응들이라고 알려주었다. 그리고는 이렇게 말을 부언했다. "우리들은 그러한 모든 것들에 의해서 모든 사람의 사랑과 지혜에 관한 본성을 지각한다오. 우리의 집에서 선용을 위해서 쓰여지는 것들은 변하지 않고 남아 있지요. 그러나 누군가 이 사회에서 저 사회로 옮겨가게 되면 그것들이 이동해 간 사회에 따라서 그 외관들은 변합니다. 이런 것들이 당신에게 계시된 것은 모든 창조가 개개의 틀(型)로써 예시되어 있는 것을 보게 하려는 때문이었소. 그 까닭은 하나님께서는 사랑 자체시고 지혜 자체이시기 때문입니다. 하나님의 사랑의 정동들은 무한하시고 그분의 지혜의 지각들도 무한하셔서 지상에 있는 모든 것들은 보편적으로나 개별적으로나 하나님 사랑과 지혜의 대응들이기 때문입니다. 이것이 모든 새 · 짐승 · 나무 · 관목 · 곡물 · 딸기 · 식물 · 풀들의 기원입니다. 왜 그런가 하면 하나님께서 공간을 떠나 공간 모든 곳에 계시고 우주 도처에 처음부터 끝까지 계십니다. 즉 하나님은 무소부재하시기 때문에 그 사랑과 지혜의 정동들의 대응들이 자연계와 전체에 빈틈없이 존재하기 때문이며 우리들의 세계, 영계라고 불리 우는 세계에도 유사한 대응들이 하나님으로부터 정동들과 지각들을 받는 모든 자들에게 존재하기 때문입니다." 그러나 이것들과의 유일한 차이는 우리들의 세계에서는 그러한 것들이 하나님의 의해서 일순간에 천사들의 정동들을 따라서 창조되어지는 반면에 당신들의 세계에서는 이와 같이 처음에는 창조되지만 다른 것에서부터 번식하는 것에 의해서 부단히 쇄신되어서 창조가 계속되도록 정해졌다는 것입니다.

우리들의 세계에서는 창조가 단번에 이루어졌지만 당신들의 세계에서는 번식에 의해서 영속되는데 그 이유는 우리들 세계의 대기와 토지는 영적인데 반해서 당신들의 세계의 것들은 자연적이기 때문입니다. 자연적인 것은 살갗이 사람과 동물의 몸을 감싸고 있는 것 같이 또는 수피(樹皮)가 나무기둥과 가지를 싸고 있듯이 또는 두 개의 뇌파가 뇌수를 싸고 있듯, 막피(膜皮)가 신경을 싸고 미묘한 박막(薄膜)이 신경섬유를 싸는 것 같이 영적인 것을 싸도록 창조되었습니다. 이런 이유 때문에 당신들의 세계의 모든 것들은 해마다 계속해서 새롭게 되어서 영속됩니다."

천사들은 말을 계속 했다.

"가서 당신이 보고 들은 것을 사람들에게 말하십시오. 그 까닭은 그들이 지금까지 영계에 관해서 전연 무지했기 때문입니다. 영계의 개념 없이는 아무도 우리들의 세계에 부단한 창조가 있고 당신들의 세계에도 우주가 하나님에 의해서 창조되었을 때에 부단한 창조가 있었다는 것을 알 수도 없고 상상도 할 수 없습니다."

6. 하나님의 전지전능(全知全能)과 무소부재(無所不在)

하나님의 전지전능(全知全能)과 무소부재(無所不在)는 신령 지혜의 속성이다. 우리는 이미 신령 사랑과 신령 지혜에 관해서 살피었고, 이 둘이 신령 본질을 구성하고 있음을 이해하고 있다. 이제 우리는 하나님의 전능하심과 전지하심 그리고 무소부재하심을 논할 차례에 이르렀다. 그 까닭은 이 셋이 신령 사랑과 신령 지혜에서 발출되는 것이 마치 이 세상의 태양의 힘과 현재가 전체 또는 각 부분들이 그 여호와 하나님이 계시는 영계의 태양에서 발출하는 볕, 그것은 그 본질에 있어서 신령 지혜다. 따라서 무한하심, 무소부재하심 그리고 영원하심이 신령 존재에 속해 있듯이 전능하심과 전지하심 그리고 무소부재하심이 신령 본질에 속해 있다. 그러나 신령 본질을 설명하게 되는 이 세 가지 보편적 성질은 오늘날까지 이해되지 못하고 있다. 그 까닭은 그들의 진행이 그들의 진행과정 즉 질서의 법칙들이 알려져 있지 않았기 때문이다. 그래서 다음과 같은 항목들로 밝히 알아 볼 수 있도록 재현해 보여야 하겠다.

㉠ 전지(omniscience) 전능(omnipotence) 그리고 무소부재(omniprosence)는 신령 사람에서 나온 신령지혜의 속성이다.

하나님께서 전능하시고 전지하심과 무소부재하심은 신령 사랑에서 나온 신령 지혜의 속성들이지만 신령 지혜를 방편으로 해서 운용되는 신령 사랑의 속성들은 아니라는 것은 어떤 인간의 이해에도 명백하게 제시된 적이 없는 천국의 한 비의이다. 그 까닭은 사랑이 그 본질에 있어서 무엇이며 지혜가 그 본질에 있어서 무엇인지가 알려지지 않았고 더구나 그 하나에서 다른 하나에로의 입류 법칙이 알려져 있지 않은 까닭이다. 그 입류의 법칙에 따라서 사랑이 보편적 입류 또는 개별적 입류에 의해서 지혜 속으로 들어간다. 그리고는 왕이 자기 자신의 왕궁 안에 거하듯 또는 주인이 자기의 집안에 있으며 또 그 동일한 정도만큼 지혜에게 사랑할 권위를 양보한다. 왜냐하면 공의가 사랑과 관계되며 공의의 판정은 지혜와 관계되기 때문이다. 그러나 이 비의가 지금 밝은 빛 안에 놓여지게 될 것이지만 당분간 이 비의를 일반적 원리라고 해두자. 하나님께서 당신의 사랑에서 오는 지혜의 방편에 의해서 전능하시고 전지하시며 무소부재하심은 요한복음서에 이러한 말씀들로 표의되어 있다.

태초에 말씀이 계시니라. 이 말씀이 하나님과 함께 계셨으니 이 말씀은 곧 하나님 이시니라…. 만물이 그로 말미암아 지은 바 되었으니 지은 것이 하나도 그가 없이는 된 것이 없느니라. 그 안에 생명이 있었으니 이 생명은 사람들의 빛이라…. 그가 세상에 계셨으며 세상은 그로 말미암아 지은 바 되었으되, 세상이 그를 알지 못하였고…, 말씀이 육신이 되어(요한복음 1:1~14)

여기 "말씀"에 의해서는 신령진리가 그리고 같은 양식으로 신령 지혜가 표의되고 있다. 따라서 그 분이 생명과 빛이라고 일컬어지고 있는데 이 둘은 지혜 말고 다른 것이 아니다.

㉡ 하나님의 전지전능 그리고 무소부재는 질서가 무엇인지를 이해할 때까지는 알 수 없다.

하나님은 질서이시며 하나님께서 창조 때 우주와 그 각 부분들에게 질서를 두셨다는 것을 알기까지 이 세 속성은 알 수 없다.

하나님께 의거해서 우주와 그 모든 부분들을 창조하신 질서를 이해하지 못한 까닭에 얼마나 많은 황당무계한 견해가 새 교파들을 창시, 창시자들의 머리를 통해서 사람들의 마음에 들어오고 거기서 교회 안으로 번식해 들어왔는가는 그들에 관한 글들에서 명백해 질 것이다.

그러나 그것들을 논술하기 전에 질서의 의미와 용어의 일반적 정의를 제시한 것부터 설명하고자 한다. 질서(秩序)란 모양을 구성하는 바의 부분들, 본질과 실체의 배치와 결정 또는 활동의 성질이며 그것이 의존하는 상태이다. 상태의 완성은 사랑에서부터 지혜에 의해 생산되고 상태의 불완성은 욕심에서 추론이 광란을 일으키기 때문에 만들어진다. 이 정의에 본질, 형 또 상태라는 말들이 사용되고 있는데 본질이라는 말로 우리는 동시에 모양(形)을 의미한다. 그 까닭은 본질 모두는 한 형(form)이다. 그리고 형의 특성은 그것이 상태이고 그것들의 완성과 불완성은 질서에 의해서 결과가 된다.

㉮ 하나님은 본질 그 자체시고 형(form) 그 자체로 질서이시다.

모든 현존하는 것들이 근본적으로 하나님에게서 그 존재를 끌어냈고 또 계속 하나님에게서 생겨지고 있는 고로 하나님은 형(form)이시다. 왜 그런가 하면 본질들의 모든 성질이 하나님에게서 생겼고 또 지금도 그에게서 생겨지고 있기 때문이다. 즉 특성은 오직 형에게서만 나온다. 이제 하나님께서 그 유일하신 첫째 본질이고 형이신 까닭에 동시에 또 참된 유일한 사랑이시며 그 유일하신 지혜이시다. 그러니까 사랑에 의해서 운용하는 지혜는 모양을 구성하고 그 상태와 특성은 그 안에 내재하는 질서에 의거해서 되어지는 까닭에 하나님이 질서 자체라고 결론을 내리게 되고 또 따라서 하나님께서는 당신 자신이 우주와 그 안의 모든 부분들 안에 질서를 끌어들이신다. 창세기에 쓰여진대로 하나님께서 창조하신 것은 무엇이든 다 아주 좋았다. 악들은 창조 후에 지옥과 함께 생겨났다.

㉯ 우주의 모든 것은 전반적으로도 개별적으로도 자기 자신들 혼자서 생존하기 위해서 각기 자기들의 차례 즉 질서에 따라서 창조되었다는 것을 고찰하여야 하겠다.

그리고 이 모든 것들은 시초부터 각 개별적인 질서가 보편적인 질서 안에 존재하고 하나의 전체를 구성하기 위해서 전 우주의 질서에 연결되어 창조되었다는 것도 아울러 고찰해야만 한다. 여기서 예들을 찾아보면, 사람은 그 자신의 질서에 따라서 창조되었고, 그 각 부분들 즉 머리 · 신체 · 심장 · 장 · 간장 · 췌장 그리고 위도 모두 각자의 질서에 따라 창조되었고 운동과 근육으로 된 모든 기관도 눈 · 귀 · 혀와 같은 모든 감각기관 역시 자기들의 질서에 따라 창조되었고, 또 지극히 작은 동맥과 섬유질까지도 각기의 질서를 가지지 않은 것은 없다. 그런데 이 무수한 부분들이 공동의 한 몸에 연결되고 결합되고 합해서 하나가 되고 있다. 다른 모든 것들도 다 같은 모양이다. 모든 동물 · 조류 · 어류 · 파충류 · 곤충 그리고 딱정벌레에 이르기까지 각각 자기 질서에 따라 창조되었다. 이와 같이 수목 · 과수 · 관목 · 초류에 이르기까지 그리고 더나가서 돌 · 과물 · 먼지에 이르기까지 각기 자기 질서 안에 창조되었다.

㉰ 어떤 제국이나 왕국, 군주의 영토, 민주국가나 지방 자치주와 가정에 이르기까지 질서를 구성하는 법칙들 즉 그 통치 형태에 의하여 설치되지 않은 것이 없음은 만인이 아는 바다.

그것들 중에 공의의 법(the law of justice)들이 첫째이고, 행정법들이 둘째이고, 그리고 경제 관련법들이 셋째이다. 사람의 몸에 비하면 각각 사람의 몸에 가지고 있는 몇몇 부분들에게 해당된다. 공의의 법은 머리에, 행정법은 몸에 그리고 경제법은 옷에 대응한다. 그래서 경제법은 옷을 갈아입듯 기분나는 대로 바꿀 수 있다. 하나님께서 당신의 교회에 설치하신 질서가 의도하는 바는 이렇다. 하나님께서 보편적으로나 개별적으로 모두 삼라만상 안의 모든 것으로 내재하시고 질서의 법들이 사람으로 하여금 자기 이웃에게 실천되도록 하신다. 이 질서의 법이 그 많고 각양한 성언안의 진리들이다. 교회의 머리를 형성하는 하나님에게 관계되는 법들, 몸을 형성하는 사람의 몸에 관계되는 법들, 그리고 옷을 형성하는 의식들이 그것인데 그 중 나중 것 즉 그 질서들 안에 선행하는 법들이 포함되고 보존되지 않는다면 마치 몸이 나체로 여름 뙤약 볕과 겨울 한기에 노출되는 것과 같고 또 담과 지붕이 헐려서 제단과 강단 그리고 여러 다른 성물들이 폭풍과 눈비에 노출되어 있는 성전과도 같다.

ⓒ 우주와 그 모든 부분들 안에서 하나님의 전능하심은 하나님 자신 질서의 법칙에 따라 진행하시고 운용하신다.

하나님은 전능하시다는 까닭은 무엇인가? 그 분은 당신 스스로 모든 능력이시며 모든 다른 존재들의 능력도 그 분에게서 얻어지게 되기 때문이다. 그분의 의지와 능력은 하나이다. 그리고 그분은 선한 것만을 의지하시는 고로 선 이외에는 행할 수 없다. 영계에서는 아무도 자기 의지나 자기 성향에 반대해서 어떤 일도 행할 수 없다. 사람들이 영계에서 하나님으로부터 얻는 특이함은 하나님의 능력과 의지가 하나라는 것이다. 하나님은 또한 선 자체시므로 그분이 선을 행하시는 동안에는 그분 자신 안에 있으며 자신 밖으로 나가는 것이 불가능하다. 그러므로 하나님의 전능하심이 무한하신 선의 연장된 영기 안에서 진행하고 또 운용하신다는 것은 명백하다. 그러므로 이 영기가 그 가장 심오한 중심에서 시작해서 그 안의 모든 것들과 매사를 채우고 그 심오한 중심에서 밖에 있는 것들을 총괄해서 그 삼라만상들이 각각 자기의 질서를 따라 영기와 결합하도록 하신다. 그러나 그들이 이 결합 안으로 들어오지 않는 곳에서도 이 영기는 그것들을 지탱하고 그것들을 보편적인 질서에 조화되게 하려고 모든 노력을 경주한다. 이 보편적 질서 안에서 하나님은 전능하심 안에 거하시고 그 보편적 질서에 의거해서 활동하신다. 그러나 이것이 이룩되지 않는 곳에서는 그것들이 하나님 밖으로 내던짐을 당하게 되지만 거기서도 그 심오한 중심에서 거부의 상태가 있는 그것들을 지탱하신다. 그러니 신령전능이 어떤 악한 것과 접촉하기 위해서 영기 밖으로 나갈 수도 없고, 아무리 작은 악일지라도 촉진할 수 없음이 명백하다. 왜냐하면 악은 하나님에게 등을 돌려대고 하나님에게서 분리되어 지옥에 던져지게 되는데 지옥과 하나님이 계신 천국과의 사이에는 커다란 심연(深淵)이 있기 때문이다. 이러한 몇 안 되는 고찰로도 하나님께서 어떤 사람을 정죄하고 저주하며 또 지옥에 던질 수 있다든가 또 어떤 사람의 영원한 죽음을 예정하고 어떤 사람에게는 상처를 주어 복수하고 진노하고 벌 줄 수 있다고 상상하는 사람들의 미련스러움과 이렇게 믿는 사람들의 우둔함, 더구나 이런 것들을 남에게 가르치는 암매(暗昧)함을 밝히 볼 수 있으리라. 하나님은 누구에게서나 당신의 얼굴을 돌려 버릴 수 없으시며 누구에게나 무자비한 얼굴을 하고 하감(下瞰)하실 수 없다. 이런 것들은 하나님의 본질에 반대되며 하나님 자신에게도 당착(撞着) 된다.

㉮ 오늘날 많은 사람들이 가지고 있는 하나님의 전능하심에 대한 견해는 이렇다.

하나님께서 자기가 좋아 하는 대로, 자기가 원한 것은 무엇이건 시행하고 자기가 원하는 사람은 용서하기도 하고 또 벌주기도 하신다.

죄 있는 자를 무죄로 하고 불충한 자를 충직하다고 선언하고 무가치한 자와 합당치 않은 자를 가치 있고 합당한 자 위에 두고, 어떤 구실이든지 만들어 가지고 자기를 따르는 백성들에게서 재산을 빼앗고 마침내 죽음에까지 이르게 하는데 이것은 마치도 이 세상 왕이 절대권력을 남용하듯 하는 것을 하나님의 전능이라고 본다. 신령 전능에 관한 열렬한 의견이나 신앙 그리고 교회의 가르침에서 비롯된 교회 안에는 각양각색의 신앙의 변화와 서로 다른 견해 그리고 혁신이 생겨나듯이 수많은 비진리들과 오류들 그리고 망상들이 있게 되었지만 그 후에도 계속 큰 호수에 담겨있는 소위 무수한 물방울처럼 또 아라비아 사막 구멍들에서 기어나와 햇빛을 받는 뱀의 수만큼 많은 것들이 생겨날 것이다. 실로 전능과 믿음이라는 두 낱말을 발설하고 범인들의 귀에 달콤한 역설과 만들어 낸 이야기를 해서 자신들의 육체적 관능들과 일치하고 이성을 밖으로 밀어내는 경우가 어떤 것일까? 이성을 밀어내게 될 때 사람이 자기 머리 위를 날고 있는 새들보다 나은 것이 무엇일까? 그렇게 되면 야수들보다 사람의 자랑스러운 속성은 짐승들의 동굴 속의 역한 냄새 즉 짐승들에나 있고 짐승의 본성을 갖지 않는 사람에는 맞지 않는 냄새와 같이 된다는 것이 영계의 원리다.

만일 우리가 신령전능이 악을 행하기 위해서나 선을 행하기 위해서 한 가지로 확장되었다고 믿는다면 하나님과 마귀 사이에 무슨 차이가 있겠는가? 두 나라, 하나는 왕이면서 동시에 폭군의 나라요 다른 하나는 자기 권력을 제압하고 있어서 왕이라 부를 수 없는 폭군의 나라, 이 둘 사이의 차이 밖에 더 되겠는가? 또는 허락이 되어서 자기 양떼에게 양과 표범의 역할을 하는 목자와 잔혹하게 밖에는 행동할 수없는 목자, 이 두 목자들 사이의 차이 밖에 더 있겠는가? 악과 선이 반대가 되는 것을 알지 못할 사람이 어디 있겠는가? 만일 우리가 하나님께서 당신의 전능하신 덕으로 이렇게도 저렇게도 하시기를 원하신다고 믿는다면 하나님은 사실상 아무것도 원하시거나 행하시지 않으실 것이며 따라서 전능하심 보다는 훨씬 덜 능력을 가지시게 된다. 이런 경우는 마치 서로가 반대방향으로 움직이는 두 바퀴 같아서 서로 다른 바퀴에게 역 작용을 한다. 이 반대되는 작용들이 서로를 정지하게 할 것이며 종국에는 꼼짝달싹도 못하게 될 것이다. 또는 사나운 물길을 거슬러 항해하는 배 같아서 모순된 방향으로 거스르는 그 배가 닻을 내리지 않는 한에는 불가피하게 떠내려가든가 아니면 파선하고 말 것이다. 또는 다른 사람이 활동하려고 할 때 필연적으로 정지시키려는 또 하나의 힘과 같다. 두 의지가 동시에 활동한다고 생각 한다면 또 하나의 힘과 같다. 두 의지가 동시에 활동한다고 생각 한다면 사람의 마음은 현기증이나 정신착란에 빠지고 말 것이다.

㉯ 만일 하나님의 전능이 유행하는 신념들처럼 절대적이고 악도 선도 한 가지로 행할 수 있다고 용납된다면 하나님은 지옥을 천국으로 들어 올리고 마귀와 사탄의 영들을 천사들로 화하고 지상의 모든 죄인을 일순간에 그 죄에서 정화하고 새롭게 해서 성화하고 거듭나게 하여 진노의 자식으로 삼는 대신에 은총의 자녀로 만들고 당신의 아들의 의를 귀속시키고 전가 하는 것에 의해서 사람을 의롭다 하는 것이 아주 쉽게 가능해 질 것이 아닌가?

그러나 하나님은 당신의 전능하심에 의거해서 이런 일들을 하시지 않으신다. 그 까닭은 그런 일들은 당신 스스로가 우주 안에 설정하신 신령질서의 법칙에 위배되고 동시에 각 사람에게 부과하고 계신 질서의 법칙에 위배되기 때문이다. 이러한 법칙은 하나님과 사람의 결합이 교호적(交互的)인 결합을 요구하고 있다. 하나님의 전능에 관한 이 황당무계한 가르침에서 보면 하나님은 염소 같은 사람을 양 같은 사람으로 바꾸어 제 마음대로 왼편에서 오른편으로 옮길 수가 있고 때로는 용같은 영들을 미가엘 천사들로 변형시키고 때로는 독수리와 같은 시력을 지성적 소경으로 만들고 또 부엉이 같은 사람에게 비둘기 같은 사람으로 변화시킨다고 하는 것인데 그런 일은 하나님으로서는 할 수 없으시다. 이것들은 그 질서의 법칙에 위배되고, 그것은 하나님 스스로 모순되기 때문이다. 그러나 하나님의 전능하심이 이렇듯 절대적이라고 한다면 오히려 아담에게 뱀의 꼬임에 빠지게 하고 선악을 알게 하는 나무의 열매를 따 먹는 일을 허용하지 않았을 것이다.

또 가인으로 하여금 동생 아벨을 죽이도록 하지 않았을 것이며, 다윗의 인구 조사를 허락하거나 솔로몬의 성전 안에 우상들을 세우는 것을 허락하지 않았을 것이며, 유다와 이스라엘의 왕들이 항상했던 성전 모독들을 허락 하시지 않았을 것이다. 그렇다. 하나님은 당신의 능력을 펴서 당신의 아들에 의해서 성취하신 속량을 통해서 예외 없이 전 인류의 구원을 성취하셨을 것이다. 그리고 지옥 안의 어둠의 권세를 뿌리 뽑았을 것이다. 고대 이방인들은 그러한 전능을 그들의 신들과 여신들에게 귀속시켜서 그들에 관한 이상한 신화를 생겨나게 했다. 듀케이런과 피러가 자기들 뒤에 돌을 던져서 그것이 사람이 되게 했다느니, 아폴로가 대프니를 월계관으로 변하게 하고, 다이에나가 수렵꾼을 사슴으로 바꾸고, 파르내서스의 처녀들로 의인화 되어 있는 신들을 까치로 바꾸었다는 이야기들 말이다. 오늘날 이것들과 유사한 신령 사랑에 관한 신념이 풍미해서 광신적이고 이단적인 의견들을 낳고 어떤 종교든 종교가 있는 땅에는 이런 광신이 있다.

㉣ 하나님은 전지하시다. 질서에 따라 되어지는 것은 모두 지극히 미세한 것까지 지각하시고 보시며 아신다. 그리고 질서에 반대되는 것들을 그것들이 무엇이든 지각하시고 보시며 아신다.

하나님은 그가 지혜 자체시고 빛 자체이신 고로 전지하시다. 즉 모든 것을 지각하시고 보시고 아신다. 즉 모든 것들을 지각하시는 것이

지혜 자체시고 모든 것을 보시는 것이 빛 자체이시다. 하나님께서 지혜 자체라는 것은 이미 상술한 바 있다. 그리고 하나님께서 천사와 사람 모두를 조요하시는 천사적 태양이신 까닭에 빛 자체시다. 그 까닭은 눈이 자연계의 태양 빛에 의해서 조요되는 것 같이 이해는 영계의 태양 빛에 의해서 조요되고 또 이 빛이 그 본질에 있어서 지혜인 까닭에 그것을 수용하는 정도에 따라 단지 조요 될 뿐 아니라 총명으로 채워지기 때문이다. 그래서 시편에는 하나님께서 접근할 수 없는 빛 가운데 거하신다고 읊어졌고, 또 요한계시록에서는 새 예루살렘에 등불이 따로 없으니 그것은 주님께서 친히 그들을 비추시기 때문이라고 서술되어 있고, 요한복음에는 하나님과 함께 계셨고 하나님이셨던 말씀은 "세상에 오는 자를 모두 비추는 빛"이라고 말씀하고 있다.(시편 104:2, 요한계시록 22:5, 요한복음 1:1,9)

"말씀"은 신령지혜를 의미하고 있다. 그러므로 천사들은 그 지혜를 의미하고 있다. 그러므로 천사들은 그 지혜에 비례해서 빛의 밝고 맑음을 즐기고 꼭 같은 이유로 성언에서 빛에 대한 것이 기록된 곳에서는 지혜가 표의되고 있다.

㉮ 하나님께서 질서에 의해서 되어 진 모든 것들, 지극히 미미(微微)한 것까지 지각하시고 보시고 아신다는 것은 그 우주 구성의 개개의 것들에게서 보편성을 도출하는 질서의 본질에 의한 결과들이다.

그 까닭은 개별적인 것들이 집합되어서 전체라고 불리우 듯 개개의 것들이 합쳐져서 보편적인 것이라고 불리워지기 때문이다. 보편적인 것은 그것을 구성하는 가장 개개의 부분들이 합쳐서 하나로 만드는 작업이다. 그런 고로 한 부분에만 접촉하고 영향을 줄 수가 없고 모든 나머지에게도 동시에 지각이 된다. 창조된 각 부분들에게 유사한 성질이 있게 한 것은 우주 안 에서 보는 질서의 특성 때문이다. 이 사실은 눈으로 볼 수 있는 대상물에게도 나타나고 있다. 예컨대 인간의 몸은 전반적이면서 또 개별적인 부분으로 구성된다. 전반적인 부분들은 그것들 안에 개별적인 부분들을 포함하며 서로 짝이 맞게 서로 연결되어져 있으므로 서로 상호적으로 의존하고 있다. 그 결과로 모든 지체가 하나의 공통된 두루마기 또는 피복 안에 싸여 있어서 그 지체를 구성하는 모든 개별적인 것들 안에 지체를 삽입해서 그 각각의 역할과 선용의 단일적인 활동을 산출하게 된다. 예를 들면 개개의 근육의 외피(外皮)는 개개의 모든 운동섬유 속에 들어와서 그 자체들로 피복을 공급하고 있다. 이와 같이 간장, 췌장, 비장의 피복은 이 기관들의 개개 부분들에게 들어오고 또 늑막(肋膜)이라고 불리우는 폐장의 피복은 폐장의 내면 부분들에게 들어간다. 심장은 심장의 각 부분에 들어가서 전반적으로 복막이 되어 접합에 의하여 모든 내장의 피복과 연결되어 있다. 뇌막도 마찬가지로 그것에서 발해지는 실같이 가는 섬유들에 의해서 아래 있는 모든 작은 선(腺)들에게 들어가서 그 선을 거쳐서 모든 섬유에게 들어가고 그 섬유를 거쳐서 몸의 모든 부분에로 들어간다. 이것이 머리가 두뇌에 의해서 아래 있는 몸의 각 부분을 지배하게 되는 이유이다. 상술한 바는 하나님께서 당신의 질서에 의거하여 모든 것들 즉 지극히 세밀한 것까지도 지각하시고 보시고 아신다는 얼마간의 관념을 깨닫게 하기 위해서 인용하였다.

㉯ 하나님께서는 질서의 조직체계에 의해서 질서에 반대되게 행해지는 모든 것들이 지극히 세미한 것까지 지각하고 보시고 아신다.

그것은 하나님께서 사람을 악 가운데 머물러 두시지 않으시고 그것에서 멀리 떠나게 하시기 위함이다. 즉 하나님은 그 사람을 움직여 옮겨 놓으시지 않으시지만 그러나 그와 더불어 싸우신다. 계속되는 쟁투 · 반항 · 대립과 반동 때문에 하나님의 선과 진리에 반항하는 즉 하나님 자신에게 반항하는 악과 거짓의 반동해서 하나님은 사람들의 양(量)과 질(質)을 지각하신다. 하나님 자신의 질서 모두와 각 부분에 있는 하나님의 무소부재(無所不在)와 그 안에 있는 모든 것을 아시는 하나님의 완전한 지식에 의해서 이러한 일을 행하신다. 즉 음감에 귀는 비화음적이며 깨진 소리 모두를 단번에 알아차리고 그 불협화음의 성질의 범위를 알며 심미안을 가진 사람은 단번에 추한 것의 침범을 적발하는 것과 유사하다.

아름다운 상대를 보는 눈이 그 주위에 있는 추한 것을 밝히 본다. 즉 이것은 화가들이 때때로 미인 옆에 추한 얼굴을 두는 이유이기도 하다. 선과 진리가 악과 거짓에게 대항할 때도 마찬가지이다. 다시 말해서 선 안에 있는 모두가 악한 자를 인지하고, 진리에 거하는 자 모두가 거짓 안에 있는 자들을 인지할 수 있다. 그 이유는 선은 천국의 따뜻함 속에 있고 진리는 그 빛 안에 있지만, 그 반대로 악은 지옥의 한냉(寒冷) 안에 있고 거짓은 그 암흑 안에 있기 때문이다. 이것은 다음 사실에서 설명할 수 있을 것이다. 천국의 천사는 모두가 지옥에서 행해지는 것과 그 안에 있는 괴물을 볼 수 있으나, 지옥의 영은 천사와 천국에서 행해지는 것을 마치 소경이나 허공을 쳐다보는 것처럼 밖에는 볼 수가 없다. 자기의 이해가 지혜의 빛 안에 있는 자는 한낮에 산꼭대기에 서서 아래 세상의 모든 것들을 밝히 바라 볼 수 있는 것과 같다. 또 높은 곳에서 빛 안에 있는 자가 망원경을 통해서 바라보며 주위나 눈 아래 있는 것을 마치도 자기신변 가까이 있듯이 보게 되는 것과 같다. 그러나 거짓을 고집하는 것에 의해서 생겨지는 지옥의 위망적(僞妄的)인 빛에 의해서 보는 자는 밤에 등불을 들고 산상에 서서 오로지 자기 가까운 곳에 있는 것들 만을 볼 뿐 그 모양이나 색깔을 똑똑히 볼 수 없는 것과 같다고 하겠다. 진리의 빛에 대해서는 어느 정도의 인식을 가지고 있으면서 악한 생활을 하는 자는 악한 사랑을 향락하고 있는 동안에는 마치 박쥐가 정원 한 가운데 걸려 있는 홑이불을 보고 피난처가 될 줄로 알고 날아드는 것과 같이 맨 처음에는 진리를 보지만 뒤에는 밤새들처럼 되고 급기야는 부엉이처럼 되어 다음에 굴뚝 청소부가 굴뚝 속의 암맹에 갇혀서 위를 보면 연기에 가리운 하늘이 보이고 아래를 보면 연기가 올라오는 지경이 된다.

㈐ 서로 반대되는 것을 지각하는 것은 서로 관련되는 것을 지각하는 것과 다르다는 것을 인정해야만 한다.

즉 반대되는 것들은 밖에 있어서 안에 있는 것과는 모순된다. 서로 반대되는 것들은 마치 차바퀴가 다른 차바퀴에 물의 흐름이 다른 흐름에 거슬리는 것 같이 하나가 다른 하나에게 거슬려 활동하는 힘에 의해서 파괴되는 때에 생긴다. 그러나 상관관계를 가진 것은 왕비의 가슴에 달린 장식품 중 각양각색의 보석들처럼, 또는 취향을 구사해서 배치된 화환의 예쁜 꽃들처럼 서로가 적합하고 조화를 이루도록 배열된 변화와 다양성이다. 따라서 서로 상관되는 것은 모두 상반되는 것 안에 있어서 선과 악 안에, 진리와 거짓 안에 있고 천계와 지옥 안에 존재하지만 지옥의 모든 상관되는 것들은 천계의 그것들과는 상반된다. 그래서 하나님은 당신께서 들어계신 질서에 의하여 천계의 모든 상관되는 것을 지각하시고 보고 아시며 따라서 이것들과 상반되는 지옥에 상관되는 것을 지각하시고 보고 아시기 때문에 하나님은 지옥에 있어서나 천계에 있어서나 또 사람들이 있는 세상에 있어서나 전지하시다. 이리하여 당신 자신의 존재가 되고 또 그 안에서 당신 자신의 본질인 선과 진리에 의해서 그들이 악과 거짓들을 지각하고 보시고 아신다. 성서는 이렇게 기록되어 있다.

내가 하늘에 올라 갈 지라도 거기 계시며 음부에 내 자리를 펼지라도 거기 계시니이다.(시편 139:8) 그리고 저희가 파고 음부로 들어갈지라도 내손이 거기서 취하여 낼 것이다.(아모스 9:2)

ⓜ 하나님은 처음부터 끝까지 그 분의 질서 안에 계신다.

하나님께서 당신께서 스스로 내재하시는 영계의 태양에서 발하는 볕과 빛을 방편으로 하여 하나님 자신의 질서의 처음부터 끝까지 만유 안에 편재하신다. 이 영계에 태양에 의하여 질서가 생겨지고 그것에서부터 처음부터 나중까지 우주 전체에 퍼져 넘치도록 볕과 빛을 보내서 지상 사람들과 동물들 그리고 식물들에게 생명을 준다. 이 볕과 빛은 입류에 의해서 전반적으로 개별적으로 만유 안에 들어 가셔서 창조에 의해서 그 안에 심어진 질서에 따라 각각 살고 성장하게 하신다. 그리고 하나님께서 확대되시지 않으시면서 우주의 전 확장을 빈틈없이 채우시는 고로 하나님은 무소부재하시다. 하나님께서 공간을 떠나 모든 공간 안에 계시고 시간을 떠나서 모든 시간 안에 거하신다. 그 결과로 그 본질에나 질서에 있어서 우주는 하나님으로 충만해 있다. 하나님께서 당신의 무소부재하심에 의해서 모든 것들을 지각하시고 그 전지하심에 의해서 모든 것들을 수행하신다는 것이 추론된다. 그래서 무소부재와 전지 그리고 전능이 전체를 형성하고 각각이 다른 것들을 암시하며 그것들이 분리 될 수 없다는 것은 명백하다.

신령 무소부재는 영계에 있는 많은 천사들과 영들의 현재에 의해서 예증될 수 있겠다.

영계에는 공간이 없고 다만 공간의 외관만이 있는 고로 천사나 영은 만일 유사한 사랑의 정동과 사상을 가진다고 볼 때 그들은 일순간에 서로 다른 자들과 현재할 수 있다. 그것은 이 둘 즉 사랑의 정동과 사상이 공간의 외관을 생기게 하기 때문이다. 나는 이 땅에서 여러 마일 떨어져 있는 아프리카 인들과 인도인들이 한 자리에 있는 것을 보고 배운 바가 있다. 또 나는 우리의 태양계와 동시에 또 다른 태양계에 속해 있는 여러 유성들의 주민들과 한 자리에 동시에 있을 수가 있었다. 이런 까닭에 공간 말고 공간의 외관들 안에서 사도들과 또 서거(逝去)한 교황들과 한 자리에 있었고 또 왕들과 대화를 해왔고 또 개신교의 창시자들, 즉 루터(1483~1546년), 캘빈(1509~1564년), 그리고 멜랑히톤(1497~1560년)과도 대화를 즐겼으며, 상거(相距)가 먼 나라들에서 온 다른 사람들과도 대화한 경험이 있다. 천사들과 영들의 출현이 이렇다면 무한하신 신령 임재가 우주 안에서 어떤 제한을 받겠는가? 천사들과 영들은 각 사랑의 정동 때문에 그리고 이해의 각 사상들로 인해서 공간 아니 공간, 시간 아닌 시간 안에 있게 되어 이 같은 출현을 즐긴다. 왜냐하면, 각 사람은 인도에 있는 형제, 친척 또는 친구를 생각해서 그를 마치 자기와 함께 있는 듯 그의 출현을 있게 할 수 있기 때문이다. 친구들을 기억할 때 사람은 그들을 향한 사랑을 느낄 수 있다. 잘 알려진 사실들이 신령 무소부재를 어느 정도 예증한다. 사람의 상념도 그렇다. 한 여행자가 여러 곳에서 본 일이 있는 것들을 회상할 때 소위 그 곳들에 돌아가 있는 것과 같다. 즉 중간적인 서로 관련된 대상물들 없이는 거리를 측정할 수 없다. 태양 자체는 중간에 끼어 있는 대상물들이 거리를 제시해 주지 않는다면 눈앞에 아주 가깝게 나타나서 손으로 만질 수 있듯이 출현할 것이다. 이것은 광학(光學)에 관한 저술가들이 증명한 바 있다. 이러한 출현은 사람의 지적인 시각과 신체의 시각 모두에 있으며, 그것은 그 사람의 영이 자기의 눈을 방편으로 해서 보기 때문이다. 그러나 동물들의 시각은 그렇지 않다. 동물들은 영적인 시각을 가지지 않았기 때문이다. 그런고로 하나님께서는 당신 자신의 질서의 처음 것에서 나중 것에 이르기까지 모든 것들 안에 편재 하신다는 것이 명백해 졌다.

ⓑ 사람은 신령 질서에 의해서 사는 한에는 신령 전능에게서 악과 거짓에 대항할 힘을 얻고 신령 전지에게서는 선과 진리에 관한 지혜를 얻으며 신령 무소부재에게서 하나님 안에 있게 된다.

사람은 신령 질서를 따라 사는 동안에는 신령 전능에게서 악과 거짓에 대항할 힘을 가지게 된다. 그것은 하나님 밖에는 누구도 악들과 비진리들을 저항할 수 없기 때문이다. 모든 선들과 진리들이 천국에서 결속하듯 악들과 비진들은 지옥에서 와서 연결된 전체를 형성한다.

대개 상술한 바와 같이 모든 천국은 하나님 앞에서 한 사람으로 나타나지만 모든 지옥은 하나의 거대한 괴물로 나타난다. 그러므로 하나의 악과 그 거짓됨을 반대하는 것은 그 거대한 괴물을 반대하는 것이므로 전능하신 하나님 밖에는 누구도 할 수 없다. 그러니까 전능하신 하나님에게 나가지 않는다면 악과 거짓을 대항할 자기 자신의 힘을 가지지 못하는데 그것은 마치 물고기가 큰 바다를 대적하는 것이나 벼룩이 고래를 대적하고 또 티끌이 태산에 맞서는 것과 같으며 메뚜기가 코끼리에 대항하고 파리가 낙타에게 대드는 것 같이 무력하다. 더구나 사람은 악 안에 출생하였기 때문에 악이 그 자체를 대항해서 활동할 수 없으니 악과 거짓을 대항할 힘은 더욱 약하다. 사람이 질서를 따라 살지 않으면 그가 하나님과 ⓐ 하나님의 전능을 시인하고 지옥을 대항할 하나님의 보호가 필요함을 시인하지 않는다면, ⓑ 사람 편에서 자기 자신 안에 있는 악과 싸우지 않는다면 질서의 법칙이 이 두 가지를 요구하는 고로 지옥에 던지워 져서 거기서 일엽편주가 폭풍에 몰리우는 것같이 악들에 농락될 것이다.(우리는 죽을 때까지 악과 거짓에 싸워야만 되고 끊임없이 하나님이 원하는 쪽으로 정진해야 된다)

㉮ 사람은 신령 질서에 따라서 사는 한에는 신령 전지에게서 선과 진리에 관한 지혜를 얻게 되는데 그것은 선의 모든 사랑과 또 진리에 관한 모든 지혜 또는 사랑의 선과 지혜의 진리가 하나님에게서 오기 때문이다.

이것은 기독교 세계 안에 있는 모든 교회의 신앙고백과 일치한다. 그래서 사람이 하나님의 전지 또는 무한하신 지혜에게서가 아니고는 지혜의 진리 안에 살 수 없다고 추론된다. 천사들의 천국처럼 사람의 마음에는 세 구분되는 계도들이 있고 또 차례를 따라 위로 올라가기도 하고 또 아래 계도로 내려가기도 하는데 보다 높은 계도로 고양(高揚)되는 한에는 지혜로 빛난다. 그것은 그가 천국의 빛 안으로 고양되기 때문이며 이것은 하나님에 의해서만 결과되기 때문이다.

사람이 질서 안에 그 빛 안으로 고양되는 한에는 사람이지만 낮은 계도로 내려가는 한에는 지옥의 빛 안으로 빠져들고 사람이 사람되지 못하고 짐승이 된다. 이것이 바로 사람이 두 발로 꼿꼿하게 서서 위를 쳐다보는 이유이다. 짐승은 땅에 평형되게 자신의 네 발로 서서 아래쪽만을 내려다 본다, 물론 동물에게는 영적인 능력이 없기 때문이다.

사람이 자기 마음을 하나님을 향해서 올리고 지혜의 매 진리가 하나님에게서 발한다는 것을 시인하고 동시에 질서에 의거해서 산다면 높은 탑 위에 서서 아래 펼쳐지는 번화한 도성을 보며 거리에서 되어지는 일들을 식별하는 사람에 비길 수 있으나, 지혜의 매 진리가 자기 자신의 자연적 빛에서 또는 자신에게서 비롯된다고 믿는 신념으로 다져진 사람은 탑 아래 지하실에 갇혀서 창문을 통해서 도성을 보는 것과 같아서 어떤 특수한 집의 담외에는 아무것도 보지 못하고 ,오직 벽돌들이 어떻게 시멘트로 쌓여졌는가 만을 보는 사람에 비할 수 있다. 더구나 하나님에게서 지혜를 얻는 사람은 높이 날아올라서 아래 있는 정원과 숲과 도성 안의 모든 것을 보고 자기 필요에 따라 방향을 잡는 새에 비길 수 있다. 그러나 제 자신의 힘으로 지혜로우며, 그 지혜가 하나님에게서 온 것이 아니라고 자만하는 사람은 땅 가까이 날아다니는 말벌이 거름더미에 집을 짓고 썩은 냄새를 즐기는 것과 같다.

사람은 땅위에 사는 동안 천국과 지옥 사이의 중간 길을 걷고 있다. 의지의 평형 즉 선택의 자유(freedom of choice)가 있어서 하나님을 우러를 수도 지옥을 내려다 볼 수 있다. 만일 하나님을 우러러 본다면 모든 지혜가 하나님에게서 오고 사람의 영은 실질적으로 천국에 있는 천사와 같으나 만일 악의 비 진리 안에 사는 모든 사람들처럼 내려 다 본다면 그의 영은 지옥 안에 있는 마귀들과 같아진다. 그래서 성서는 우리에게 권고하고 있다. 악은 모든 모양이라도 버리라.(우리 마음 안에 천국과 지옥이 있다는 말이다. 우리가 천국 쪽으로 마음을 두느냐 지옥 쪽으로 두느냐는 인간이 결정해야 하는 상황이다.)

㉯ 사람은 질서에 의거해서 사는 동안은 하나님의 무소부재 하심에 의해서 하나님 안에 있다.

그것은 하나님께서 무소부재하시기 때문이다. 하나님은 당신 자신 안에 계시듯 당신의 신령 질서 안에 계시는 한에서는 어디서나 질서 자체이다. 이제 사람이 신령 질서의 한 양식으로 창조되었으니 하나님이 그 사람 안에 계신다. 즉 사람이 신령질서에 의거해서 사는 한에는 하나님께서 사람 안에 충만히 거하신다. 그러나 그가 신령질서에 따라서 살지 않아도 하나님은 그 사람 안에 계시기는 하는데 그 사람의 영혼 가장 높은 영역에만 계시면서 그 사람이 진리가 무엇임을 이해할 수 있도록 하고 선한 것을 의도하도록 하시지는 않는다. 즉 이해할 능력과 사랑할 성향을 주신다. 그러나 사람이 질서에 모순되게 살면 그는 자기마음 또는 영의 낮은 영역을 담아 거는 일이 되는데 이 일은 하나님께서 당신의 임재를 가지고 그 낮은 영역을 채우시려고 내려오시는 것을 미리 막는 것이 된다. 그래서 하나님은 그 사람 안에 있으나 사람은 하나님 안에 있지 않게 된다.

하나님께서 선한 사람이나 악한 사람이나 꼭 같이 임재하시고 하나님이 해를 의인과 악인에게 같이 공급해 주신다. 사람이 질서에 의거해서 살지 않으면 그 사람은 하나님 안에 있지 않다는 것이 천국의 보편적 법칙이다. 주님은 주님께서 사람 안에 계시듯 사람들이 주님 안에 있게 하시기를 원하신다. 우리가 힘써서 주님을 섬겨야 하는 이유가 여기 있다. 주님께서 말씀하셨다.(요한복음 15:4 내 안에 거하라 나도 너희 안에 거하리라)

사람이 하나님 안에 있는 것은 질서에 의거한 삶에 의해서 되는데 그것은 하나님께서 전 우주 또는 개별적 전체적인 가장 지심(至深)한 부분들 안에 편재하시기 때문이다. 환언해서 지심한 내부도 질서 안에 있다. 그러나 질서에 반대되는 것들 안에는 그것들이 지심한 내부들 밖에 있는 까닭에 계속 그것들도 질서 잡히기를 원하시는 노력에 의해서만 편재하신다. 그러므로 사람이 자신에게 질서를 회복하도록 허용하는 것만큼 하나님은 그 사람 안에 두루 편재하신다. 사람 안에 하나님이 계시지 않는다는 것은 땅에서 태양 볕과 빛이 떠나버린다는 것만큼이나 불가능하다. 그러나 지상의 대상들은 그들이 봄과 여름에 그 볕과 빛을 수용하는 것만큼 태양의 힘을 받는다. 이러한 고찰들이 하나님의 편재에도 적용이 된다. 사람은 질서에 의해서 사는 정도만큼 영적 볕과 빛 사랑의 선과 지혜의 진리 안에 산다. 그러나 영적 볕과 빛은 자연적 빛과는 이렇게 다르다. 태양 주위를 도는 공전 때문에 겨울동안 자연적인 볕은 지구와 지상의 대상물에서 움추려들며, 자연적 빛 역시 지구의 자전 때문에 밤에는 움추려든다. 그러나 영적 볕과 빛은 변화가 없다. 하나님께서도 당신의 태양을 방편으로 해서 각자에게 임재해 계시지만 이 세상의 태양처럼 변하지 않으신다. 사람은 지구가 태양을 등지듯 하나님에게 돌려댄다. 또 그가 지혜의 진리를 뒤로 할 때 그 사람은 태양을 등지는 것과 같다. 사람이 사랑의 선을 등지고 있을 때는 겨울철에 지구가 태양을 등지는 것과 같다. 이러한 것이 영계의 태양의 결과와 선용 그리고 자연계의 태양의 결과와 선용 사이에 있는 대응이다.

다음은 영계교통(질서) 중에 한편을 소개하기로 한다. 그 다음날 같은 무리들 속에 있어서 예정(豫定)과 전가(轉嫁)를 믿고 있던 자 수삼이 내게 와서 말했다. "우리들은 술에 취한 것이 아니라 어제 그 사람의 웅변에 취해버렸습니다. 그 사람은 전능과 질서에 관해서 말하면서 전능은 신령하고 질서도 신령하다고 했습니다. 사실 하나님 자신은 질서라고 결론지었습니다. 억만 가지 질서의 법칙이 있어서 하나님은 당신의 법칙에 의해서 속박되고 인간은 인간자신의 법칙에 의해서 속박되어 있다고 말했습니다. 신령 전능이 법칙에 의해서 속박된다고 하면 무엇입니까? 그런 힘은 절대는 아니잖습니까? 만일 그렇다면 하나님은 자기 마음대로 법률을 바꾼 아우구스투스나 네로(로마제국의 5대 황제, 37~68년)처럼 독재자로 행동하는 지상의 왕 보다도 힘을 쓰지 못하게 됩니다. 우리들은 법칙에 의해서 제약을 받는 전능을 생각하고 나니 돌아버리고 말았습니다. 이제 곧 무슨 치료를 받지 않고서는 미쳐버릴 것 같습니다. 왜 그런가 하니 우리들은 우리들의 믿음에 의해서 아버지 되시는 하나님에게 그의 아들을 위해서 우리들에게 긍휼하심을 베풀어 주시라고 늘 기도하고 또 하나님은 그가 기뻐하시는 자 모두에게 자비로우시게 죄를 사하시고 당신이 원하는 자를 구원하실 수 있다고 믿고서 하나님에게서 그 전능하심의 지극히 작은 부분까지라도 빼앗고자 하지 않았습니까? 그래서 하나님을 그 어떠한 법칙의 사슬로 묶는다는 것은 그분의 전능에 반항하는 것이 되기 때문에 불경건한 사악일 뿐이라고 생각합니다." 그들이 이렇게 말하고는 나를 쳐다보았고 나도 그들을 보았다. 그리고 그들에게서 놀라는 기색을 보았으므로 이렇게 말해 주었다. "나는 당신들을 위해서 주님께 간구하고 이 주제를 예설하는 것으로 당신들에게 주님의 치료를 드리도록 하겠소." 그리고 이어서 이렇게 말했다. "전능하신 하나님은 당신 안에 있는 질서에 의해서 즉 당신 스스로가 그 안에 계시며 그것에 의해서 통치하시는 질서에 의해서 세상을 창조하셨습니다. 따라서 이 질서를 전반적으로도 개별적으로도 우주에게 주시고 각 인간 · 짐승 · 새 · 벌레 · 수목 · 식물에게 그 자체에 특유한 질서를 주셨습니다. 자, 여기 간단하게 예를 들겠습니다. 인간에 관한 질서에 법칙이란 인간이 자기를 위해서 성서에서 진리를 배우고 그것을 자연적으로 또 가능한 합리적으로 고찰해서 자연적 믿음을 얻는 것입니다. 하나님에게 관련된 질서의 법칙이란 하나님이 인간에게 접근해서 그 진리에 하나님 자신의 신령 빛을 채워서 단순한 지식이나 확신에 지나지 않는 인간의 자연적 믿음을 신령본질로 채워주신다는 것입니다. 이 방법에 의해서만 구원에 이르는 믿음이 될 수 있습니다.

아무도 하나님의 법칙에 순응해서 자기의 죄에서부터 멀리 물러나지 않는 한에는 하나님은 당신의 법칙을 따라서 그 사람의 죄를 용서할 수 없습니다. 또 아무도 하나님의 법칙에 순응해서 자기 스스로를 자연적으로 중생시키지 않는 한에는 하나님은 그 사람을 영적으로 중생시킬 수 없습니다. 하나님은 모든 자들을 중생해서 구원하시려고 부단히 노력하시지만 사람 편에서 받아들이는 그릇으로서 자신을 준비하고 하나님을 향해서 길을 닦고 문을 열지 않는 한에는 하나님께서 이 일을 행하실 수 없습니다. 신부가 신랑의 신부가 되지 않는 동안에는 신랑이 그녀의 방에 들어갈 수 없습니다. 그 까닭은 그녀가 문을 잠그고 그 열쇠를 가지고 있기 때문입니다. 처녀가 신부가 되려면 열쇠를 신랑에게 넘겨줍니다. 하나님은 스스로 사람이 되시지 않으셨다면 당신의 전능하심을 가지고도 인류를 속량하실 수 없으셨을 것입니다. 또 하나님은 그 인간성을 유아의 것처럼, 다음에는 청년의 것처럼 하시고 최후에 그 인간성을 당신의 아버지께서 그 안에 들어가실 수 있는 용기 또는 주거로 만드시지 않으셨다면 신령하게 하실 수 없으셨을 것입니다. 주님께서 성언안의 모든 것, 즉 그 안의 질서의 모든 법칙을 성취하신 것에 의해서 이 일을 행하셨습니다. 그 까닭은 이것이 성취되는 것에 의해서 당신의 인간성이 아버지와 합일(合一)되었고 아버지는 주님의 인간성에 합일하셨기 때문입니다. 이상 드린 설명에 의해서 신령전능은 질서 있는 것이고 하나님의 통치 또는 섭리(攝理)는 하나님 자신의 질서의 법칙에 순응해서 부단히 또는 영원히 역사하시고 또 신령전능은 질서가 그 모든 법칙과 함께 하나님 자신이신 고로 그 법칙에 반대되게 행동하거나 조금이라도 그것을 변경하거나 할 수 없다는 것이 명백해질 것입니다." 내가 이와 같이 말하니까 반짝 빛나는 홍옥과 같은 황금색 빛이 날아가는 천사의 모습을 하고 지붕너머로 비추어 왔다. 그 타는 붉은색의 빛이 그 사람의 머리 뒷부분 위에서 반짝였지만 아직 머리 앞부분까지는 이르지 못했다.

그 까닭은 그들이 "우리들은 아직 전능이 무엇인지 모릅니다."라고 중얼댔기 때문이다. 그러나 나는 그들에게 "지금까지 네가 말한 것이 당신들에게 명백해질 때 전능에 관한 것이 모두 열려질 것이오"라고 말했다.

7. 현대교회가 바라 본 하나님

현대 교회가 한 분 하나님을 세 분으로 만들고 있는 큰 과오이다. 이제는 기독교에 알려져 있으면서도 아직 알려져 있지 않은 교리인 신령삼일성(神靈三一性)을 논하지 않으면 안 된다. 그 이유는 이 교리에 의해서만 정확한 신관을 정립할 수 있기 때문이다. 정확한 신관은 교회에서는 성전의 지성소와 제단 같고 보위에 앉은 제왕의 관과 홀 같다. 왜냐하면 정확한 신관은 전 신학체계를 구성하며 그것은 곧 첫 고리와 같기 때문에 만일 사람이 그것을 믿으면 모두 각자는 자기의 신관에 따라서 천계 안에 자기자리를 가지게 된다. 즉 신관은 마치 시금

석(試金石)과 같아서 금과 은 즉 사람 안에 있는 선과 진리들을 시험한다. 왜냐하면 구원하는 선은 하나님에게만 오며, 구원하는 진리 역시 하나님에게서 비롯된 선에서 온 진리이어야 한다. 그러나 이 교리를 아주 명확하게 하기 위해서 다음과 같은 항목들로 나누어 설명하겠다.

㉠ 성부 · 성자 그리고 성령으로 되는 한 신령 삼일성이 있다.

이것은 성언에 의해서 특히 다음의 구절들에 의해서 명확하다.

천사 가브리엘이 마리아에게 말했다. 성령이 네게 임하시고 지극히 높으신 이의 능력이 너를 덮으시리니 이러므로 나실 바 거룩한 자는 하나님의 아들이라 일컬으리라.(누가복음 1:35)

여기서는 하나님 아버지이신 지극히 높으신 자와 성령 그리고 하나님의 아들 즉 세 부분으로 언급되어 있다. 예수님께서 세례를 받으시고 곧 물에서 올라오실 새 하늘이 열리고 하나님의 성령이 비둘기 같이 내려 자기위에 임하심을 보시더니 하늘로서 소리가 있어 말씀하시되 이는 내 사랑하는 아들이요 내 기뻐하는 자라 하시니라.(마태복음 3:16, 마가복음 1:10~11, 요한복음 1:32)

주님께서 제자들에게 이 말씀들로 더욱 공개적인 선언을 하셨다. 너희는 가서 모든 족속으로 제자를 삼아 아버지와 아들과 성령의 이름으로 세례를 주라.(마태복음 28:19)

그러나 이 삼일성을 어떻게 이해해야 할 것인가? 본질에 있어서와 이름에 있어서 한 하나님이 되는 세 신들로 구성된다고 볼 것인가 또는 한 분 하나님의 세 성질(性質)로 또는 속성(屬性)으로 이해되어야 할까 또는 어떤 다른 방도로 이해해야 할 것인가는 도움 받지 않는 이성은 결코 가릴 수 없다. 그렇다면 어떻게 해야 할까? 사람으로서는 구원자 주 하나님에게 나아가 그 분의 영향력 아래서 성언을 읽는 것 이외에 다른 가능한 길이 없다. 그것은 그분이 성언의 하나님이기 때문이다. 그 때 사람은 조요될 것이며 그의 이성이 찬성하는 진리들을 보게 될 것이다.

ㄴ 성부 · 성자 · 성령 이 셋은 한 분 하나님의 세 본질적인 것들이며 그것들은 마치 영혼과 몸 그리고 활동이 사람 안에서 하나가 되는 것처럼 하나가 된다.

매 사물 안에는 하나의 본질을 구성하는 일반적인 요소와 개별적 요소가 있다. 사람의 일반적 요소들은 그의 영혼 · 신체 그리고 이 양자의 활동인데 이것들이 하나의 본질을 구성하고 있음은 그 하나가 타자에 의해서 존재하고 또 타자를 위해서 부단히 연속으로 존재하는 사실에서 명백하다. 왜냐하면 사람은 영혼 즉 씨의 본질 자체에서 자기 기원을 얻으며 그것이 자못 신체의 매 부분을 창시할 뿐 더욱 질서 있게 생산하고 후에 이 양자에게서 발하는 활동들도 생산되기 때문이다. 그러므로 하나가 타자에게서 생산되고 따라서 하나가 타자와 섞여 짜여지고 또 합일하는 것은 이 삼자가 한 본질의 구성물이고 그 이유로 해서 세 요소들이라고 일컬어진다는 것을 증시한다.

ㄷ 세상 창조 이전에는 이 삼일성이 존재하지 않았다. 그러나 세상 창조 후 하나님께서 성육신(成肉身)되셨을 때 삼일성은 주어졌고 존재하게 되어서 그때 주 하나님이시며 속량주이시고 구주이신 예수 그리스도 안에 있었다.

오늘날 그리스도 교회 안에서는 한 신령 삼일성이 세상 창조 이전에 존재하고 있는 것으로 시인되고 있다. 즉 여호와 하나님이 영원부터 한 아들을 낳으셨으며, 그 양자에게서 성령이 발출되고 이 각자가 각각 따로따로 자존하는 인격인 고로 혼자서 또는 그 자체에 의해서 하나님이라고 믿어지고 있다. 그러나 가히 신조는 납득이 가지 않기 때문에 신비로운 것이라고 일컬어지고 있으며, 이 셋이 모두 하나의 신령본질, 즉 영원하심과 광대무변하심 그리고 전능하심을 가지고 따라서 동등하신 신성, 영광 그리고 왕권을 가진다고 믿는 것에 의해서만 명확해질 수 있다. 그러나 이 삼일성은 세 신들로 되는 삼일성이기 때문에 결코 어떤 의미로도 삼일성이 아님을 증명하겠다. 반대로 하나님께서 성육신하신 이후 세상 창조 후에 공여(供與)되고 존재해 온 성부 · 성자 또 성령의 삼일성은 한 분 하나님에게 관계되고 있기 때문에 신령삼일성 자체라는 것이 상술 한 바 모두에 의해서 명백하다. 이 신령삼일성이 속량주요 구주이신 예수 그리스도 주 하나님 안에 있으니 한 분 하나님의 세 요소들이 주님 안에서 한 본질을 구성하기 때문이다. 주님은 아버지가 가지신 것이 모두 당신의 것이라고 하시고, 성령은 스스로 말하지 않고 당신의 의해서만 말한다고 하셨다. 또 주님께서 부활하셨을 때 다른 모든 사람들과는 달리 살과 뼈 모두 당신의 인간 신체를 무덤에서 취하셨다는 사실(마태복음 28:1~8,16:5~6, 요한복음 20:11~15)에서도 명확하다. 이 사실은 주님께서 공공연히 당신의 제자들에게 증거하셨다.

내 손과 발을 보고 나 인줄 알라. 또 나를 만져보라. 영은 살과 뼈가 없으되 너희 본 바와 같이 나는 있느니라.(누가복음 24:39) 이것에 의해서 사람들은 원하기만 하면 주님의 인성이 신령이며 따라서 주님 안에서 하나님이 사람이시며 사람이 하나님이심을 확신할 수 있을 것이다.

㉣ 영원부터 또는 세상이 창조되기 전부터 있었다는 복수 인격의 삼일성은 관념적으로 복수신(複數神)의 삼일성이다. 이 관념은 한 분 하나님을 말로만 고백하는 것으로는 결코 불식(拂拭) 될 수 없다.

영원부터의 신령 인격들로 되는 삼일성(三一性)이 신들의 삼일성임이 아타나시우스 신경의 다음 문구에서 확실하다. "성부의 한 위(位)가 있고 성자의 한 위(位)가 있고 성령의 한 위(位가) 있다. 성부도 하나님이고 주님이며, 성자도 하나님이고 주님이고, 성령도 하나님이고 주님이시다. 그렇지만 세신들이나 세 주(主)가 있다는 것이 아니라 한 하나님이며 한 주님이 계신다. 그 까닭은 우리가 기독교 진리에 의해서 각위가 제각기 하나님이며 주님되신다고 시인하도록 강요되며 공교회에 의해서도 세신들이나 세 주가 있다고 말하는 것이 금지되어 있다." 이 신경은 교회 전체에 의해서 보편적으로 수용되고 있으며 이 신경에서 오늘날 하나님에 관해서 알고 있고 시인되는 바 모두가 유래되고 있다. 이 신경을 주의깊게 읽은 사람은 모두 세 신들로 되는 삼일성은 아타나시우스 신경이 유복자처럼 교회 안에 태어나게 한 니케아 회의에 의해서 이해된 유일한 삼일성임을 알게 될 것이다. 니케아 회의에 의해서 세신들의 삼일성이 이해되었을 뿐 아니라 전 기독교 세계에 걸쳐서 어떤 다른 삼일성이 이해되지 않고 있음이 하나님에 관한 모든 지식이 그 신경에서 얻어졌고, 그 신경에 각자가 무조건적 순종을 바쳐야 한다는 사실에 따라 추론된다. 나는 평신도건 교직자건 간에, 모든 사람들에게 박학한 스승들과 신학 박사들에게, 성별된 감독과 대주교들, 또 자색 법위를 입으신 추기경들, 그리고 로마교황 자신에게, 그리고 오늘날 전 기독교계에 세신들로 된 삼일성 말고 다른 삼일성이 이해되고 있는 가 아닌가를 묻는다. 각자는 자신의 마음을 검토하고 감추지 말고 자기 의견들을 피력하도록 하자.

㉤ 복수 인격의 삼일성은 사도교회(師徒敎會)에는 알려지지 않았으나 니케아회의에 의해서 고안되었으며 거기서 로마 카톨릭교회 안에 도입되고 그로부터 개신교회들에게 전수되었다.

사도교회는 단순히 사도들의 시대에 여러 곳에 산재해 있던 교회만을 의미하는 것이 아니라 그 이후 2~3세기 동안 존속했던 교회들까지를 의미한다. 그러나 마침내 성전의 문짝의 돌쩌귀를 비틀어 뽑고 도둑처럼 성소 안에 뛰어 들기 시작했다. 성전은 교회를 표의하고 문은 속량주 주 하나님을 표의하며 성소는 주님의 신성을 의미한다. 그래서 주님께서 말씀하신다.

내가 진실로 진실로 너희에게 이르노니 양의 우리에 문으로 들어가지 아니하고 다른데로 넘어가는 자는 절도며 강도요…. 내가 문이니 누구든지 나로 말미암아 들어가면 구원을 얻으리라.(요한복음 10:1,9)

이 범죄는 아리우스와 그 신봉자들에 의해서 범해졌다. 그러므로 회의가 비두니아의 한 도시 니케아에서 콘스탄틴 대제에 의해서 소집되어 유해한 아리우스의 이단설을 파괴하기 위해서 그 회의의 참석자들은 성부 · 성자 · 성령의 세 신령 위들이 영원부터 존재했으며 그 각각이 그 자신의 또는 그 자신 안에 있는 인격 · 존재 · 생존이 속해 있다고 고안해 내어 포고했다.

니케아 신경(325년 6월)에 내용은 이러한 것이다. "나는 한 분 하나님, 전능하신 아버지, 천지의 조성자를 믿고, 그리고 한 분 주님, 예수 그리스도, 하나님의 아들, 아버지의 독생자, 오래전에 탄생한 분, 하나님의 하나님, 아버지와 더불어 동일한 본질이신 분을 믿으며, 그분은 하늘에서 강림하셨으며, 성령에 의하여 동정녀 마리아에게서 육신을 입으신 것을 믿으며, 성부와 성자에게서 발출하신 성령과 주님과 생명의 수호자를 믿으며, 성령은 성부와 성자와 더불어, 예배를 받으시고 광영을 받으실 분임을 믿는다."

그리고 아타나시아 신경에는 이런 말이 기록되어 있다. "카톨릭 신앙은 이것이다. 우리는 삼위일체(三位一體)의 한 분 하나님과 단일성의 삼위일체인 하나님을 예배한다. 그 삼위를 혼동해서는 또 그 본질(本質)을 분할해서는 안 된다. 그러나 우리는 기독교의 진리에 의하여, 각 위(位) 그 혼자만으로 하나님이시고, 주님이심을 시인하도록 강요받는다. 그러므로 우리는 카톨릭 종교에 의하여 세 신들(three gods)이 있다거나, 세 주들(three Lords)이 있다고 말하는 것이 금지된다.

그리고 더나가서 그들은 제2의 인격이신 성자가 하강해서 인간성을 취하셨고 속량의 대업을 성취하셨다. 그러므로 신성이 본체적 합일에 의해서 그의 인간성에 속해있고 이 합일을 통해서 그는 아버지되신 하나님과 밀접한 관계를 가진다. 그 때부터 하나님과 그리스도의 인격에 관해서 가증스러운 많은 이단설들이 생겼으며, 적그리스도들이 머리를 들고 하나님을 세 위로 분할하였고, 구주를 둘로 쪼개서 마침내는 주님께서 당신의 사도들을 써서 건설하신 성전을 주님의 말씀과 같이 돌 하나도 돌 위에 겹 놓이지 않도록 파괴해 버렸다.(마태복음 24:2) 여기 성전은 예루살렘에 있던 성전만 표의하는 것이 아니라 그 종말 또는 마지막이 전 장을 통해서 서술된 교회로 표의되고 있다. 그러나 우리가 이 회의에서 그 후 한결같이 뒤를 따라가며 신성을 분할하고 성육신하신 하나님을 자기들 발아래 발등상에 놓고 있지 않은가? 그들이야말로 "다른 길로" 기어 올라가서 교회의 머리를 몸에서 옮겨갔다. 그들은 하나의 따로 떨어져 있는 신성인 것처럼 예수 그리스도를 지나쳐 가서 아버지 하나님에게로 접근하면서 하나님이 자비로우셔서 자기들에게 칭의와 또 이와 함께 하는 모든 부수적인 것들 즉 사죄와 혁신, 성별과 중생 및 구원을 베푸시기 위해서 그리스도의 공로를 말로만 고백하고 있다. 그리고 이런 모든 은사는 사람쪽에서는 아무 노력도 없이 거저 얻고자 그리스도의 공로를 구두선하듯 한다. 사도교회가 복수 인격의 삼일성 또는 영원부터 있는 삼위의 삼일성을 알고 있지 않았음은 그 교회의 신경 또는 사도신경에 의해서 명백하다. 그 신경은 이렇게 기록하고 있다.

"전능하사 천지를 만드신 하나님 아버지를 내가 믿사옵고 그 외아들 우리 구주 예수 그리스도를 믿사오니 이는 성령으로 잉태하사 동정녀 마리아에게 나시고" 또 "내가 성령을 믿사옵고"라 해서 여기서는 영원부터 계시는 아들이라는 말이 없고 다만 성령으로 잉태되고 동정녀 마리아에게 나셨다고만 되어 있다. 그 까닭은 그들은 사도들에게서 "예수 그리스도가 참 하나님이라"(요한1서 5:20), "주님 안에 신격의 충만함이 육체로 거하시고"(골로새서 2:9), "사도들이 예수를 믿는 믿음을 전파했음"(사도행전 20:21)과 "주님께 하늘과 땅의 모든 권세가 주어졌음"(마태복음 28:18)을 알았다.

㉥ 니케아 회의와 아타나시우스의 삼위일체설(三位一體說)에서 전 기독교회를 왜곡한 신앙이 생겼다.

상술한 바와 같이 니케아 회의와 아타나시우스 신경은 근거도 없으면서 신들의 삼위일체설을 취한다. 이것에서 현대교회의 신앙이 생겨졌다. 그것은 아버지 하나님과 아들 하나님 그리고 성령 하나님을 믿는 신앙인데, 아버지 하나님이 그 아들 구주의 의를 사람에게 전가해서 그것을 귀속시키고, 아들 하나님은 아버지 하나님과 사람들 사이를 조정하고 계약을 가능하게 하며, 성령 하나님의 전가된 아들의 의를 실제로 사람 위에 새겨주어 사람을 의롭다 칭하고 성별하며 중생시키는 것에 의해서 이것을 사람에게 확인 한다고 믿는다. 이것이 오늘날 교회의 신앙이고 그 믿음만이 신들의 삼일성이 시인되고 예배받는다고 증명하기에 충분하다. 모든 교회의 믿음에서 그 교회의 모든 예배와 교리가 생겨난다. 즉 믿음이 가르치는 바에 따라서 그 교리도 그러하다. 그러므로 세신들을 믿는 믿음이 전 교회를 왜곡했다는 논리가 된다. 즉 믿음이 첫째 원리이고 교리들은 그 파생들이다. 파생들은 그들의 첫째 원리에게서 그들의 본질을 취한다. 만일 어떤 이가 하나님과 그리스도의 위 · 인애 · 회개 · 자유의지 · 선택 · 세례 · 주의 만찬에 관계되는 현행 교리들을 검토한다면 그 사람은 신들의 삼일성이 그 개개 교리 안에 포함되어 있음을 밝히 볼 수 있을 것이다. 그것이 실제로 나타나지 않을지라도 그것들이 흘러나온 근원이다. 오늘날의 믿음은 그 속모양으로 세신들을 믿는 신앙이며 겉모양으로는 유일신 신앙이기 때문에 성언의 빛을 차단하고 주님을 주님의 교회에서 쫓아 버렸다. 이같이 아침을 밤으로 바꾸었다. 그 많은 사자(死者)들을 성자 취급하며 그들에게 기도를 하는 것 또는 그들의 신상들을 예배하고, 면죄권과 성체 분할 등등을 제정한 그 회의에 어떠한 신뢰를 둘 수 있겠는가?

ㅅ 그러므로 주께서 다니엘서와 복음서 또 계시록에 예고하신바 그 황폐의 가증한 것 즉 전에도 없었고 앞으로도 있지 않을 환난이 발생했다.

다니엘서에 기록되어 있기로는 "미운 물건이 날개를 의지하여 설 것이며 또 이미 정한 종말까지 진노가 황폐케 한 자에게 쏟아지리라 하였느니라."(다니엘 9:27)고 되어 있고 마태복음서에서 주님은 "거짓 선지자가 많이 일어나 많은 사람을 미혹하게 하겠으며 … 그러므로 너희가 선지자 다니엘의 말 한 바 멸망의 가증한 것이 거룩한 곳에 선 것을 보거든 읽는 자는 깨달으라."(마태복음 24:11,15) 또 뒤에 같은 장에서 "그 때에 큰 환난이 있겠음이라. 창세로부터 지금까지 이런 환난이 없었고 후에도 없으리라."(마태복음 24:21)

ㅇ 동일한 이유에서 새로운 하늘과 새로운 교회가 주님에 의하여 설시되지 않고는 어떤 육체도 구원 받을 수 없다.

이는 그때에 큰 환난이 있겠음이라. 창세로부터 지금까지 이런 환난이 없었고 후에도 없으리라. 그 날들을 감하지 아니할 것이면 모든 육체가 구언을 얻지 못할 것이나….(마태복음 24:21~22)

이 장은 오늘의 교회의 끝을 의미하는 "시대의 종말"을 다루고 있다. 그러므로 "그 날들을 감한다."는 것은 이 교회를 종식시키고 새로운 교회를 설치하는 것을 의미한다. 주님께서 세상에 오셔서 속량을 성취하시지 않으셨다면 누구라도 구원받을 수 없음을 누가 모르겠는가? 속량을 성취하는 것은 새로운 천계와 새로운 교회를 설시하는 것을 뜻한다. 주님께서 세상에 다시 오실 것을 복음서에 예고하셨다.(마태복음 24:30~31, 마가복음 13:26) 주님은 오늘날도 상술한 속죄에 관한 항목에서 증시한 것과 같이 인간이 구원받게 하기 위하여 새로운 천계를 창설하고 새로운 교회를 설시하는 것에 의하여 속량을 성취하고 계시다. 주님께서 새로운 교회를 설시하지 않으면 아무도 구원을 받을 수 없다는 심오한 비의는 이렇다. 용이 던져 넣어진 영들의 세계에 그 일당들과 머물러 있는 한에는 신령선과 합일되어 있는 신령진리가 역용되거나 위화 또는 파괴되지 않고서는 지상의 사람들에게 도달할 수 없다. 이것이 계시로의 이 말씀들로 표의되고 있다.

큰 용이 내어 쫓기니… 그의 사자들도 저와 함께 내어 쫓기니라 … 그러나 땅과 바다는 화있을진저 이는 … 마귀가 크게 분내어 너희에게 내려 갔음이라.(요한계시록 12:9,12)

그러나 용이 지옥에 던져 졌을 때(요한계시록 20:10) 그 후에 요한이 새로운 하늘과 새로운 땅을 보고 또 하나님께로부터 하늘에서 내려오는 새로운 예루살렘을 보았다.(요한계시록 21:1,2) 용은 기성교회의 믿음을 가지고 있는 모든 자들을 의미한다.

㉢ 아타나시우스 신경에 의해서 복수 인격의 삼일성 즉 그 각각이 분리되어진 하나님이라는 불합리하고 모순된 신관 즉 잘못되고 기괴한 신관들이 창궐했다.

영원부터 있는 세 신령 위들의 교리 즉 기독교회들 안에서 주된 이 교리로부터 하나님에 관한 많은 부당한 생각들이 속출하였다. 이것은 하나님과 그분의 단일성의 주제와 모든 사람들과 국가들에게 빛을 비추어 주어야 하고 또 줄 수 있는 기독교 세계에는 합당치 않다. 그들이 회교도들이건, 유대교도이건, 또는 이교도이건 간에 기독교회 울타리 밖에 있는 모든 자들이 세 신을 믿는다는 이유로 기독교도들을 혐오한다. 기독교 선교사들은 이것을 알기 때문에 니케아신경과 아타나시우스신경에 의거한 복수 인격의 삼일성을 말하지 않으려고 주위를 하고 있다. 그 까닭은 만일 그들이 그 말을 한다면 사람들에게 경원되고 놀림감이 될 것이라고 알기 때문이다.

그러면 그는 바르다고 하는 어떠한 신관을 보고 듣고 배웠는가? 간단한 비유로 말하면 주 여호와는 우리 인간에게 있어서 영체와 같고, 주 예수 그리스도는 우리 인간의 몸과 같아서 여호와 하나님과 예수 그리스도는 일체이시오, 성신은 영과 육이 하나가 되어 움직일 때 힘이 나와 제3자에 어떠한 영향력을 주는 것과 같이 주님의 영과 육이 완전히 하나가 되어 천사들과 인간과 만물에게 주는 영향력이었다. 이리하여 주님은 완전히 삼위일체가 되시는 하나님이시라는 것이다.

8. 주님의 항존론

신관에 대하여 과오를 범하고 있는 것은 주님의 항존론이다. 스베덴보리(1688~1772년)가 천국에 가보고 느낀 것은 주님은 언제나 우리와 함께 계시며, 우리 뿐만 아니라 온 우주도 그리고 온 천국도 주께서 한 순간이라도 섭리하시지 않으시면 모두 그 시로 멸망할 수밖 에 없을 정도로 밀접하게 우리와 더불어 함께 계시는 것을 보았다. 우리 눈에 보이나 보이지 않으나 땅위에 있는 모든 것도 그렇다. 그런데 인간만이 이것을 모르고 주님의 재림을 학수고대하고 있는 것이다. 물론 교회에서도 입으로, 교리로, 설교로 하나님의 무소부재를 논하기는 하나 이론뿐이요. 실지로는 '주여 어소 오시옵소서!' 하고 다시 육적으로 오실 것을 기다리고 있다. 그러나 주님은 언제나 어디서나 우리와 함께 계시기 때문에 우리는 다시 오시기를 간구할 것이 아니라, 인간의 영안이 떠서 주께서 항상 우리와 함께 계시는 것을 알고 믿게 하여 달라고 기도해야 할 것이라는 것이다. 따라서 주께서 다시 오시마 한 것은 말씀 가운데 있는 영적 및 천적의의로, 다시 말하면 주님의 새로운 계시로 오실 것을 뜻하며, 이것이 곧 주님의 재림이요, 항존을 뜻 한다는 것이다.

9. 하나님 아버지에게 갈 자

주 예수 그리스도를 거치지 않고는 아버지 하나님에게로 갈 자가 하나도 없는 것을 모르고 있는 이것이다. '나와 아버지는 하나이라. 나로 말미암지 아니하고는 아버지께로 올 자가 없느니라' '너희가 그렇게 나와 오랫동안 함께 있으면서 어찌하여 아버지를 보이라 하느냐 나를 본 자는 아버지를 보았느니라' 하신 말씀을 인용하여 눈에 보이는 주 예수 그리스도를 거치지 않고는 아버지께 갈 수 없다고 극히 강조한다. 다시 말하면 주 예수 그리스도는 이 세상에 오신 주 여호와 하나님이시라는 것이다. 그리고 마리아를 거쳐서 입으신 몸까지 주님 쓰시기에 합당하도록 성화하셨으므로, 예수 그리스도의 인성이 신성이 되신 것을 인정하지 못한다면 아버지를 알 사람이 하나도 없다는 것이다. 그러면, 주께서 인성을 신성으로 성화하신 것은 무엇으로 아는가? 가나 혼인집에서 자기 어머니를 어머니라 하지 않고 '여인이여' 하였다. 그리스도는 여인의 아들이 아니었고 주 여호와께서 친히 인간의 몸을 입고 내려 오셨기 때문이다. 변화산에서 베드로와 요한과 야고보 앞에서 온 몸을 변화하신 것은 무엇을 뜻하는가? 이것은 주께서 이 세상에서 입은 몸을 온전히 성화하신 것을 보여 준 것이다.

주께서 무덤에 장사된 지 사흘 만에 무덤으로 가보니 거기에는 주님의 주검은 간 곳 없고 천사만 있었다. 이것은 무엇을 뜻하는가? 이것은 주께서 육을 입으신 그 몸 전체를 주 여호와께서 쓰시기에 합당하게 성화하사 이 세상에는 하나도 남기신 것이 없이 다 승천하신 것을 뜻한다. 그 옆에 앉은 천사가 주님이었던 것이다. 그러므로 주님의 인성이 이와 같이 바로 신성임을 믿지 않을 진 데, 주 여호와 하나님을 알 도리는 없고, 따라서 구원도 있을 수 없다는 것이다. 독생자를 믿는 것이 곧 구원이라는 말의 뜻은 바로 여기에 있는 것이다.

10. 현대교회의 하나님 사랑

하나님은 사랑인데 현대교회는 그 하나님의 사랑과 너무나 멀리 떠나 있는 것을 한탄한다. 이 말은 더 쓰지 않아도 자기를 반성하면 알 것이다. 주님의 사랑을 떠난 즉시 그는 무엇을 하든지, 세상이 누구라 하든지, 기독교 안에 있든지, 주님의 이름을 부르던지, 또는 사랑 자체를 논하든지 간에 그는 사랑의 사도가 아니고 사탄의 아들이라는 이것이다. 사람은 사랑을 향하면 지옥을 떠나나 그 대신 사랑을 떠나면 그 즉시 지옥을 향하기 때문이다. 주님의 이러한 계시를 진정으로 받아들이려는 교우에게 이런 말을 하고 싶다. 유일신교를 부르짖어야 할 기독교에서 올바른 교리를 채택하지 못하였기 때문에 실인즉 다신교를 부르짖고 있다면 그 기독교는 무엇이 될까. 그야말로 이단이 아닌가. 항상 우리와 함께 하시는 하나님을 모르고 주여 오시옵소서 하고 조르기만 하면 그 기독교는 무엇이 될까 앞에 금강석이 있어도 보지 못하는 장님이 아닌가. 하나님을 막연한 존재로만 알고 주 예수 그리스도를 여호와 하나님으로 알지 못한다면 그 기독교는 무엇이 될까? 터무니없는 것만 그리는 몽유병자가 아닌가. 사랑 없어 기갈을 느끼는 세상에 사랑을 던져 주기는 고사하고 비기독교인 보다 더 잔인하게 이웃을 미워하고 저주한다면 스베덴보리가 말을 빌리지 않을지라도 그야말로 지옥 자식이 아닌가. 우리가 주님을 다시 믿어야 할 이유가 여기 있는 것이다.

11. 천상천하의 단 한 분이신 하나님

하나님에 관한 참된 지식에 의해서 하나님을 시인하는 것은 전 신학의 본질이고 정수이다.

하나님의 단일성을 8가지로 구분해서 보면,

㉠ 성서 전체와 기독교 세계의 모든 교회들이 그 성서에서부터 근거한 교리들은 한 분 하나님이 존재한다는 것을 가르친다.

성서 전체는 한 분 하나님이 계시다는 것을 가르친다. 그 까닭은 성서는 그 가장 심오한 내용에 하나님밖에 다른 것을 담고 있지 않기 때문이다. 해 뜨는 곳에서든지 지는 곳에서든지 나밖에 다른 이가 없는 줄로 무리로 알게 하라 나는 여호와라 다른 이가 없느니라.(이사야 45:6)

㉡ 하나님이 계시고 그 분은 한 분이라고 가르치는 보편적인 입류가 사람의 영혼 안에 있다.

사람 안에로 하나님에게서 오는 입류가 있다는 것을 일방적으로 시인하는 것에는 사람 안에 있고, 사람에 의해서 행해지는 모든 선, 그것이 실제로 선이라면 하나님에게서 온다는 것과 모든 인애(仁愛)와 믿음이 하나님에게서 온다는 것을 포함한다. 하늘에서 주신 바 아니면 사람이 아무 것도 받을 수 없느니라.(요한복음 3:27)

㉢ 이런 이유 때문에 이 세상에서 종교를 가지고 있고 또 건전한 이성을 가진 민족들은 모두 하나님의 존재와 그 하나님이 한 분이시라는 것을 시인할 뿐이다.

이 세상에서 종교와 건전한 이성을 소유하는 민족들은 하나님이 한 분이심을 시인하는데 일치한다. 몇몇 다른 영토 안에 살고 있는 회교도들, 수많은 종교를 가지고 있는 아프리카 사람과 아시아인들, 더구나 오늘날의 유대인도 거기에 일치하고 있다. 태고시대의 사람들 사이에서 종교를 가지고 있는 사람들은 한 분 하나님을 예배하고 이 분을 여호와라고 불렀다. 고대 이방인들은 최고의 하나님을 요베(jove)라고 시인했고 '아마도 여호와라는 말에서 연유했으리라.' 다음 시대들에서 현자들, 즉 플라톤(기원전 428/427년~348/347년)과 아리스토텔레스(기원전 384~322년) 같은 이들은 이것들이 분리된 신들이 아니라 한 분 하나님의 그 많은 특성, 성품 그리고 속성(屬性)이라고 고백했다. 사실 그것들을 신들이라고 부르게 된 것은 그것들이 신령했기 때문이다.

㉣ 이 한 분 하나님의 성품에 관해서 민족들과 사람들이 약간의 이유 때문에 서로 다르게 생각했고 오늘날도 서로 다르게 믿고 있다.

첫째 이유는 계시가 없다면 하나님의 개념을 가지는 것이 불가능하며 따라서 하나님을 시인하는 것이 불가능하다. 둘째 이유는 자연적인 사람이 오로지 세상을 알고 현세의 지식을 이용 할 수는 있으나 하나님에 관해서 아무것도 알 수 없다는 것이다.

㉤ 그러나 만일 원하기만 한다면 인간들의 이성(理性)은 이 세상 안에 있는 여러 가지 사물로부터 하나님의 존재와 그 단일성을 지각할 수 있고 또 결론지을 수 있다.

우주는 한 무대와 같아서 거기에 하나님의 존재와 그 분이 한 분이시라는 증거들을 계속 보여주고 있다. 어떤 이들은 자연(自然)이 창조된 우주 안의 모든 것을 다스린다라고 고집한다. 그러나 자연은 그 자체의 힘으로는 어떤 것 안에서도 운영자는 아니고 오직 하나님만이 자연을 통해서 운영자가 되신다.

㉥ 만일 하나님이 한 분이 아니시라면 우주는 창조될 수도 없었고 보존될 수도 없었을 것이다.

하나님의 단일성은 우주 창조에서 추론할 수 있다. 그 이유는 우주창조는 처음부터 마지막까지 일관되고, 조화스러운 불변의 솜씨(work)이며 또 육체가 그 영혼 안에 의존하듯이 우주는 한 분 하나님에게 의존되었기 때문이다. 하나님은 우주 도처에 임재하시고 그 우주 전부와 각 부분을 당신의 통치 아래 두신다. 그래서 우주는 부단한 조화 안에 보전하시고 그것을 유지 하실 수 있도록 창조되었다.

ⓢ 하나님을 시인하지 않는 사람은 교회에서 출교되고 정죄된다.

하나님이 모든 것의 모든 것이 되시고 신령한 또는 신학적 사물들이 교회를 구성하기 때문이다. 그러므로 하나님의 부정은 교회에 속한 모든 것의 부정이다. 이 부정 자체가 그를 배제하므로 하나님이 그를 출교시키는 것이 아니라 그 사람 스스로가 자신을 출교시킨다.

ⓞ 한 분이신 하나님을 시인하지 않고 다수신(多數神)을 시인하는 자들에게서는 교회의 교리나 예배의 일관성에 조화를 이룰 수 없다.

한 분 하나님을 믿음으로 시인하고 진실된 마음으로 예배하는 사람은 지상에서 성도들과의 교제 안에 있고 천국에서는 천사들과의 교제 안에 있다. 너는 나 외에는 다른 신들을 네게 있게 말지니라.(출애굽기 20:3)

12. 있음 자체와 나타남 자체

요한은 아시아의 있는 일곱 교회에 편지하기를 이제도 계시고 전에도 계시고 장차 오실이라(요한계시록 1:4) 하였다. 본래 여호와라는 낱말(yeh-ho-vaw)은 있다는 말로 있음 자체이신(esse in se, being in itself) 하나님을 뜻하였다. 태고교회는 하나님을 이렇게 불렀는데 그러나 무한 그대로의 영원 그대로의 여호와는 모시지 못하였다. 당신은 너무 거룩하고 인간은 너무 부족하기 때문이다. 당신은 무한하시나 인간은 유한하여 유한은 유한을 다 합해도 무한 앞에서는 무와 같아서 무한을 있는 그대로 받을 수 없기 때문이었다. 그러나 무한하신 여호와께서 천국을 거쳐 인간에게 이르시는 신성으로는 당신을 그 안에 무한이 내재해 있는 하나님의 거룩한 사람(a divine human)으로는 모셨다 그 분을 모시는 그들의 신관, 그 분을 믿는 그들의 신앙은 그것으로 족하고 부족함이 없었다. 허나 이 성도들이 노아 때의 홍수와 더불어 땅위에서 점차 사라지자 그 다음 고대 성도들은 옛날 조상들의 신관을 있는 그대로 물려받을 수 없게 되었다. 사람은 그 만큼 타락하였고 교회는 그 만큼 뒤떨어졌었다.

교회가 그렇게 되면 인간은 멸망할 수밖에 없다. 이 상황을 미리 보신 여호와는 그들에게 맞는 신관을 불어 넣어 주셨으니 그 보살핌이 곧 무한자체를 그대로 주실 수 없기 때문에 무한이 그 안에 내재한 나타남을 구상하사 처음에는 “여자의 후손으로 나실 것”을 예고하셨고,(창세기 3:15) 어느 때는 “처녀에게 잉태 되실 것”을(이사야 7:14) 어느 때는 “이새의 줄기로 오실 것”(이사야 11:1~5)을, 신약시대에 이르러서는 “말씀이 육신이 되어 오신 것”들을 말씀하셨고(마태복음 1:18, 누가복음 1:31), 지금으로 이천년 전에는 역사적이고 구체적으로 마리아의 아들로 태어 나셨던 것이다. 있음 자체가 나타남 자체로 나타나신 것이다. 무한하신 여호와는 무한 그대로 오실 수 없고 시공 안에 있는 인간이 받기에 합당한 사람으로 오신 것이니 주 예수 그리스도는 바로 그 안에 무한하신 여호와가 내재한 나타남 자체인 것이다.

13. 신적 인성의 주님

말씀 안에서는 나타남 자체이신 주를 세 가지로 말하고 있다. 첫째는 하나님의 아들이요, 둘째는 인자요, 셋째는 마리아의 아들이 이것이다. "하나님의 아들"은 신적인성으로서의 주를 뜻하고 "인자"는 말씀으로서의 주를 뜻하고 "마리아의 아들"은 우리 인간과 하나도 다름이 없는 인간성으로서의 주를 뜻한다.

무엇이 신적인성인가? 나타남 자체이신 주는 우리 인간과 하나도 다름이 없이 나셨으나 ㉠ 그 부성은 어디까지나 있음 자체이시며 또한 신성자체이신 여호와이신 것과 ㉡ 동시에 마리아에게서 유전적으로 옷 입으신 모든 인간적인 것 곧 악과 거짓을 완전히 무로 돌리 사 그 어떠한 것도 남지 않도록 제거하셨다는 말이요. ㉢ 또한 주는 그 몸과 살과 뼈까지도 성화하사 인간적인 것은 하나도 없게 하여 신성을 받기에 부족함이 없게 하신 것을 뜻하며, ㉣ 이제는 여호와이신 신성자체는 그 인성 안에 그리고 그 인성은 신성 안에 있으며 곧 있음 자체는 나타남 자체 안에 나타남 자체는 있음 자체 안에 있는 것을 뜻하며, "아버지는 내 안에 나는 아버지 안에 있어 나와 아버지는 하나이라"(요한복음 10:30)하신 것 같이 부성의 신성자체와 하나되사 이제는 그 외에 다른 하나님이 없는 주를 뜻한다. 주님은 또 이 세상에 오셔서 우리와 더불어 삼십 삼년을 살으셨으나 또 우리와 같은 마리아에게서 물려받은 유전적인 것도 있었으나 구체적으로 또는 실제적 죄는 하나도 없으셨다. 그러나 인간성을 띠운 나약한 인간성에는 늘 시유가 그늘같이 따랐으며 멸시를 받았을 뿐만 아니라 곤욕을 치르시고 십자가를 지시기까지 거역과 배신을 당하셨던 것이다. 주님은 그럴

때마다 마리아의 아들로서는 우리 인간과 같은 역정이 일어나셨고 어느 때는 분노를 느끼실 정도이었으나 그 모든 것을 하나하나 다 무에 돌리시고 겸손히 그리고 담담하게 하시고 오직 신성자체의 하회를 기다렸던 것이다. 주의 부성이 어디까지나 여호와이신 것을 말씀은 아래와 같이 말하고 있다.

천사가 마리아에게 일러 가로되 … 지극히 높으신 이의 능력이 너를 덮으시리니 이러므로 나실 바 거룩한 자는 하나님의 아들이라 일컬으리라.(누가복음 1:30~36)

여기서 "지극히 높으신 이"는 주 여호와를 뜻하고, "하나님의 아들"은 있음 자체이신 여호와께서 나온 나타남 자체를 뜻한 것이다. 그러나 스스로 나지 아니하고 있음 자체 곧 여호와께서 나온 나타남 자체를 뜻한 것이다. 그러나 스스로 나지 아니하고 있음 자체 곧 여호와께서 나신 것을 뜻한 것이다. 실은 주님 자신도 당신을 "하나님의 아들이라"하셨던 것이다.

대제사장이 가로되 내가 너로 살아계신 하나님께 맹세하게 하노니 네가 하나님의 아들 그리스도인지 우리에게 말하라 예수께서 가라사대 네가 말하였느니라.(마태복음 26:63, 27:43)

마리아께서 받은 인간성을 비워 하나도 없는데까지 이르게 하신 것은 바로 그 겸손 외에 담담하게 하신 것을 뜻한 것이다. 예수께서 제자들과 함께 겟세마네라 하는 곳에 이르러 기도하실 때, 내 아버지여 만일 할 만하시거든 이 잔을 내게서 지나가게 하옵소서. 그러나 나의 원대로 마옵시고 아버지의 원대로 하옵소서.(마태복음 26:36~39)

"아버지"는 신성자체이신 여호와를 뜻하고 "나의 원대로 마옵시고"는 마리아에게서 유전적으로 입으신 인간적인 것 곧 자아와 세욕 또는 악과 거짓을 하나도 없는 데까지 공백상태(exin anitio)에 이르게 하신 것을 뜻하며, "아버지의 원대로 하옵소서"는 그렇게까지 성화하신 인성을 신성 자체가 쓰시기에 합당하도록 곧 신성 자체와 하나 되게 하옵소서라는 뜻인 것이다. 주님은 그만큼 그 인간성을 아무것도 없는 빈 상태로 만드셔서 그 인성까지도 신성이 쓰시기에 합당하도록 비워드렸던 것이다.

제9시 즈음에 예수께서 크게 소리 질러 가라사대 엘리엘리라마 사박다니 하시니 이는 곧 하나님, 나의 하나님, 어찌하여 나를 버리셨나이까 하는 뜻이라.(마태복음 27:46)

"어찌하여 나를 버리셨나이까"는 여호와께서 주를 쓸모없다고 내던지신 것을 뜻하지 않고 마리아에게서 입으신 인간성을 하나도 돌보지 않은 듯 주께서 직접 느낄 정도로 무에 돌리고 빈 상태로 만드사 신성 자체가 마음대로 쓰시도록 전폭을 바친 것을 뜻한 것이다. 주는 이만큼 그 인간성을 없는 데까지 이끄시고 성화하사 신성과 하나되게 꾀하셨던 것이다.

14. 성화를 꾀하는 주님

누가 주 예수 그리스도 이신가? 몸과 살과 뼈까지도 성화하사 신성 자체와 하나되기를 꾀하신 주를 뜻한다. 안식 후 첫날이 되려는 미명에 마리아와 다른 마리아가 무덤을 보려고 왔더니 천사가 가로되 그가 여기 계시지 않고 그가 말씀하신 대로 살아 나셨느니라 그가 죽은 자 가운데서 살아나셨고,(마태복음 28:1~7) 예수께서 가라사대 어찌하여 두려워하며 어찌하여 마음에 의심이 일어나느냐 내 손과 발을 보고 나

인줄 알라 또 나를 만져보라 영은 살과 뼈가 없으되 너희 보는 바와 같이 나는 있느니라.(누가복음 24:38~39)

주님은 무덤에 주검하나 그러므로 살이나 뼈나 몸의 어떠한 조각도 남기지 않고 다 살으신 것이요, 주님은 이 일을 하셨던 것이요, 주님만이 하실 수 있는 일이었던 것이다. 주는 이만큼 그 몸까지도 부활하신 신적인성이 되셨던 것이다. 살과 뼈가 있게 하셨던 것이다.

무엇이 신적인성인가? 이제는 아버지와 아들이 있음과 나타남이 온전히 하나 되신 주를 뜻한다. 마리아에게서 입으신 인성을 완전히 무에 돌리고 빈 상태로 만드신 주는 그 인성을 영원부터 여호와이신 신성자체 곧 있음 자체와 하나가 되게 하셨고, 상호적으로 여호와이신 신성자체는 그 빈 상태의 인성과 완전히 하나가 되셨으니 이같이 여호와가 그 안에 내재해 계신 주를 이제는 신적인성이라 하는 것이다.

말씀 가운데 "아버지와 나는 하나이다."(요한복음 10:30) 만일 내가 내 아버지의 일을 행하거든 나를 믿지 아니할찌라도 그 일을 믿으라 그러면 너희가 아버지께서 내 안에 계시고 내가 아버지 안에 있음을 깨달아 알리라.(요한복음 10:37~38)

빌립이 가로되 주여 아버지를 우리에게 보여 주옵소서 그리하면 족하겠나이다. 예수께서 가라사대 빌립아 내가 이렇게 오래 너희와 함께 있으되 네가 나를 알지 못하느냐 나를 본 자는 아버지를 보았거늘 어찌하여 아버지를 보이라 하느냐 나는 아버지 안에 있고 아버지는 내 안에 계신 것을 믿으라.(요한복음 14:9~11)

이렇게 주는 있음 자체와 나타남 자체가 하나 된, 신성 자체와 인성이 하나가 된 여호와이신 아버지와 주이신 아들이 하나가 된 신적인성의 예수 그리스도인 것이요, 요한계시록과 그 풀이는 바로 이 분에게서 나온 것이다.

그러나 인간은 아직도 주께서 얼마나 참기 힘든 시유를 겪으셨고 그러나 그것을 얼마나 거룩하게 곧 영광스럽게 하셨는가를 모른다. 시유를 거쳐서 이기신 것이다. 그것이 신적 인성의 바탕이 된 것이다. 시유란 마리아에게서 받은 인성이 감수해야 하는 멸시와 거역과 배신과 인내를 뜻하고 나와 세욕을 빈 상태로 만들어 이웃과 주를 위하는데 이르는 곧 나로 죽고 주님으로 살고, 세욕으로 죽고 천국과 교회로 사는, 지난날은 죽고 새 생활로 보람을 얻는데 이르는 승리와 영광이라 말하는 것이다.

이사야서에서는, 이는 그가 자기 영혼을 버려 사망에 이르게 하며 범죄자 중 하나로 헤아림을 입었으나 그러나 실상은 그가 많은 사람의 죄를 지며 범죄자를 위하여 기도하였음이니라.(이사야 53:12)

"자기 영혼을 버려 사망에 이르게" 한 것은 마리아에게서 받은 자아를 겸손히 그리고 아무것도 없는데 까지 돌린 것(exinanition)을 뜻하며 그러나 "범죄자를 위하여 기도한 것"은 도리어 그들을 위하여 사랑으로 구원을 꾀하신 주의 승리를 뜻한 것이다. 주는 이렇게 당신을 성화하셨으니 말씀 가운데는 이것을 영광이라는 말로 표현하고 있다.

사람의 이 같은 경우는 어려운 시련을 거쳐 주를 믿는데 이르며 아닌 것을 뜯어 고치고 새 마음을 갖는 재생과 중생이라는 낱말을 쓰나 주께 있어서는 재생과 중생이라는 낱말을 쓰지 않고 영광스럽게 한다는 낱말을 쓰는 것이다.

신약에서의 주의 시유와 승리에 대한 것은 ① 사십 일간의 광야에서의 시유,(마태복음 4:1~11) ② 겟세마네 동산에서의 피땀 흘리신 기도(마태복음 26:36~46)와 마지막으로는 ③ 십자가의 고통(마태복음

26:47~68, 27:11~50)이 이것이다. 주는 승리 후에 저들을 위해 기도하셨으니, 이에 예수께서 가라사대 아버지여 저희를 용서하여 주옵소서 자기의 하는 것을 알지 못함이니이다.(누가복음 23:24)

그리스도교의 모든 신학, 신관 및 신앙은 앞으로는 주의 이 영광스럽게 하신 신적 인성을 떠나서 있을 수 없다. 특히 어려운 고비를 피하려들고 내가 지지 않고 남에게 지워 나는 안이한 신앙생활로도 천국을 메우려는 사람에게는 더욱 있을 수 없는 일이다. 시유를 겪고, 참고, 견디시고, 자기를 죽여 철두철미 무에 돌리고 오직 아버지의 뜻대로 하옵소서 하고 신성 자체가 인성에 완전히 하나 되어 내재케 한 신적 인성의 주를 모르고는 개인이나 사회나 국가에 영원한 구원은 있을 수 없는 것이다.

15. 영광의 구주

사랑이 크면 시유도 크다. 시유가 크면 영광도 큰 것이다. 주님은 온 인류를 사랑하시려 하신다. 허나 마리아에게서 얻은 인성으로는 정욕이 앞선다. 천국과 교회를 위하려 하면 세상과 물욕이 앞선다. 이때 나로 죽고 주님으로 산다. 정욕으로 죽고 물욕으로 죽는다. 담담해지고 비어진다. 비로소 이웃이 보이고 하늘이 보인다. 위하여 빌게 되고 이때 주님만이 내안에서 왕 노릇하신다. 이것이 영광이요 주는 그 영광의 구주이신 것이다.

할렐루야 구원과 영광과 능력이 우리 하나님께 있도다.(요한계시록 19:1) 그에게 영광과 능력이 세세토록 있기를 원하노라.(요한계시록 1:6). 네 생물들이 영광과 존귀와 감사를 세세토록 사시는 이에게 돌릴 때에,(요한계시록 4:9) 우리 주 하나님이여 영광과 존귀와 능력을 받으시는 것이 합당하오니.(요한계시록 4:11)

"영광"이라는 말씀의 속뜻을 알면 위와 아래에 나오는 이 말씀이 얼마나 값진 것인가 더욱 인식하게 될 것이다.

이 일 후에 다른 천사가 하늘에서 내려오는 것을 보니 그의 영광으로 땅이 환하여지더라.(요한계시록 18:1) 하나님의 영광이 있으매 그 성의 빛이 지극히 귀한 보석 같고,(요한계시록 21:11) 그 성은 해나 달의 비췸이 쓸데없으니 이는 하나님의 영광이 비춰고 어린양이 그 등이 되심이라.(요한계시록 21:23)

예수께서 내 속에 있는 그릇된 정욕을 잔잔한 호수같이 가라앉히고 내 속에 있는 그릇된 물욕을 먹구름 걷히듯 하고 빈 마음이 되어 담담하게 되고 더 나아가서는 남을 위해 비는 마음으로 자연스러울 때 비로소 알리니 그 뜻 내게 있어서는 다시남과 거듭남이지만 크신 님 에게 있어서는 온 인류를 구원하시려는 크신 사랑임을 그 사랑을 그 지혜를 그 생명을 여기서 영광이라 하는 것을 알게 될 것이다.

나라와 권세와 영광이 아버지께 영원히 있나이다.(마태복음 6:13) 인자가 아버지의 영광으로 그 천사들과 함께 오리니,(마태복음 16:27) 인자가 자기 영광의 보좌에 앉을 때에 너희도,(마태복음 19:28) 또 그 때에 인자가 구름을 타고 큰 영광으로 오는 것을 보리라.(마태복음 24:30)

그 영광은 세상 영광이 아님이여, 나를 비우고 님을 모시는 일이며, 사랑 전폭으로 다시 사는 일이다. 예수 가라사대 네가 믿으면 하나님의 영광을 보리라.(요한복음 11:40) 그리스도가 이런 고난을 받고 자기의 영광에 들어가야 할 것이 아니냐.(누가복음 24:26). 아버지여 창세전에 내가 아버지와 함께 가졌던 영화(영광)로써 지금도 아버지와 함께 영화롭게 하옵소서.(요한복음 17:4) 아버지여 창세전부터 나를 사랑하시므로 내게 주신 나의 영광을 저희로 보게 하시기를 원하옵나이다.(요한복음 17:24)

예수 그리스도는 고난과 비난과 배신을 받으셨으나 반동하는 마음 하나하나를 하나도 없는 데까지 비워 마침내는 승리로 바꾸시고 도리어 저희를 위하여 빌고 신성자체와 하나 되신 주님이시오 이것이 주의 신적인성의 본질인 것이다.

16. 그리스도 중심의 주님

무한하신 주께서 유한하신 인간을 위한 신관에 관한 배려의 마무리인 것이다. 나는 길이요 진리요 생명이라 나로 말미암지 않고는 아버지께서 올 자가 없느니라.(요한복음 16:6)

창세 이후 지금까지 주 여호와 하나님을 직접 만나 뵈온 이는 한 사람도 없다. 혹 구름으로 가리고 천사가 대신해서 그 음성을 듣고 그 모습을 간접적으로 뵈온 이는 있지만 직접 뵈온 이는 한 사람도 없는 것이다. 신성 차제를 감당할 수 있는 사람이 없기 때문이다. 당신은 너무 거룩하시고 인간은 너무 부족해서다. 그래서 인간이 모시기에 맞게 오신 이가 주 예수 그리스도요 주는 보이는 하나님으로 오신 것이다.

허나 "그 안에 신성의 모든 충만이 육체로 계신 하나님이요." 그 밖에 다른 하나님이 없는 것이다. 그러므로 앞으로는 주를 유일 무일한 하나님으로 모시지 않으면 그 안에 계시는 신성자체 곧 아버지에게로 나아갈 길이 없는 것이요, 그 분이 하나님이라는 신심이 들지 않는 한

기도도 응해지지 않는 것이다. 있음 자체는 나타남 자체 안에 있고, 신성자체는 성화된 인성 안에 있고, 우리의 영혼이 육체 안에 있어 하나를 이루듯 아버지와 아들은 하나이기(요한복음 10:30) 때문이요, 모든 신관은 그리스도에게 집약되어야 하기 때문이다.

17. 일체 안에 내재하고 있는 부성을 보다 높이는 주님

내가 너희에게 이르는 말이 스스로 하는 것이 아니라, 아버지께서 내안에 계셔 그의 일을 하는 것이다. 아버지는 나보다 크심이니라.(요한복음 14:10~28)

우리의 영혼과 육체가 하나 되어 한 사람을 이룬다. 그러나 육체는 영혼의 지시에 따르고 순종하듯 주는 신성자체이신 아버지와 일체로 계시면서도 끝까지 부성을 높이고 크게 모시는 주님이신 것이다.

18. 알파와 오메가이신 주님

사랑자체가 되시며 지혜자체가 되시는 주를 뜻한다는 말이다. 신적 인성의 본질은 사랑과 지혜이며 신적인성은 그 본질의 형태요 그림자인 것이다.

"나는 알파와 오메가요 처음과 나중이요 시작과 끝이다"(이사야 44:6, 요한계시록 1:8, 22:13) "나는 알파와 오메가라"하셨다.(요한계시록 1:8) 이 말씀에 의해서 주님께서는 처음부터 끝까지 본질적 자아시며 또 오직 한 분의 실존이시며 만유가 그분에게서 비롯한다는 것을 표의한다. 하나님께서 알파와 오메가는 시작과 끝이라고 호칭되는 이유는 알파가 그리스어 알파벳의 첫 자이고, 오메가는 그 마지막 글자이기 때문이며 따라서 두 글자를 합쳐서 복합 된 바 모든 것들을 표의하기 때문이다. 이 표의의 진실된 기초는 영계의 알파벳 글자의 내용에 있다. 영계의 알파벳 매 글자는 어떤 특수한 뜻 또는 사물을 표현한다. 즉 모음들은 표현의 음색(音色)에 직접 관계되는 고로 정동(情動) 또는 사랑에 관련된 것을 표의한다. 영계 또는 천사들의 언어와 글은 이 기원에서 생겼는데 이것은 아직까지 알려지지 않고 있는 비의중 하나다. 영계에는 천사들과 사람들 모두에게 생득적으로 있는 보편적 언어가 있다. 그러나 이 언어는 지상의 사람들이 사용하고 있는 언어와는 아무런 공통점이 없다. 사람은 모두 사후에 이 언어를 쓰게 되고 이해하게 된다. 그것은 창조에 의해서 매 사람에게 심어져 있기 때문에 영계 어디서나 또 상호간에 사용하는 언어로 이해할 수 있다. 나는 자주 그 언어를 들었고 또 사람들 사이에서 쓰여지는 언어들과 비교하도록 허락하심을 받았기 때문에 그 언어가 지상의 어떤 자연적 언어와도 일치하거나 연결되는 지극히 작은 공통점도 가지고 있지 않음을 발견 하였다. 이 언어는 이 첫 원리에서 벌써 그들의 언어와는 다르다. 매 낱말의 매 글자는 그 개별적인 의미와 표의를 가지고 있다. 그것을 근거로 해서 하나님이 알파와 오메가라고 호칭되고 그것에 의해서 처음에서 끝까지 주님이 본질적인 자아이고 유일하신 한 존재요 자신에게서 만유를 비롯되게 하신다고 표의된다. 세상 모든 일과 사물에는 반드시 세 가지 것이 있다. 목적과 원인과 결과가 이것이요. 목적은 원인 안에, 그리고 목적과 원인은 결과 안에 있는 것이다. 모든 사물과 일안의 목적은 하나님의 사랑 곧 주님 이외의 다른 것이 아니요, 그 원인은 지혜이며, 그 결과는 창조물인 것이다. 모든 창조물은 거기서 나왔기 때문에 그를 알파와 오메가라 말하는 것이다. 여호와는 처음에는 그 목적 안에 계시는 사람이었으나 결과에까지는 아니었다. 다만 결과에도 나타날 수 있는 가능성만 가지고 계셨다. 그러나 세상에 오셔서 인성을 입으시고 난 다음부터는 결과 안에도 계시는 사람이시었다. 그래서 주를 처음과 나중이요, 시작과 끝이요, 알파와 오메가라 말하는 것이다. 사랑을 보기를 원하는가? 그는 사람인 것이다. 사람은 그 그림자요 그 탈인 것이다. 그 사람이 주님이신 것이다. 세상 사람은 이 세상이 무엇으로 되고 얼마나 많은 것이 그 지혜로 되어 있는가를 모른다. 그러나 이 세상은 주의 사랑으로 되고 지혜를 수단으로 하고 있는 것이다. 다시 그 사랑과 지혜가 하나 되면 생명으로 나타나는 것이다. 알파와 오메가는 당신의 사랑에 속하고, 시작과 끝은 그 지혜에 속하고, 처음과 나중은 그 생명에 속한 것이다. 다른 말로하면 영원부터서는 창조주요 시간 안에서는 구주요 영원까지는 복귀주 또는 속죄주라는 말과 같은 것이다.

19. 부활 승천하실 주님

있음 자체 곧 신성자체가 내재한 주는 마리아에게서 받은 육신의 뼈와 살까지 성화하사 무덤에 그 주검의 조각 하나 남기지 않고 다 성화하신, 신적인성으로 부활승천하신 것이다.

나는 부활이요 생명이라. 내손과 발을 보고 나 인줄 알라. 또 나를 만져 보라. 영은 살과 뼈가 없으되 너희 보는 바와 같이 나는 있느니라.(누가복음 24:39)

만세 전에 계셨던 여호와께서 예수 그리스도로 이 세상에 오사 뼈와 살까지 성화하사 부활승천하시고 이제도 하나님으로 온 세상의 왕으로 계시는 것이다. 그밖에 다른 이가 없는 것이다.

20. 다시 오실 주님

주는 "이제도 계시고 전에도 계시고 장차 오실 자라" 하셨다. "전에 계신 분"은 있음 자체이신 여호와를 뜻하고, "이제도 계신 분"은 시간 안에 오신 나타남 자체인 구주를 뜻하고, "장차 오실이"는 말씀의 속뜻으로 영원히 오실 재림 주를 뜻하다. 어떻게 오시는가?

인자가 구름을 타고 능력과 큰 영광으로 오는 것을 보리라.(마태복음 24:30)하셨다. 말씀의 속뜻을 계시하시는 것으로 오신다는 말씀이다. 앞에서는 이것을 알기 쉽게 설명하였다. 주는 엠마오로 가는 두 제자에게 성경말씀을 가르쳐 그들의 지성을 깨우쳐 주시고 그들의 의지로 당신을 받아들이게 하셨다. 주님은 다시 그들에게 떡을 나누어 주시고 뜨겁게 하신 후에 그들의 영혼의 눈을 뜨게 하사 당신을 나타내셨다. 주는 이같이 말씀을 잘 풀어서 그 속에 계시는 당신을 나타내어 보이시듯 이번에는 이렇게 오신다는 말이다.

"구름을 타고 오시리라" 하셨다. 무엇이 "구름"인가? 말씀의 글자의 뜻을 뜻한다. 구름이 끼면 하늘이 보이지 않고 달도 해도 보이지 않는다.

본래 말씀은 우리가 알고 있는 글자의 뜻 안에는 주의 사랑과 지혜가 또는 주의 선과 진리가 있으며 다시 그 안에는 주님이 계시는 것이다. 이렇게 보면 말씀의 글자의 뜻은 구름과 같고 이 구름만이 말씀의 전부인양 주장하면 저 하늘 구름이 하늘의 해와 달을 가리듯 말씀의 글자의 뜻 속에 있는 주의 사랑과 지혜를 가리게 되고 이것이 가리워지면 다시 그 안에 계시는 주님도 가리워 보이지 않게 되는 것이다. 실로 "구름"은 실상을 가리고 이는 가상이요 목적과 원인을 안고 있는 결과요, 영혼을 간직하고 있는 육체요, 사랑을 가리고 있는 자아, 지혜를 가리고 있는 세욕인 것이다.

그래서 말씀의 글자의 뜻이 무엇이며 속뜻이 무엇인가를 가르쳐야 우리는 주의 계신 곳을 알게 되고 주께 가까이 나가게 되며 주는 늘 거기서 우리와 함께 하시는 것을 알게 되는 것이다. 구름을 "탄다"는 말씀은 바로 이 가르치는 것을 뜻하는 것이다. 왜 보석을 함 속에 두는가? 상하지 않도록 때 묻지 않도록 보호하기 위한 것이다. 왜 주님은 말씀의 글자의 뜻 안에 계시는가? 신성이 더렵혀지지 않도록 하기 위해서이다.

여호와께서 모세에게 이르시되 내가 빽빽한 구름 가운데서 네게 임함은 내가 너와 말하는 것을 백성으로 듣게 하며 또한 너를 임함은 내가 너와 말하는 것을 백성으로 듣게 하며 또한 너를 영영히 믿게 하려 함이니라.(출애굽기 19:9)

"빽빽한 구름"은 말씀의 글자의 뜻을 뜻하며 여호와는 그 가운데서 모세에게 임하였던 것이다. 있음 자체이신 여호와는 나타나시기 전에는 "구름" 곧 말씀의 글자의 뜻 안에 계셨으며 거기서 만민이 지킬 십계명을 주신 것이다.

여호와의 영광이 시내산 위에 머무르고 구름이 육일 동안 산을 가리더니 제 칠일에 여호와께서 구름 가운데서 모세를 부르시니라.(출애굽기 24:15~18)

"육일동안"은 사람이 거듭나는 기간이요, "칠일"은 안식일 또는 사람이 거듭나서 삼층천 천사가 된 것을 뜻하며 "구름"은 말씀의 글자의 뜻을 뜻하며, 주님은 늘 말씀의 글자의 뜻 안에서 사람을 거듭나게 하고 더욱 삼층천에 속하는 사람이 되는 것을 기다리시는 것이다. 주는 이같이 늘 말씀의 글자의 뜻 안에 계시며 말씀의 글자의 뜻은 그 속에 여호와가 내재한 몸의 역할을 하는 것이다.

예수 변화산에서 변모하실 때 홀연히 빛난 구름이 저희를 덮으며 구름 속에서 소리가 나서 가로되 이는 내 사랑하는 아들이요 내 기뻐하는 자니 너희는 저희 말을 들으라.(마태복음 17:5)

왜 빛난 구름이 저희를 덮었을까? 주는 그 안에 계시기 때문이다. "빛난 구름"은 그 속에 영적이며 천적 뜻이 있어 그 뜻으로 말씀이 빛나기 때문이다. 구름 속에서 "소리가 난 것"은 말씀의 글자의 뜻 안에서 진리로 가르치는 것을 뜻하며 그 뜻 안에서 주는 "당신의 사랑하시는 아들임을" 곧 있음에서 나온 나타남이심을 말씀하셨고 앞으로는 주 중심으로 믿어야 하는 것을 "너희는 저희 말을 들으라" 하셨던 것이다.

또 내가 보니 흰 구름이 있고 구름 위에 사람의 아들과 같은 이가 앉았는데 그 머리에는 금 면류관이 있고 손에 이한 낫을 가졌더라.(요한계시록 14:14)

"구름 위에 사람의 아들이 앉은 것"은 주는 영원히 성경 말씀 안에 계시는 것을 곧 영적이며 천적의의 안에 계시는 것을 이같이 말한 것이다. 저는 돋는 해 아침 빛 같고 구름 없는 아침 같다.(사무엘하 23:4) 구름이 걷히면 푸른 하늘 맑고 높음이 보인다. 돋는 해의 장엄함이여, 말씀의 글자의 뜻인 구름이 걷히면 주의 정체가 있는 그대로 드러나나니 그 모습이 아침빛이 돋는 해같이 보이는 것이다. 주는 영계에서는 해같이 보이고 삼층천 천사들은 늘 햇님으로서의 주를 뵈옵는 것이다. 여수룬이여 하나님 같은 자 없도다. 그가 너를 도우시려고 하늘의 구름을 타시고 위엄을 나타내시는 도다.(신명기 33:26)

무엇이 "하늘 구름"인가? 하늘에 있는 말씀을 뜻한다. 말씀은 이 세상에서만 있는 것이 아니다. 천국에도 있는 것이다. 이 세상에 있는 성경말씀은 자연적이나 천국에 있는 말씀은 영적이며 천적이다. 천국에서 쓰는 말씀을 가르치면 주의 참 모습은 더욱 찬란하게 장엄하게 나타나는 것이다.

하늘도 새어서 구름이 물을 내렸도다.(사사기 5:4) 옛날 성도들은 하늘이 반원형이어서 비가 내리면 거기에 금이 가서 물이 새는 줄 알았다. 허나 그것이 아니다. 비가 내리면 산천초목이 더욱 잘 자라듯,(시편 147:8) 비가 내리면 그것들이 꽃을 피우고 열매를 더욱 맺히듯 비가 내리듯 말씀의 글자의 뜻을 잘 풀어주고 가르쳐 인간 이성을 개발하고 영성을 밝혀 주면 신앙의 기쁨의 꽃을 피우고 이웃 사랑의 열매를 맺은 가운데 주께로 더욱 가까이 인도되는 것을 뜻한 것이다. 주의 계시로 인간의 지각이 뜨게 하는 것을 "하늘이 새어서 구름이 물을 내린다." 말하였던 것이다.

여호와께서 내게 이르시되 내가 나의 처소에서 조용히 감찰함이 쬐이는 일광 같고 가을 더위에 이슬을 내리는 구름(a cloud of dew) 같도다.(이사야 18:4)

쬐이는 햇빛과 더불어 구름이슬이 내리면 얼마나 초목이, 곡식이 무르익을 것인가? 그같이 주님께서 때를 맞추어 뜨거운 사랑과 진리의 구름이슬이 부드럽게 내리시면 인간이 얼마나 싱싱하게 그러면서도 알차게 자랄 것인가? 그것을 이렇게 말한 것이다.

예수께서 무리에게 이르시되 너희가 구름이 서에서 일어남을 보면 곧 말하기를 소나기가 오리라 하나니.(누가복음 12:54)

서는 어딘가? 동서남북의 서가 아니다. 해는 서산에 지고 산 도 들도 보이지 않는 어두운 떼를 말한다. 곧 교회 안에 해와 같으신 주를 찾아볼 수 없고 해가 없으므로 어둡고 해가 없으므로 차가운 때와 같이 주의 진리가 없으므로 어둡고 주의 사랑이 없으므로 차가운 말세 교회를 뜻한다. 이때 주는 보고만 계실까? 아니다. 서쪽에서 "구름이 일어난다" 무슨 구름이? 말씀의 글자의 뜻을 풀이하고 가르치는 운동이 일어나는 것이다. 그러기 시작하면 구름이 일어나는 정도로 끝나지 않는다. 더욱 말씀을 연구하고 그 속에 있는 진리와 그 속에 있는 사랑을 찾는 운동이 일어난다. "소나기"가 예상되는 것이다. 주는 말세에 말씀의 글자의 뜻을 잘 풀어주시고 또 그 운동이 더욱 힘차게 일어나 당신이 그 안에 계시는 것을 알차게 맛보게 하실 것을 뜻한 것이다. 그 앞의 광채로 인하여 빽빽한 구름이 지나며(시편 18:12) 무엇이 "광채(光彩)로 인하여" 인가? 말씀의 영적 및 천적 빛으로 인하여를 뜻한다. 무엇이 "빽빽한 구름" 인가? 말씀의 글자의 뜻 특히 그 뜻으로는 그 속뜻이 도무지 보이지 않는 글자의 뜻을 뜻한다. 왜 그 빽빽한 구름이 "지나가는가?" 말씀의 속뜻으로 성경을 해석하면 글자의 뜻으로는 불분명한 것들이 깨끗이 사라지는 것을 뜻한다. 주님은 이렇게 맑게 하신 뒤에 당신 자신을 드러내는 것이다.

하나님께 노래하며 그 이름을 찬양하라. 구름을 타고 광야에 행사하시던 자를 위하여 대로를 수축하라.(시편 68:4) 무엇이 "구름을 타고" 인가? 앞에서도 여러 번 말한 바와 같이 말씀의 글자의 뜻을 가르치는 것 곧 계시하시는 것을 뜻한다. 왜 "광야에 다니시는가? 주께서 다시 임하셔도 아는 사람이 별로 없는 쓸쓸한 교회 상태를 뜻한다. 광야는 거칠다 사람도 없고 바람은 세다. 가도 가도 돌 뿐이요. 발에 찔리면 피나는 가시 뿐인 곳이다. 말세에 주께서 말씀의 속뜻으로 오실 때 몇 사람이나 받아들이며 누가 기꺼이 모실까? 별로 없는 것이다. 아니 되레 반기를 들고 일어날 것이다. 인자가 올 때에 믿는 사람을 보겠는가? 하신 말씀이 이것이다. 이 진리를 달게 받지 않는 세상 교회를 타고 광야로 행하시던 자라 말한 것이다. 허나 성도들은 이분이 가는 길을 닦고 넓혀야 할 것이다.

내가 또 구름을 명하여 그 위에 비를 내리지 말라 하리라.(이사야 5:6) 말세에 말씀의 글자의 뜻을 풀이해도 가르쳐도 이것을 이해하지 못하고 오히려 영적으로 해석하지 못하도록 반대할 것을 뜻한다. 낱말 표현으로는 주께서 구름 속에서 말씀하시고 구름을 타고 다니시는가? 세 가지 이유가 있다. 첫째는 신성이 모독되지 않게 하기 위함이요. 둘째는 사람의 정도가 미흡하기 때문이요, 셋째는 사람이 죽지 않게 하기 위해서다.

첫째로 사람은 누구나 주께 가까이만 가면 모든 소원이 다 잘 이루어질 줄 안다. 허나 그것이 아니다. 더러운 것이 깨끗한 곳에 가든지, 아닌 것이 포도밭에 들어가면 깨끗한 것은 더러워지고 포도밭은 어지러워지기 마련이다. 그같이 덜 된 사람이 주께 가까이 가는 것은 주를 더럽히는 것 이외에 다른 것이 아니기 때문이다. 그래서 범죄한 아담은 에덴동산을 쫓겨났던 것이다. 둘째로 사람은 앞에서도 말한 바 있지만, 가상은 보나 실상을 못보고, 육신은 보나 영혼은 못 보고 정욕은 있으나 사랑은 못보고, 거짓은 아나 참된 것은 모르고, 그래서 말씀을 그 실상에 대해서 가상인 것만 보고 겉 뜻만 보고 속뜻은 알려고도 하지 않기 때문이다. 성경말씀을 글자의 문자로만 해석해 온 것은 이 때문이었던 것이다. 셋째로 사람을 죽지 않도록 보호하기 위해서도 실은 신성은 너무 거룩하고 받을 수 있도록 준비를 갖춘 사람이 아니면 사람이 신성에 접하는 것은 죽음을 뜻하기 때문이다. 그들이 죽지 않고 상처도 입지 않도록 하시기 위해 주님은 구름 속에 곧 말씀의 글자의 뜻 속에 깊숙이 계시는 것이다.

여호와께서 가라사대 네가 내 얼굴을 보지 못하리니 나를 보고 살자가 없느니라. 네가 내 등을 볼 것이요 얼굴은 보지 못하리라.(출애굽기 33:20~23) 신적인성의 주는 이제는 영원부터 계신 있음 자체 곧 신성 자체와 하나가 되셨다. 따라서 이제는 아무도 신성자체를 있는 그대로 뵈올 수 있는 사람은 한 사람도 없는 것이다. "살 자가 없을 것이기" 때문이다 그러나 그의 "등"은 보는 것이다. 말씀의 글자의 뜻은 이것이다. 주는 그 안에 계시기 때문이다. "얼굴은 보지 못 한다" 하셨다. 신성자체를 보고 살 사람이 없기 때문이다.

여호와께서 그들 앞에 행 하사 낮에는 구름기둥으로 밤에는 불기둥이 백성 앞에서 떠나지 아니하리라.(출애굽기 13:21, 22)

여름에 해가 너무 쬐이면 사람들은 일사병에 걸린다. 사람이 그 볕을 감당할 수 없기 때문이다. 그래서 사람들은 여름 낮에는 구름 낀 곳 그늘진 곳을 찾는다. 몸을 상하지 않기 위해서다. 그같이 주는 당신의 신성에 너무 가까이 함으로써 상하지 않도록 구름 속에 계시는 것이다.

여호와께서 가라사대 네가 내 얼굴을 보지 못하리니 나를 보고 살자가 없느니라. 네가 내 등을 볼 것이요 얼굴은 보지 못하리라.(출애굽기 33:20~23)

신적인성의 주는 이제는 영원부터 계신 있음 자체 곧 신성자체와 하나가 되셨다. 따라서 이제는 아무도 신성자체를 있는 그대로 뵈올 수 있는 사람은 한 사람도 없는 것이다. "살자가 없을 것이기" 때문이다. 그러나 그의 "등"은 보는 것이다. "얼굴은 보지 못 한다" 하셨다. 신성자체를 보고 살 사람이 없기 때문이다. 여호와께서 그들 앞에 행 하사 낮에는 구름기둥으로 밤에는 불기둥이 백성 앞에서 떠나지 아니하리라.(출애굽기 13:21~22)

21. 말씀으로서의 주님

앞에서 있음 자체에서 나온 나타남 자체는 말씀 안에서는 세 가지로 다루어 있다 하였다. 하나님의 아들과 인자와 마리아의 아들이 이것이다. 하나님의 아들과 마리아의 아들에 대해서는 앞에서 말씀드렸기 때문에 여기서는 인자에 대해서 다룰 것이다. 스베덴보리에 따르면 "인자"는 말씀으로서의 주를 뜻한다(요한계시록 1:12~17)의 인자는 말씀으로서의 주를 다룬 것이다. 이 글은 그냥 보아서는 무슨 뜻인지 모른다. 아니 겉만 보일 것이다. 요한은 "몸을 돌이켜 보았다." 왜? 그는 지금까지 주님계시는 곳과 정반대 방향을 향하고 있었기 때문이다. 주님은 동편에 계시는데 그는 서편만 향하고 있었다는 말이다. 우리도 이 글을 보려면 지금까지의 신관, 지금까지의 성서관을 180도 바꾸어야 할 것이다. 주는 "일곱 금 촛대 사이에" 계셨다. 새 교회 안에 계신 것을 뜻한다. 새 교회를 "일곱 금 촛대"라 한 것이다. "일곱"은 거룩한 것을, "금"은 사랑을, "촛대"는 진리를 빛내는 교회를 뜻하기 때문이다. 이 교회는 주의 거룩한 사랑으로 불타며 빛을 내는 가운데 있기 때문이다. 주는 그 교회 안에 계시는 것이다. 첫째로 주는 “발에 끌리는 옷을 입고 가슴에 금띠를 띠셨다” 하셨다. 이른 아침에 동해에 뜨는 해를 보면 천리 만 길을 빨리도 달려온 햇빛이 먼저 눈에 띈다. 따뜻하기도 하다. 바로 그 순간이 여기 기록되어 있는 것이다. 우리는 어떠한 성자라도 주의 얼굴을 정면으로 직시할 수 없다. 파생적인 것을 먼저 보게 된다. 우리는 그 정신 자체를 받기에 너무 부족해서이다. “발에 끌리는 옷”은 그 파생적 진리를 뜻하고 “가슴(젖꼭지)”은 이웃사랑을, “띠”는 이와 저가 결합되어 있는 것을 뜻한다. 주님은 만인을 사랑하시는 진리 곧 말씀으로 하늘 이 끝에서 저 끝까지 펼치고 계시는 것이다.

둘째로 주의 모습은 머리 부분이다. “그 머리와 털의 희기가 흰 양털 같고 눈(雪)같으며 그의 눈(眼)은 불꽃같다.”하였다. 앞에서 나온 주의 옷과 가슴은 영적천사들이 보는 주의 모습이나 여기의 모습은 천적천사 곧 삼층천 천사들이 주를 뵈옵는 모습이다. “머리”는 주의 사랑과 지혜의 처음이요, “털”은 그 끝이다. “불꽃같은 눈”은 주의 지혜를 뜻한다. 사람의 머리는 인간의 모든 근원이며 시발이 되는 것이 그 안에 있는 것이다. 대뇌 소뇌와 밖으로 나타난 눈과 털들이 그것이다. 삼층천 천사들은 주의 가장 근본적인 사랑과 지혜까지 보았던 것이다.

셋째로 주의 모습은 “풀무에 단련한 것 같은 다리”와 “많은 물소리 같은 음성”이었다. 주의 자연적 선과 자연적 진리를 이렇게 말한 것이요 제일천국 천사들이 본 것이다. “풀무에 단련한 것”은 주의 뜨거운 것을, 다리(足)는 자연적인 것을 뜻하며, “물소리”는 자연적 진리 곧 말씀의 신적진리에서 나온 한량없는 지식을 뜻한다.

“그 오른손에는 일곱별”이 있었다. “별”은 지식을 뜻하는 것으로서 말씀 안에 있는 선과 진리에 대한 거룩한 지식을 뜻한 것이다. 어떤 사람은 지식하면 신앙에 아무 도움이 안 되는 듯 생각한다. 허나 여기 주께서 가지고 있는 지식은 그것이 아니다. 쓰기에 따라서는 진리가 되는 자연적 지식인 것이다. “그 입에서는 좌우에 날선 검이 나왔다” 하였다. “칼”은 찌르고 자르는 것으로서 악과 거짓을 무찌르고 선과 악을 갈라 치는 주의 진리의 능력을 뜻한 것이다. 주께는 이러한 것들이 있었던 것이다.

끝으로 “그 얼굴은 해가 힘 있게 비취는 것 같더라.”하였다. 천국에서는 삼층천 천사들도 주를 있는 그대로 못보고 천국의 해님으로 본다.

그들도 있음 자체 곧 주의 신성자체를 다 감당할 수 없기 때문이다. 허나 “해가 힘 있게 비추는 것 같은 얼굴을” 뵈올 수 있었다면 그의 최고의 영광인 것이다. 그 이상은 어려운 일인 것이다. 여기 주님은 이제는 그 영광의 주님으로, 그 얼굴이 “해가 힘 있게 비추는 것” 같은 모습으로 뵈온 것이다. “힘 있게”는 능력으로서의 곧 무소불능하신 주의 모습이다. 주는 못하실 일이 없기 때문이다. 여기 재림주의 최고의 모습이 드러난 것이다. 주님은 이번에는 이렇게 우리에게 다시 임하시는 것이다. 요한은 이 모습을 볼 때에 “그 발 앞에 엎드려져 죽은 자같이 되었다” 하였다. 주께서 천사를 거쳐 일으켜 주시고 생명을 다시 불어 넣어 주시지 않는다면 우리는 신성의 거룩함에 압력을 받고 살아남을 수 있는 사람은 한 사람도 없는 것이다. 이러한 본질이 내재해 있는 성경말씀인 것이다. 주님은 말씀 안에 각기 그 형편에 따라서 다르게 나타나 스베덴보리 생애와 사상에서는 제외할 부분이나 말씀의 본질은 당신 자신인 것이다. 요한계시록은 이 분에게서 온 것이요, 이 천년 전에는 요한을 거쳐 이백년 전에는 스베덴보리를 거쳐 그 안팎을 쓰게 하신 것이다.

22. 영원까지 신적 인성으로 계신 주님

누가 주 예수 그리스도이신가? 만세전에는 또는 영원부터는 여호와 하나님이요, 시간 안에서는 구주 예수 그리스도요, 영원까지는 신적 인성으로 계시는 구속주(復歸主) 뜻한다.

요한계시록 1장 1절의 "그리스도의 계시"는 바로 이 분에게서 온 것이요, 이 분이 쓰게 하였고 이 분이 풀이해 주신 것이다. 누가 이 진리를 받는가? 요한이다. "요한"하면 밧모섬의 요한을 연상한다. 그러나 그만이 아니다. 너도 아니고 나도 아니다. 지난 날의 나 지난 날의 너는 받을 수 없다. 주 만을 천상천하의 하나님으로 모시고 그 인성이 신성임을 믿고 오직 계명대로 살면 그가 이 진리를 받을 수 있는 요한인 것이다.

누가 "요한"인가? 성만찬식을 거행할 때였다. 주의 가슴에 머리를 기댄 사람이다.(요한복음 21:20) 주의 가슴은 전 인류를 사랑하시는 사랑과 인정과 선을 뜻한다. 늘 이 목적을 수행하기 위해서 호흡하는 곳이다. 여기에 근거하는 사람은 너나 할 것 없이 다 요한인 것이다. 누가 요한인가? 내가 올 때까지 그를 머물게 하고자 하노라(요한복음 21:22)하셨다. 내가 올 때까지는 세상 끝날, 말세에 교회를 심판할 때를 뜻한다. 그때까지 교회를 이어가는 것은 무엇인가? 주께 대한 사랑과 이웃사랑이다. 요한은 그 사랑을 뜻한다. 위로는 주를 사랑하고 아래로는 형제를 사랑한다. 아무리 교회를 심판한다 할 찌라도 교회를 다시 이어가게 하는 것은 이 두 사랑이다. 그래서 내가 올 때까지 그를 요한을 머물게 하고자 하노라 하셨던 것이다. 말세 또는 최후심판이란 무엇인가? 교회 안에 주께 대한 사랑도 이웃 사랑도 없을 때를 뜻한다.

이대로 가면 교회는 멸망하고 마는 것이다. 주는 보고만 계실까? 아니다. 끝까지 주께 대한 사랑으로 버티고 이웃사랑으로 사는 사람을 교회 안에 남기고자 하는 것이다. 다음 이어가는 교회의 씨로, 그 사랑의 씨의 사람이 요한인 것이다. 누가 요한인가? 어머니를 모신 사람이다. 주께서 요한에게 이르시되 보라 네 어머니라 하신대 그때부터 그 제자가 자기 집에 모시니라.(요한복음 19:27)

어머니는 남편을 먹여 살린다. 애정의 딸과 진리의 아들들을 가르치고 기르고 먹여 살린다. 그같이 교회는 남편이신 주를 모시고 신앙과 인정의 자녀들을 양육하고 가르치는 모체이다. 이런 교회를 섬기는 사람은 누구나 요한인 것이다. 사랑의 사람은 교회를 이렇게 섬겨야 하는 것을 가르치신 것이다. 그 요한이 이 계시를 받은 것이다.

제5장 하나님 말씀(성스러운 책)

1. 일반적인 정의

말씀이 하나님에게서 오며 그리고 신령스럽게 영감(靈感)되고, 따라서 거룩하다는 것은 만인이 입으로 시인한다. 그럼에도 불구하고 오늘에 이르기까지 성언의 신성(神性)이 성언 어디에 있는지는 누구에게도 알려지지 않았다. 왜냐하면 성언의 글 자체로만 보면, 그 문체가 이상하여서 겉으로는 세속적인 문학 작품들처럼 장엄하지도 않고 현란하지도 않은 일반적인 문학작품과 같기 때문이다. 이렇게 볼 때 알 수 있는 것은 하나님 대신에 또는 하나님 보다는 자연을 숭배하고, 그러므로 자기 자신으로 말미암아 또는 자신의 고유 속성에 따라서, 그리고 천국 밖의 주님으로 말미암아 생각하는 사람은 성언에 관한 오류(誤謬)와 성언에 대한 경멸에 쉽게 빠져서, 그 사람이 성언을 읽을 때 속으로, "이것이 무엇이고, 또 저것은 무엇이람? 이것이 신령한 것이냐? 무한한 지혜를 가지신 하나님이 어떻게 이런 식으로 말씀을 할 수 있어?" 종교적 감정이나 그것에서 파생된 종지에서 비롯된 것을 제외하면 도대체 "성언의 거룩함이 어디에 있으며, 그것의 근원은 무엇이라?"이라고 뇌까리게 된다. 그럼에도 불구하고 그와 같이 옳다고 생각하는 사람은, 주님 여호와께서 천지(天地)의 하나님이고, 모세나 예언자들을 통하여 그 말씀을 말씀하셨다고 전혀 생각하지 않으며, 그리고 따라서 그 말씀이 신령진리일 수밖에 없다는 것도 전혀 생각하지 않는다. 왜냐하면 주님 여호와께서 친히 말씀하신 것이 그럴 수밖에 없기 때문이다. 이런 사람은 여호와와 동일하신 분인 구세주 주님께서, 복음서 기자들에 의하여 기록된 그 많은 성언들을 입술을 통하여 말씀하셨고, 나머지 부분들은 성령을 가리키는 주님의 영에 의하여 열두 사도들을 통하여 말씀된 것이다라는 것을 전혀 생각하지 않았다. 그러므로 여기서 명확한 사실은, 주님께서 친히 말씀하신 것과 같이 주님의 말씀 안에는 영이 있고 생명이 있다는 것과 그리고 주님께서는 빛이시고, 주님께서는 진리 이시다는 것 등이다. 자연적인 사람은, 신령지혜나 신령생명이 있는 신령진리 자체가 성언이라는 이런 생각에 의하여 납득될 수 없다. 왜냐하면 그 사람은 그가 그런 것들을 볼 수 없는 성경말씀의 표현양식에 의하여 그것을 판단하기 때문이다. 그럼에도 불구하고 성경말씀의 표현양식은 비교될 수 없다.

성경말씀의 양식은 모든 문장이나 단어뿐만 아니라 모든 글자 자체 안에 거룩한 것이 내재해 있는 그런 양식이다. 그러므로 성경말씀은 사람을 주님에게 결합시키고 또 천국을 열어 준다. 주님에게서 두 가지 것들, 즉 신령사랑과 신령지혜, 다른 말로 신령선과 신령지혜가 나온다. 성언은 그 본질에 있어서 바로 이 양자이다. 앞에서 언급한 것같이 성경말씀이 사람을 주님에게 결합시키고 또 천국을 열어주기 때문에, 따라서 성경말씀은 사람으로 하여금 사랑에 속한 선과 지혜에 속한 진리로 가득 채우게 하고, 또 사람의 의지는 사랑에 속한 선으로 그리고 사람의 이해는 지혜에 속한 진리로 가득 채워 준다. 그러므로 사람은 곧 성언을 통해서 생명을 갖는다. 그러나 우리가 밝히 알아야 할 것은, 샘에서 물을 깃는 것과 같이, 또 거기서 사람이 성언에서 신령진리를 길어 낼 목적으로 성경말씀을 읽고, 또 거기서 얻은 신령진리를 자신의 삶에 적용할 목적으로 성경말씀을 읽는 사람만이 성경말씀을 읽는 사람만이 성경말씀에서 생명을 얻는다는 것이다. 성경말씀을 영예나 세상적인 부를 차지할 목적으로 읽는 사람에게는 그 반대의 것이 일어난다.(순정기독교 제189~191항)

2. 지금까지 알려지지 않은 성경말씀인 영의(靈意)

마치 영혼이 몸 안에 있는 것과 같이, 성경말씀 안에는 영적인 뜻이 있다는 것을 알지 못하는 사람은 어느 누구도 성경말씀의 문자적인 뜻에서 비롯된 이외의 것으로 성경말씀에 관해서 도저히 판단할 수 없다. 그럼에도 불구하고 성경말씀은, 귀중한 보물들을 담고 있는 함(函)과 같이 영적인 뜻을 담고 있다. 그러므로 속뜻이 알려지지 않고 있는 동안, 사람들은 마치 모암(母岩) 속에 묻혀 있는 보석을 보지 못하는 것과 같이, 또는 때로는 보통 잡석처럼 보여서 다이아몬드 · 루비 · 줄무늬마노 · 토파즈 같은 보석을 알아채지 못하고, 고작 백옥 · 유리 · 석면이나 마노가 들어있는 작은 상자 정도로, 성경말씀의 신령거룩함을 판단할 수 있는 것이 고작이다. 이 보석 상자가 눈에 보이는 그것의 물질적 가치에 따라서 오직 평가된다는 것은, 그 내용물이 알려지지 않는 한 이상한 일은 결코 아닐 것이다. 성경말씀은 성경말씀의 문자적인 측면에서서만 보면 이와 같다. 그러므로 사람들이 성경말씀이 신령하고 가장 거룩한 것인가에 대하여 더 이상 의심을 가지지 않게 하기 위하여, 주님께서는 성경말씀의 속뜻(靈意)을 나에게 계시하여 주셨다. 그 속뜻은 본질적인 영적이고, 영혼이 몸 안에 있는 것과 같이 그 속뜻은 자연적인 겉 뜻 안에 있다. 이 뜻이 그 글자의 뜻에 생명을 주는 영이다. 그러므로 비록 자연적인 사람이라고 해도, 그가 성경말씀이 거룩하고 신령하다고 이해하기를 원하기만 한다면, 능히 성경말씀에 속한 신령선이나 거룩함을 확증할 수 있다. 성언에 관해서 그것이 신령하기 때문에 그 가장 내적인 것 안에 있는 것이 영적이다. 언급될 때, 그것에 대하여 시인하지 않고, 동의하지 않는 사람이 누가 있겠는가? 그럼에도 불구하고 영적인 뜻이 무엇인지, 그리고 성경말씀 어디에 그것이 내재해 있는지 아는 사람이 누구인가? 성경말씀의 가장 지심한 곳에 있는 성언은 영적이다. 그 이유는 주님 여호와로부터 그리고 천사적 천국을 거쳐서 성경말씀이 내려왔기 때문이다. 그리고 본질적으로 신령존재 자체는 말로 표현할 수도 없고, 지각할 수도 없는 존재이지만, 그 내려오는 과정에서 천사들의 지각에 적합하도록 조절되었고, 종국에는 사람들의 지각에 맞도록 조절되었기 때문이다. 그러므로 영의는 마치 영이 사람 안에 있는 것과 같이 이해에 속한 생각이 언어에 있고 또 의지에 속한 정동이 행위 안에 있는 것과 같이, 그것의 내부 즉 자연적인 것 안에 내재해 있다. 만약에 자연계 안에 있는 눈에 보이는 것들에 그것을 비교할 수 있다면, 마치 수막(髓膜)이나 뇌막(腦膜) 속에 뇌가 들어 있듯이, 또는 나무의 잔가지가 껍질이나 외피 안에 있듯이, 또는 계란의 노른자위가 계란껍질이나 외피 안에 있듯이, 성경말씀의 영적인 뜻은 자연적인 뜻 안에 내재해 있다. 그럼에도 불구하고 자연적인 뜻 안에 성경말씀의 영적인 뜻이 내재해 있다는 사실은 아직까지 누구에 의해서도 발견되지 않고 있다. 그러므로 아직까지 계시된 신비 중의 그 신비가 사람의 이해에 열려져야 한다는 것은 필수적인 것이다.(순정기독교 제192~193항)

교회의 마지막 때에 천지의 하나님이신 주님에 관한 무지와 또 몰이해로 말미암아, 그리고 인애에서 분리된 믿음으로 말미암아, 암흑이 야기되었다고 단정할 수 있기 때문에 그것으로 인하여 성경말씀의 영적인 뜻을 계시하시는 것을 매우 기뻐하셨다. 그리고 또한 주님께서는 속뜻으로 그리고 자연적인 뜻 안에 있다는 사실, 아니 이런 것들이 전부이다는 것을 확실하게 하기 위하여 성경말씀의 영적인 뜻을 계시하시는 것을 매우 기뻐하셨다. 그리고 성경말씀에서 비롯된 진리의 빛에 의하여 보면, 거의 소멸된 것 같지만, 그 밖의 수많은 것들이 복원될 수 있다. 교회의 마지막 때에 진리의 빛이 거의 모두 소멸될 것이라고 요한계시록의 여러 곳에서 단정하고 있다. 이러한 내용이 마태복음에서 주님께서 하신 말씀의 뜻이다.

그 환난의 날들이 지난 뒤에 곧 해는 어두워지고, 달은 빛을 내지 않고, 별들은 하늘에서 떨어지고, 하늘의 세력들은 흔들릴 것이다. 그 때에 인자가 올 징조가 하늘에서 나타날 터인데, 그 때에는 땅에 있는 모든 민족이 가슴을 치며, 인자가 큰 권능과 영광으로 하늘 구름을 타고 오는 것을 볼 것이다.(마태복음 24:29~30)

여기서 "해"는 사랑의 측면에서 주님을 뜻하고, "달"은 믿음의 측면에서 주님을 뜻하고, "별들"은 선과 진리에 속한 지식을 뜻하고, "인자"는 말씀으로서의 주님을 뜻하고, "구름"은 성경 말씀의 문자적인 뜻을 뜻하고, "영광"은 성경말씀의 영적인 뜻을 뜻하고 그리

고 문자적인 뜻을 통한 그것의 빛남을 뜻한다. (성경에 관한 교리 제 112항)

3. 성경말씀의 영적인 뜻

성경말씀의 영적인 뜻은 교회에 속한 어떤 독단적 교리를 입증하기 위하여 성경말씀이 연구되고 설명될 때, 그 문자적인 뜻에서 빛나는 것은 아니다. 그러한 뜻은 성경말씀의 문자적인 뜻에서 빛나는 것은 아니다. 그러한 뜻은 성경말씀의 문자적인 뜻이라고 부를 수 있다.

그러나 영적인 뜻은 문자적인 뜻으로는 나타나지 않는다. 그것은 문자적인 뜻 안에 내적으로 존재한다. 마치 영혼이 몸 안에 내재해 있듯이 또는 이해에 속한 생각이 눈에 있듯이, 또 사랑에 속한 정동이 얼굴표정 안에 있듯이, 그리고 그것은 원인과 결과와 같이 함께 작용한다. 이 뜻은 사람들뿐만 아니라 천사들을 위하여 성경말씀은 영적이 되게 하였다. 그러므로 이 뜻에 의하여 성경말씀은 천국과 교류한다.(순정기독교 제194항)

천적 자연적인 것은 주님으로부터 차례로 뒤이어 발출되어 나온다. 주님의 신령 사랑에서 나온 신령선을 천적인 것이라고 부르고 주님의 신령지혜에서 발출된 신령진리를 영적인 것이라고 부르고, 그리고 자연적인 것은, 이들 양자에게서 나오며, 궁극적인 것 안에 있는 그들의 복합체 안에 존재한다. 삼층천 즉 가장 높은 천국을 형성하는 주님의 천전왕국에 속한 천사들은 천적이라고 부르는 주님에게서 나온 신령한 것 안에 있다. 왜냐하면 그들은 주님에게서 비롯된 사랑에 속한 선 안에 존재하기 때문이다. 이층천 즉 중간천계를 형성하는 주님의 영적왕국에 속한 천사들은 영적인 것들이라 부르는 주님에게서 나온 신령한 것 안에 있다. 왜냐하면 그들은 주님에게서 비롯된 지혜에 속한 진리 안에 존재하기 때문이다. 이 세상에 있는 교회에 속한 사람들은 역시 주님에게서 비롯된 신령 자연적인 것 안에 있다. 이렇게 볼 때 뒤이어지는 것은, 주님에게서 나온 신령한 것은 천적 · 영적 · 자연적이라고 부른 세 계도를 통해서 궁극적인 것에게 내려온다. 주님에게서부터 사람에게 내려온 신령한 것은 이들 세 계도를 거쳐서 내려오는데, 그것이 내려 올 때, 그것은 그것 안에 이들 세 계도를 내포한다.

모든 것들은 이런 신령한 것이다. 그러므로 그때 그것은 그것의 가장 외적인 궁극적인 계도 안에 있으며, 그것은 그것의 충만함 가운데 존재한다. 이것이 바로 성경말씀이다. 궁극적인 뜻 안에 있는 이 말씀을 자연적이라고 하고, 그것의 내면적인 것 안에 있는 말씀을 영적이라고 하고, 그것의 가장 내면적인 것 안에 있는 말씀을 천적이라고 하는데 그리고 각각의 것 안에 있는 말씀은 신령한다. 성경말씀의 본성이 이러하다는 것은, 자연적인 것을 가리키는 문자적인 뜻 안에는 나타나지 않다. 이러 이유 때문에 이제까지 이 세상에 있는 사람은 천국에 관한 그 어떤 것도 알지 못하였다. 결과적으로 이 세상 사람은 영적인 것이나 천적인 것이 무엇인지 지금까지 알지 못하였고, 따라서 그것들과 자연적인 것의 분별에 관해서도 알지 못하였다. 이들 간의 분별은 대응을 알지 못하면 전혀 알 수 없다. 왜냐하면 이들 세 계도들은 마치 목적 · 원인 · 결과의 관계처럼, 또는 선제 하는 것 · 후래하는 것 · 최후의 것의 관계처럼, 서로 서로 전적으로 분별되기 때문이다. 그럼에도 불구하고 그것들은 대응에 의하여 한 몸을 이룬다. 왜냐하면 자연적인 것은 영적인 것에 그리고 또한 영적인 것은 천적인 것에 대응하기 때문이다.

4. 신령진리의 여섯 계도와 가장 낮은 계도

신령진리는 한 계도가 아니고 여럿의 계도가 있다. 첫째 계도나 둘째 계도 안에 있는 신령진리는 주님에게서 직접 발출된 것이다. 이것은 천사적인 이해 위에 있다. 셋째 계도 안에 있는 신령진리는 극내적 천국 즉 삼층천에 있는 진리이다. 이런 유의 진리는 사람이 전혀 깨달을 수 없는 진리이다. 넷째 계도 안에 있는 신령진리는 중간천국 즉 이층천 안에 있는 진리이다. 이것 역시 사람에게는 명료하지 않다. 다섯째 계도 안에 있는 신령 진리는 극외적 천국 즉 일층천에 있는 진리이다. 이 진리는 어느 정도는 사람에 지각되지만 그것도 조요(照耀)된 사람에게만 지각된다.

그럼에도 불구하고 그것의 대부분도 인간의 낱말에 의해서는 전혀 발설될 수 없는 진리이다. 그러나 그것이 관념들 속에 이르면, 그것이 그러하다는 것의 지각의 기능이나 믿음의 기능을 생산한다. 여섯째 계도 안에 있는 신령진리는 사람과 같이 하는 유의 진리이고, 사람의 지각에 적응된 진리이다. 따라서 그것은 성경말씀의 문자적인 뜻을 말한다. 이 뜻이나 이 진리는 "구름"에 의하여 표징되었고 내면적 진리는 "구름 안에 있는 광영"에 의하여 표징되었다. 이런 이유 때문에 여호와, 다시 말하면 주님께서 모세나 이스라엘 후손들에게 자주자주 구름 가운데 나타나셨던 것이다.(천계비의 제8443항)

5. 하나님 말씀

성경말씀은 하나님의 사랑에서 나온 진리이다. 말씀은 보편적으로는 신구약 성경이요, 좁게는 10계명, 더 좁게는 2대 계명 그리고 한마디로 말하면 사랑이다. 허나 이 사랑이라는 말을 하나도 하지 아니할지라도 하나님의 사랑은 어디서나 어느 때나 나타난다. 이것이 하나님의 말씀이다. 말씀은 그러므로 지극히 작은 것부터 가장 큰 것까지 주님의 교훈을 말한다. 주 하나님을 가르치고, 사랑과 진리와 일을 가르치고 영생과 성도의 생활을 가르친다. 인간에게 생명을 주며 밤길에 등불이 된다. 농부의 뿌리는 씨같이 인간의 마음속에 뿌리 운 진리의 씨가 되고, 겉으로 보기에는 가장 작으나 자라면 가장 큰 나무가 되어 새를 불러 노래를 하게하고, 피곤한 나그네를 해맑은 노래 소리로 위로한다. 말씀 가운데 겨자씨가 곧 이것이요, 말씀은 이 같이 피곤한 인생을 젖과 꿀이 흐르는 곳, 푸른 풀과 잔잔한 물가로 인도한다. 거룩하고 존엄하여 그야말로 일점일획이라도 흠이 없고 틀림이 없는 것은 천국에서 보면 더욱 나타난다. 거기서는 말씀이 놓여 있는 곳은 거룩한 후광이 나타나고 또 한 획 한 점 숫자로 그 다음 무슨 말이 나올 것도 알 수 있을 정도의 의의가 깊고 여운이 있다는 것이다. 그러나 현대교회에서 아직 이 말씀에 대하여 모르고 있는 것이 있다.

6. 상실된 성경 말씀

또 우리가 지금 쓰고 있는 구약성경 이외에 그보다 앞선 성경이 있었으나 그것은 상실되고 그 몇 토막만 구약성경에 남아 있다. 사무엘하 1장 17~18절에 기록된 「야살의 책」과 민수기 21장 14~15절 및 27~30절에 있는 「여호와의 전쟁기」가 곧 이것이다. 기독교회 조상들은 구약 이전에 이러한 성경책을 가지고 있었다는 것이다.

7. 말씀의 거룩성

말씀이 거룩한 것은 현대교회는 잘 알고 있다. 그러나 얼마만큼 거룩한가? 어디서 거룩한 가는 그것이 말씀 가운데 게재되어 있어도 계시가 아직 널리 알려지지 않아서 모르고 있다. 10계명에 대한 기사만 보아도 말씀이 얼마나 거룩하며 얼마나 능력이 있는가를 알 수 있다. 10계명에 대하여 말하는 것은 10계명은 모든 성경을 단적으로 요약한 것이기 때문이다. 10계명은 그냥 받을 수 없는 거룩한 것이기 때문에 여호와 친히 시내산에 천사들과 함께 불 가운데 나타나사 울리는 음성으로 이 율법을 선포하셨다 하였다. 백성들은 이것을 보고 듣기 위하여 모두 사흘을 준비하였으며 너무 가까이 나아가 혹 죽을까 두려워 산 가까이 가지 못하도록 산에는 울타리를 막았으며, 설교자도 장로도 감히 가까이 하지 못하게 하고 모세만 가까이 나가게 하였으며, 하나님은 친히 손가락으로 두 돌 판에 쓰셨다 하였으며, 모세가 두 번째 산에서 돌 판을 가지고 내려올 때는 그 얼굴이 빛났다 하였으며, 또 이 돌 판은 거룩하기 때문에 궤 속에 안치하였고, 성소 가운데서도 가장 깊은 지성소에 두었으며, 궤는 금띠로 두르고 그 앞에는 금 촛대와 향 피우는 금 제단을 마련하였으며, 그 단은 금으로 칠하였다고 하였다. 이것은 모두 말씀이 얼마나 거룩한 것을 상징한 것이다.

또 말씀이 권능이 있다는 것은 근본적으로는 그 말씀 가운데 주께서 임재하시기 때문이나 구약에는 이렇게 나타나 있다. 이스라엘 백성이 궤를 들고 가면 요단강 물도 둘로 갈라져 길을 열어 주고 궤를 들고 돌면 난공불락의 성도 무너졌다는 것으로 나타나 있다. '도적질하지 마라, 간음하지 말라, 살인하지 말라, 거짓 증거 하지 말라' 는 그 계명대로 살면 주님만을 믿고 사랑과 그 진리이신 당신의 이름을 더럽히지 아니하면, 이 세상에 길이 막힐 것도 없고, 무너지지 않을 장벽이 없다는 상징인 것이다. 말씀은 이렇게 거룩하고 능력이 있으나, 그것을 아는 사람은 얼마나 적은지 단순한 교훈서로만 알고 있는 것이다. 진리는 가까운 곳에 있으나, 바로 이 말씀 안에 있으나, 사람은 이것을 가볍게 여기고 얼마나 먼 곳을 찾고 헤매이고 있는가, 모두 말씀이 얼마나 거룩함을 모르기 때문이라는 것이다.

8. 말씀의 대응론

말씀이 거룩한 것을 그러면 어떻게 아는가? 다시 말하면 어떻게 하여 말씀 가운데 있는 영적 의의와 천적 의의를 알 수 있는가? 이것을 아는 열쇠가 여기서 말하는 대응론이다. 현대교회는 이것을 별로 알고 있지 않은 듯하다. 그러기 때문에 여기서 간단히 언급 하려고 한다.

모든 사물에는 세 가지 등차가 있다. 자연적인 것과 영적인 것과 천적인 것 또는 겉과 속과 가장 깊은 것 또는 자연에 속한 것과 인간에 속한 것과 그리고 주님에게 속한 것 이 세 가지가 있다. 이것은 모든 물체에도 있으나 사람에게도 있다. 사람에게는 있는 세 가지는 몸과 영혼과 주께서 주신 믿음이다. 물건에 있어서는 꺼풀과 살과 씨눈이 이것이다. 자연적인 사람은 이것을 자연적으로만 알고, 영적인 사람은 이것을 영적으로 해석하고, 천적인 사람은 이 모든 것을 천적으로 해석한다. 후자는 동시에 전자를 내포하나, 전자는 후자를 내포하지 못한다. 말씀은 먼저 이 원리로 해석해야 속 깊은 뜻도 알 수 있고, 또 말씀이 참 거룩한 것도 알게 된다는 것이다.

앞서 말하였거니와 여기서 다시 보기를 더 둘까 한다.

말씀 가운데 주께서 돌아가시고 난 다음 「무덤」 속에 주검을 사흘 동안 넣는 기사가 나온다. 이 「무덤」을 자연적으로 생각하면 인간의 마지막이요, 죽음이요, 슬픔이요, 이별이요, 통곡이다. 그러나 영적으로는 「무덤」은 죽음 대신 다시 사는 것이요, 슬픔 대신 기쁨으로 바뀌어 진다. 사람이 땅 위에서는 죽은 즉시 다시 살기 때문이다. 이렇게 말씀 가운데는 자연적 뜻 외에 한 가닥 더 깊은 뜻이 있는 것이다. 그러고도 또 이 보다 한층 더 깊은 뜻이 있다. 죽는 줄만 알고 있는 모든 인간이 영계에 가서 다시 사는 것은 누구의 덕이며, 누구의 은혜인가, 그것은 오로지 주님의 은혜인 것이다. 보라 왜 주께서 돌아가신 후 사흘째 되던 날 무덤으로 가보니 그 속에 천사가 있었던가. 그 천사는 천사가 아니고 바로 주님이시었던 것이다.

주님은 왜 그 속에 계셨던가. 주님만이 생사의 주인이시기 때문이었다. 무덤 안에 계셔 친히 만백성에게 당신만이 생명의 근원이신 것을 보이신 것이다. 무덤을 죽는 것, 슬픈 것의 대명사로만 생각하는 것은 자연적 해석이요, 그 생명의 근원을 생각하여 주님을 생명의 구주로 믿는 것은 천적 해석이다. 말씀 가운데는 이렇게 등차가 있는 세 가지 뜻이 있다는 것이다. 이 간격 등차의 원리를 알면, 만물의 신비감이 무엇을 뜻 하는가 과학적으로도 알 수 있다는 것이다. 말씀을 이 원리로 해석하는 것이 바로 여기서 말하는 대응론이다.

이에 대한 보기를 하나 더 들까 한다. 계시록에 「새 예루살렘」이 있다. 이것을 위의 대응론에 비추어 상고해 볼까 한다. 예루살렘은 자연적으로는 그 공간적 위치와 시간적 역사를 더듬지 않을 수 없다. 따라서 유대땅 지금의 성지를 얼마든지 연상할 수 있으며 시간적으로나 공간적으로나 생각해야 한다. 그러나 「예루살렘의 영적 뜻은 무엇인가」 예루살렘은 그 성전이 있었고, 성전 안에는 말씀이 있었으며 또 말씀이 가르쳐 주는 생활이 있었다. 그러므로 「예루살렘」은 영적으로는 말씀과 예배와 생활이 있는 교회를 뜻한다. 이것이 영적 뜻인 것이다. 그러나 교회는 누구를 절대자로 모시는가, 주님이시다. 그러므로 「예루살렘」은 주님을 중심으로 하는 지상 천국이요, 주 만이 다스리시는 앞으로 있을 새 교회를 뜻한다. 교회가 이 주님을 떠나는 것은 말씀을 잘못 해석하는 중요한 원인이 된다. 인간 스베덴보리는 남이 할 수 없는 주의 계시를 받아썼다. 그러나 그 계시의 주인공은 주님이시오, 또 그 내용은 주님의 진리라는 이유도 여기에 있다.

말씀의 자연적인 것과 영적인 것과 천적인 것과의 삼자의 관계를 간격등차라 하고 일반적으로는 대응론이라 한다. 이 원리가 있고 이것을 어느 정도 이해할 능력이 생기면 신비경험, 또는 계시도 어느 정도 이해할 수 있는 것이다.

9. 말씀의 영적 해석과 현실생활

그러나 여기서 한 가지 유의할 것은 위와 같은 간격 등차적 성경해석에 의해서 말씀을 영적으로 해석한다 할지라도 그렇다고 자연적 생활을 버려서는 안 되는 이것이다. 성경 가운데 「안식일을 기억하여 범하지 말라」는 말씀이 있다. 이 말씀의 뜻은 인간이 중생과정을 밟아가다가 처음에는 진리를 알게 되고, 나중에는 그대로 신앙생활을 하며, 마침내는 사랑의 사람이 되기까지 이른다. 사랑의 사람이 되기 전에는 주께서 그를 위하여 언제나 걱정 근심하시고 염려하시나 사람이 일단 사랑의 사람이 되면 그 걱정 근심하시는 것을 끝마치신다. 그래서 주께서 엿새 동안 창조하시고 이레 되는 날 쉬셨다 한 것이요, 백성들은 이 날을 기억하여 범하지 말라 한 것이다. 따라서 이 안식일을 범하지 말라는 영적인 뜻이 인생의 중생과정과 주님의 연속적 인도하심을 뜻한다 할지라도 이것만 중요시하고 자연적인 생활면에서 이 영적인 뜻과 맞지 않은 생활을 한다든지 또는 주일날을 범한다는 것은 안 된다는 말이다. 성일을 지키는 것도 그 생활도 그 영적인 뜻과 꼭 부합되어야 한다는 것이다. 보기를 하나 더 들까 한다. 교회에서는 성찬의식을 아주 크게 지킨다. 성찬의식의 떡과 포도주는 영적으로는 주님의 사랑과 진리를 뜻하고, 천적으로는 주님 자신을 뜻한다. 우리는 주님의 사랑과 진리를 매일같이 먹고 마시지 않고는 하루도 살 수 없는 것을 기념하기 위하여 이같이 엄숙한 예식을 거행하도록 제정하신 것이다.

그러나 우리는 얼마나 이 엄숙해야 할 속뜻이 예식에서만 끝나고 일상생활에서는 등한시 되고 있는가. 우리는 매일같이 또 하루에도 몇 번이나 당신이 떼어 주신 밥과 부어 주신 국을 먹고 마시고 있다. 끼니끼니 먹는 그것이 바로 주님의 피와 살이요, 사랑과 진리이건만, 이것을 알고 마음 속 깊이 간직하면서 그때그때 주께 감사하는 사람은 극히 드물다. 밥상 위에 놓인 밥은 주의 사랑이요, 국은 주의 진리이시다. 우리는 주의 사랑과 진리를 이같이 매일같이 먹고 마시고 비로소 살고 있는 것이다. 이 시간과 공간 안에서 밥을 먹고 국을 마시는 그 순간도 저 성찬예식에 있어서와 같은 존엄성이 있어야 한다는 말이다. 또 밥을 준비하는 것은 주의 사랑을 준비하는 것이요, 국거리나 찬을 준비하는 것은 주의 진리를 준비하는 것이다.

또 주께서 우리에게 떡과 포도주를 떼어 주시고 부어 주신 것같이 우리도 남에게 이 일을 해야 한다는 것이다. 의식과 평상시의 준비, 그리고 구체적인 사랑의 실천, 이것이 긴요하다는 말이다. 바꾸어 말하면 물건인 밥과 국도 차원이 높은 것과 같은 비중으로, 또는 지금과 여기도 영원한 진리와 같은 무게로 보아야 하는 것이 필요하다는 것이다. 스베덴보리가 이 실전적인 면을 모르고 그의 고차원적 영계의 기록만을 환상이니 현실을 떠나 터무니없는 것이라 부인하는 것은 그들이 암만 천박하다손 치더라도 도무지 이해할 수 없는 동시에 삼가 자연적인 면과 영적인 면과 천적인 면의 삼면을 다 하나가 되도록 간주해 주기를 원하는 바이다.

10. 성경말씀의 서로 다른 네 가지 저술양식

성경말씀에는 일반적으로 서로 상이한 네 가지 저술양식이 있다. 그 첫째는 태고교회(太古教會)에 속한 것이다. 그들의 표현 양식은 그들이 육생적(陸生的)인 것들이나 세상적인 것을 말한다 해도, 그들은 그런 것들이 표징하는 영적인 것들이나 천적인 것들에 관해서 생각하는 그런 유의 양식이다. 그래서 그들은 그들 자신을 표징(表徵)을 통해서 표현할 뿐만 아니라 시리즈를 만들어 놓았다. 이러한 유형은 한나의 예언에서 잘 보여주고 있다. 사무엘상의 말씀이다.

“너희는 교만한 말을 늘어놓지 말아라. 오만한 말을 입 밖에 내지 말아라. 참으로 주님은 모든 것을 아시는 하나님이시며, 사람이 하는 일을 저울에 달아 보시는 분이시다.”(사무엘상 2:3)

다윗은 이들 표징들을 “숨겨진 옛 비밀”(시편 78:2~4)이라고 불렀다. 창조와 에덴동산 등등에 관한 그리고 아브라함의 시대에 이르기까지에 관한 개별적인 것들을 모세는 태교교회의 후손에게서 물려받았다.

그 둘째는 역사적인 양식으로 아브람 시대 이후 모세5경 · 여호수아 · 사사기 · 사무엘상하 · 열왕기상하에서 기초를 이루고 있다. 이들 책 안에 있는 역사적 사건들은 그것들이 문자적 뜻 안에 있는 것과 아주 꼭 같다. 그럼에도 불구하고 그것들은 전체적이든, 개별적이든, 그 속뜻 안에서 아주 다른 내용들을 내포하고 있다.

그 셋째는 예언적 양식이다. 이것은 태고교육에서 매우 숭상된 태고교회의 양식이다. 그러나 이 양식은 고대교회의 것처럼, 역사적 형태를 이루지는 못하였으나 종국에 지리멸렬되었기 때문에 속뜻을 제외하면 거의 이해할 수 없는 상태이다. 그러나 그 속뜻에는 가장 심오한 비의는 물론 아주 멋지게 연결된 질서가 있는데, 즉 겉사람과 속사람에 관해서, 또 가교회의 수많은 내적상태와 하늘나라에 관해서 그리고 국내적인 뜻으로는 주님에 관해서 언급하고 있다.

그 넷째는 다윗의 시편 같은 양식이다. 이 양식은 예언서적인 양식과 일반적인 언어의 양식의 중간적인 형태이다. 시편에서 주님은 다윗이라는 사람으로 등장하지만, 속뜻으로는 임금으로 다루어지고 있다.(천계비의 제66항)

기억해야 할 영계교통

나는 주님에게서 영계와 자연계에 동시에 있도록 허락되었다. 나는 사람들과 이야기하듯 천사들과 이야기할 수 있었고, 지금까지 알려지지 않은 세계로 사후에 옮겨간 사람들의 상태와 친숙해질 수 있었다.

나는 이십 칠년 동안 내 친척들 모두와 친구들, 사별한 임금들, 귀족들과 학자들과 이야기할 수 있었다. 그러므로 나는 산 체험에 의지하여 그들이 선하게 살았던 악하게 살았던 간에 사후 사람들의 상태에 관해서 서술할 수 있었다. 그러나 나는 거짓된 교리로 고집한 사람들의 상태만을 묘사하겠다. 특히 믿음 만에 의한 칭의의 교리로 고집한 사람들의 상태만을 묘사하겠다. 그들의 점진적으로 이어지는 상태의 변화내용은 아래와 같다.

㉠ 그들은 개관해서 심장의 고동이 멎은 후 사흘 만에 영으로서 회생한다. 외관으로 말하면 그들은 이 세상에서 입고 있었던 것과 유사한 몸 안에 있었기 때문에 그들이 아직도 이 세상에 살고 있는 듯 착각했다. 그러나 그들의 몸은 그렇게 보이기는 하나 본질적이지 세상에 있었던 물질은 아니다.

㉡ 며칠 후에 그들은 자기들이 천국과 지옥의 중간인 영들의 세계 안에 있는 것을 본다. 거기 무수한 사회들이 그들의 선하고 악한 정동들에 따라서 놀라게 배열되어 있어서 선한 사람들은 천국과의 연결을 가지고 악한 사람들은 지옥과 연결을 갖는다.

㉢ 갓 도착한 영, 또는 영적 인간은 선하고 악한 여러 사회들에게 소개되고 선과 진리에 의해서 어떻게 영향을 받는가를 또 악과 비 진리에 의해서 어떻게 영향을 받는가를 검토 받게 된다.

㉣ 만이 그가 선과 진리와 조화를 이루면 악으로부터 옮겨져서 선한 사회들에게 소개되어 이 사회에서 저 사회로 방문하여 자기 자신의 자연적 정동과 조화되는 선한 사회에 들어간다. 거기서 그는 그 정동과 조화되는 선한 사회를 즐기다가 자연적 정동을 벗고 영적 정동을 입게 되고 그 후에 천국으로 올리운다. 그러나 이것은 세상에서 인애와 믿음의 삶 즉 주님을 믿고 악들을 죄라고 해서 경원한 사람들에게만 주어진다.

㉤ 그러나 자기들의 신조를 비진리에 의해서 특히 성언에 방편에 의해서 다짐한 사람들에게는 다르다. 즉 단지 자연적인 삶이나 또는 악한 삶을 산 사람들에게는 비진리들이 악에게 수종들고 악들이 비진리들에게 밀착하게 된다. 선과 진리에는 무감각하나 악과 비진리들에는 동정적이어서 그들은 선한 사회로부터 끌려 나와 악한 사회에 소개된다. 그래서 그들의 사랑의 정욕에 조화하는 사회에 오기까지 끌려 다닌다.

㉥ 내적으로는 악한 정동과 정용 밖에 없으면서도 밖으로는 그럴듯하게 내 보이는 겉치레적인 선한 정동들을 이 세상에서 취해 온 경우다. 그래서 한동안 그들의 외관이 지속되도록 허락이 된다. 이 세상에 있을 때 권위 있는 지위를 차지했던 자들은 영들의 세계에서도 유사한 지위가 주어져서 그 중 어떤 사회를 다스리게 한다. 그러나 그들이 진리를 향한 사랑도 선을 향한 사랑도 없고 무엇이 진리이며 무엇이 선이라고 가르침을 받을 수가 없어서 며칠 후에 그들은 그 자리에서 밀려난다. 나는 한 사회에서 다른 사회로 권력이 주어 졌다가 속히 쫓겨나는 것을 늘 보았다.

㉦ 너무나 반복되는 좌천 끝에 그들은 더러는 지쳐서 치욕을 두려워

해서 더 이상 직위를 원하지 않고 혼자서 슬픔에 싸여 망연히 앉자 있었다. 그리고는 그들이 일을 하면 먹을 것이 주어지고 그렇지 않으면 반대로 굶주리게 되어 일할 수밖에 없는 필연성에 강요된다. 그 곳의 음식은 우리 세상의 것과 유사하나 사실 주님께서 사람들이 성취하는 선용에 따라서 천국으로부터 주시는 것이다. 그러니까 게으름뱅이에게는 먹을 것이 주어지지 않는다. 그 까닭은 그들이 불필요한 존재이기 때문이다.

ⓞ 한 동안이 지나서 그들이 일에 대한 권태를 느끼게 되었으므로 판자 집 밖으로 나왔다. 마일 그들이 사제들이라면 건축하려는 소유욕에 이끌리어서 곧 견치석 · 벽돌 · 석가래 · 널판지 · 갈대 · 잡풀 · 진흙 · 점회석과 역청 따위가 나타나며 이것들을 보자 그들의 건축욕이 불이 붙어서 집을 짓기 시작한다. 그들은 이제 돌을 들어 올리고 통나무 조각을 들어 올리며, 갈대나 진흙 같은 재료들을 들어 올려서 자기들의 눈에는 질서 정연하게 쌓아 올린다. 그들이 낮에 지은 것이 밤에 허물어지고 다음날에는 흩뜨어진 조각들을 모아서 다시 짓기 시작한다. 이런 반복되는 일을 그들이 지쳐 넘어질 때까지 한다. 이 모든 것들이 대응들에 의거해서 되어 지는데, 그 까닭은 성언에서 어떤 구절들을 수집해서 자기들의 믿음을 확인하고자 했으며 이러한 노력이 바로 이 결과인 것이기 때문이다.

ⓩ 마침내 지쳐서 떠나 버리고 고독하여 외롭게 앉아 있게 되었다. 상술한 바 있듯이 천국에서는 게으름뱅이에게 먹을 것을 주지 않으므로 배고프기 시작한다. 그래서 먹을 것 이외에 아무것도 생각하지 않는다. 그들이 이러한 형편에 있을 때 어떤 사람에게 구걸했는데 그 사람들이 하는 말이 "왜 당신은 게으르게 앉아 있소? 우리와 함께 집으

로 갑시다. 우리가 일감을 주고 먹을 것도 주리다." 그래서 그들은 일어나서 함께 집으로 갔고 각자 일을 할당받고 그 일을 하는 대가로 먹을 것을 받는다. 그러나 거짓된 신앙의 고집쟁이들이 쓸모 있는 할 수 없으니 다른 사람들로 하여금 눈살을 찌푸리게 하는 일만을 하며 그것도 남의 눈을 속여 가며 마음 내키지 않게 한다. 그 같이 그들은 자기 일을 등한히 여기고 오직 잡담하고, 어슬렁어슬렁 걸어 다니고 잠자는 것만을 위주로 한다. 그 주인도 더 이상 그들을 설득해서 일을 시킬 수 없으므로 무용지물로 여겨서 내보냈다.

ⓩ 쫓겨났을 때 그들의 눈이 열려서 한 동굴로 가는 길이 있음을 보게 된다. 거기 도착하니 문이 열리고 그들은 그 곳으로 들어간다. 그리고 먹을 것이 있는 가하고 묻게 된다. 있다고 하는 대답에 거기 머물 수 있게 해 달라고 부탁을 한다. 즉시로 허가가 내려서 그들이 그리로 들어가고 문이 뒤에서 닫겨진다. 그리고 동굴 감독자가 오고 그들에게 말한다. "당신들은 여기서 다시는 밖으로 나갈 수 없다. 당신들은 동료들을 보라. 그들은 모두 일을 하고 그 일에 따라서 먹을 것이 하늘로부터 주어지고 있다. 당신들은 이런 사실들을 알게 될 것이요." 그들의 동료들이 또한 그들에게 말한다. "우리 감독자는 무슨 일이 각자에게 맞는가를 알고 있으며 매일 그 일을 배당해 준다오. 그 일을 끝내면 먹을 것이 주어지는데 그렇지 않고는 먹을 것도 입을 것도 주어지지 않아요. 만일 누가 다른 사람에게 위해를 가한다면 동굴 구석에 있는 지옥의 티끌이 덮혀 있는 침대 위에 던져져서 거기서 감독자가 보기에 회개의 징후가 나타나기까지 비참한 고통을 겪어야 하고 그 후에 풀려서 다시 일 자리로 돌아오게 된다오." 그는 또 각자가 자기 일을 끝내고 나면 산책도 하고 이야기도 하고 잠잘 수 있는 자유

가 주어진다는 것도 일러 주었다. 그리고 거기서 창녀 하나를 취해서 자기 여인으로 삼을 것이 허락된다.

그러나 이것저것 구별 없이 관계를 맺으려고 한다면 처벌을 받는다는 것도 일러 주었다. 지옥도 그러한 동굴들로 형성되어 있는 영원한 작업장 이외에 아무것도 아니다. 나는 그것을 묘사하기 위해서 그 동굴들에 들어가 살펴보기를 허락받았다. 거기 있는 자들은 모두 열등하게 된 것 같이 보였다. 그 중 누구도 자기가 세상에서 어떤 사람이었는지 또 무슨 일을 했는지 아는 자가 없었다. 그러나 나와 함께 한 천사가 예전에 종복 · 군인 · 장관 · 사제 · 지위 있는 자들 · 부유한 자들을 지적해 보여 주었지만 그들은 역시 한 묶음으로 된 노예의 일단이라고 밖에는 아무것도 모르고 있었다. 그 이유는 밖으로 나타난 외모에도 불구하고 모두 다 일치하는 내적 유사성을 가지고 있었기 때문이다. 영계에서는 모두가 내적 유사성에 의해서 친교하기 때문이다. 지옥은 일반적으로 이러한 작업장과 동굴로 되어 있으나 사탄과 마귀의 거쳐들은 서로 다르다. 사탄들은 비진리에 침해를 당해서 그 결과로 악에게 지펴 있고 또 지펴 있었던 자들이고 마귀는 악들에게 지펴서 비 진리에게 지피는 자들이다. 천국의 빛으로는 사탄들은 시체 또는 검게 된 미이라로 보이고 마귀는 검푸른 불과 같으며 또는 석탄 같이 검다. 그 모양과 용모는 모두 괴물들이다. 그러나 그들 자신의 빛 즉 석탄이나 타는 불빛 같은 빛으로 보이는 그들의 모양은 사람과 같다. 이 외모는 그들에게 서로가 알아보고 사귀게 하기 위해서 주께서 허락된 것이다.

또 다른 영계 체험

내가 한번은 미명에 눈을 떴을 때 내 눈앞에 떠다니는 형형색색의 유령 같은 것을 보았다. 아침나절이었으며 나는 여러 가지 모양의 거짓된 도깨비불 같은 것을 보았다. 어떠한 것들은 글자로 뒤 덮인 종이장 같았는데 접고 또 접어서 마침내는 유성처럼 사라져버렸다. 또 다른 것들은 펴진 책 같았고 달이나 촛불처럼 빛이 났다. 이 책들은 아주 높이 쌓아 올려졌다가 무너졌고 다른 것들은 땅에 떨어져서 먼지로 화해 버렸다. 나는 유성 아래서 어떤 영들이 자기들 나름대로 아주 중대하다고 생각하는 추상적인 것들을 놓고 논쟁하고 있다고 어림짐작을 했다. 그 까닭은 영계에서는 그러한 분위기의 현상들이 낮은 세계의 사람들이 추론하는 것에 의해서 생겨지기 때문이다. 금시에 내 영안이 열려졌고 머리에 월계관을 쓰고 꽃무늬를 한 겉옷을 입은 많은 영들을 보게 되었다. 이러한 것은 자연계에서는 그들의 학식 때문에 유명했었다는 것을 의미했다. 나는 영으로 보고 있었기 때문에 접근해서 가서 그들에게 끼어들었다. 그리고 나는 그들이 생득적 관념(生得的觀念)에 대해서 사람들이 짐승들과 같이 그것을 가지고 있는가 없는 가에 대한 격한 논쟁을 하고 있는 것을 관찰했다. 그것을 부정하는 자들은 그것을 지지하는 자들을 떠났다. 마침내 분명하게 두 파로 갈라져서 마치 손에 칼을 들고 싸우려는 두 군대처럼 대치했다. 그러나 칼이 없었기 때문에 예리한 말을 가지고 싸웠을 뿐이다.

그러나 돌연 그들 가운데 천사적 영이 서서 큰 목소리로 이야기했다. "나는 꽤 먼 거리에서 당신들이 생득적 관념을 사람도 짐승들처럼 가지고 있느냐 없느냐를 두고 논쟁하는 것을 들었소. 나는 그대들에게 고하오. 사람들은 생득적인 관념을 가지고 있지 않으며 짐승도 그것을 가지고 있지 않소. 그러므로 당신들은 헛 것을 가지고 논쟁하고 있소. 전혀 황당무계한 것을 놓고 논쟁들을 하고 있소." 이 말을 듣고 그들은 격노해서 소리 질렀다. "그 놈을 내 쫓아라. 그 놈은 상식에 위배되는 놈이다."

그러나 그를 내 쫓으려고 준비하고 있을 때 그들은 그가 천국적인 빛으로 감싸고 있어서 그것을 뚫고 들어갈 수 없음을 보았다. 그 까닭은 그가 천사적 영이었기 때문이었다. 그래서 두 세 발짝 물러났는데 빛이 사라지고 난 후에 그 천사는 그들에게 말했다. "당신들은 왜 화를 내는 거요? 내가 말하지 않으면 안 될 것을 먼저 들으시오. 그리고 결정을 지으시오. 판단에 우수한 사람들은 나와 합의 할 것이고 마음을 가라앉힐 수 있으리라 생각하오." 그 말에 아직 화가 나 있는 목소리로 대답했다. "그럼 말해 보시오. 우리가 듣지 요." 그래서 천사는 다음과 같이 말을 시작했다.

"당신들은 짐승들의 행동이 사고에서 발한다고 보기 때문에 짐승들이 생득적 관념을 가진다고 믿고 있소. 그러나 그들은 사고가 없소. 그러니까 관념도 없소. 왜 그런가 하면 관념들이란 사고에 속한 형용적 언사일 뿐이요. 확실한 목적을 위해서 일정하게 행동하는 것이 사고의 특성이오. 그러므로 가장 완전한 기술을 가지고 집을 짜는 거미가 그 작은 머리로 생각을 하는가 어떤가 관찰해 보시오." 내가 이 밧줄을 가지고 이 순서로 세로 줄에 연결을 해야겠다. 그래서 내 집이 강한 동풍에 찢어지지 않게 해야지. 그리고 그 밧줄들 중앙에 자리를 마련하고 거기서 지켜보다가 무엇이 걸려들면 그리로 달려가야지. 만일 파리가 걸려들면 즉시로 얽어매고 그 놈을 먹어야지. "또는 벌이 자기의 작은 머리로 생각하기를 '내가 널리 날아가리라. 그 곳에는 꽃밭이 있으니 거기 밀랍과 꿀을 모아서 밀랍으로 둥지의 열을 질서 있게 지어서 내 동무들과 내가 쉽게 드나들 수 있게 하자. 그리고 모아들인 꿀은 오는 겨울을 위해서 축적하자. 그래야 내가 죽지 않고 살 수 있다.' 그 외에 사람들의 정치적 경제적 재리에 버금가고 오히려 더 나은 놀라운 사실들을 말할 필요가 없겠소. 또 호박벌이 그 작은 머리로 생각할 수 있겠는가? 내 동무들과 같이 얇은 종이와 같은 원질로써 작은 집을 짓겠다. 그 벽은 우리들을 위해서 미로(迷路)로 하고 그 가장 깊은 곳에 우리를 위해서 한 광장을 만들고 그리로 드나드는 길을 내자. 그러나 우리와 우리 동무들 이외에는 아무도 그리로 들어와 우리의 비밀한 곳을 엿보지 못하게 하겠다고 또 누에가 아직 유충일 적에 스스로 이러한 것을 생각할 수 있겠는가? 자 지금은 명주실을 뽑어내야 할 시기다. 그것은 후에 우리가 지금까지 근접할 수 없었던 공중에 날아 올라가 동무들과 즐겁게 놀고 나 자신을 위해서 자손들을 번식시키기 위해서다. '또는 다른 벌레가 벽 위를 기면서 나무의 요정이 되고 번데기가 되어 마침내는 나비가 되겠다고 생각할 수 있겠는가? 또는 파리들이 서로가 교미할 장소에 대해서 무슨 관념이 있겠소? 큰 동물들도 마찬가지이다. 새들도 짝을 짓고 둥지를 틀고 알을 낳고 그것을 품고 그것을 부화시키고 그것들에게 먹이를 주어 그것들이 날아 나가게 되기까지 그것을 지켜보다가 제 새끼가 아닌 듯이 둥지에서 쫓아내지만 그 일을 미리 알고 계획하여 시행하겠는가? 짐승도 뱀도 물고기도 마찬가지이다. 이것들의 자발적인 행동이 사고로부터 즉 관념에서부터 흘러나오지 않는 것을 누가 모르겠는가? 다시 말해서 관념은 사상에 대해서만 그 속성이라고 말 할 수 있다. 짐승들이 관념을 가졌다는 잘못된 생각은 짐승들이 마치 사람들처럼 생각한다고 여기며 그것들이 단지 언어만 가지지 못할 뿐이라는 신념에 전적으로 기인하고 있다." 그 후에 천사적인 영은 주위를 둘러보고 아직도 그 사람들이 짐승도 사고를 가지고 있다고 볼 것인지 아닌지 주저하고 있는 것을 보고 계속해서 이야기 했다. "물론 나는 당신들이 짐승들은 사람과 행동이 유사하기 때문에 동물도 사고한다고 공헌한 관념을 품고 있는 것을 안다. 그래서 나는 동물들이 어디서 그들의 행동을 발하게 되는가를 일러 드리기로 하겠소. 모든 새 · 짐승 · 물고기 · 파충류 그리고 곤충들은 자연적인 그리고 감각적이며 신체적인 모든 것들에 대한 사랑을 가지고 있고 그 사랑이 두뇌 속에 머물고 두뇌를 통해서 영계가 그들의 감각에 직접 입류하여 그 감각을 통해서 자기들의 행동을 결정합니다. 이것이 그것들의 감각이 사람들보다 훨씬 예민한 이유입니다. 영계로부터 오는 이 입류는 틀림없이 본능이라고 칭해지고 있지만 그것은 사고와는 전혀 분리되어 있는 존재이기 때문에 아주 다릅니다. 환언하면 그것들은 본능에 부속되어 습관에서 일어나기도 합니다. 영계는 그들의 애정을 통해서 그들을 행동하게 하지만 그들의 애정은 오로지 먹는 것과 번식에만 매달려 있는 사람들이 사랑에 의해서 서서히 형성해 가는 지식이나 이지 또는 지혜와는 아무런 애정도 가지고 있지 않습니다." "인간은 아무런 생득적인 사고를 가지지 않기 때문에 어떤 생득적인 관념도 가지고 있지 않습니다. 왜 그런 고 하니 사고와 관념은 상호 의존하고 있기 때문입니다. 사고가 없는 곳에는 관념도 없습니다. 젖을 빨고 숨을 쉬는 것 이외에는 아무것도 할 수 없는 갓 태어난 영아를 생각해 보시오. 그들이 젖을 먹을 수 있는 것은 선천적인 것에 의하는 것이 아니고 어머니의 태속에서 부단히 젖을 빨고 있었기 때문입니다. 살아있기 위해서 필요한 것이니까요. 호흡도 생명에 보편적으로 동반되어 있습니다. 그들의 신체적인 감각은 아주 불분명한 상태여서 그 불분명으로부터 그들의 운동은 반복되는 연습에 의해서 완성되도록 그들의 감각은 그 대상에 의하여 서서히 나타나옵니다. 그리고 그들이 처음에 낱말의 뜻을 모르면서 말하기를 배우는 것에 따라 천천히 공상이라는 막연한 요소가 생기고 이 공상이 명료하게 되는데 따라서 사상이라는 막연한 요소가 생기고 마침내 사고라는 요소가 생겨납니다. 이 마음의 상태가 발전하는데 따라 관념이 존재하기 시작합니다. 그리고 관념은 상술한 것과 같이 사고와 동일하고 사고는 교훈에 의해서 성장하고 증대 합니다. 이와 같이 사람은 생득적인 관념이 아니고 획득되고 형성하는 관념을 가지고 그것에서 그 말과 행동이 흘러 나옵니다." 지식 · 이지 · 지혜를 획득할 능력과 이것들을 사랑하는 성향을 제외하고는 아무것도 인간 안에 내재하지 않는 것이 상술한 바 있다.

이후에 나는 주위를 바라보고 라이프니츠(1642~1727년)와 볼프(1679~1754년)가 둘이 같이 그 천사적 영의 이론에 매우 흥미를 가지고 가까이 서 있는 것을 보았다. 라이프니츠는 그때 접근해서 자기의 동의를 표했다. 그러나 볼프는 결심이 서지 않은 채로 떠나갔다. 왜 그런가 하니 그의 내적 판단이 라이프니츠보다 약했기 때문이다.

제6장 믿 음

1. 믿음이란

현대교회에서 강당, 교정, 들, 산, 바다에서 가장 으뜸이 가게 외치는 것은 아마 믿음일 것이다. 믿음만 있으면 구원을 얻고 또 믿음만으로 구원을 얻는다고 한다. 루터의 아우구스부르그 신앙고백이 주는 비판도 있기 전에 무조건 주의 십자가의 공로를 믿기만 하면 구원을 얻는다고 한다. 그러면 믿음이란 무엇일까? 믿음은 진리에 속한 내적인 시인(是認)이다. 진리에 속한 영적인 정동 안에 있는 사람은 진리에 속한 내적 시인을 갖는다. 천사들도 이 정동 안에 있기 때문에, 그들은 이해가 믿음에 종속되어야 한다는 교의를 전적으로 부인한다.

왜냐하면 그들은 "귀하는 어떤 사물이나 참된 것이지 아닌지를 알지 못하면서 어떻게 그것을 믿을 수 있습니까?" 라고 말하기 때문이다. 만약 누구나 자기가 제안한 것을 여러 가지 목적 때문에 믿어야 한다고 고집한다면, 천사들은 귀하께서는 자기 자신을 내가 믿어야 하는 하나님으로 생각하십니까? 아니면, 나는 내가 어떤 진리를 보지 못할 정도의 그런 독단만을 믿을 수밖에 없는 그런 미친 사람으로 생각하십니까? 라고 대답할 것이다. 그러자 그 독단론자들은 거기서 물러나기를 강요받았다. 사실, 천사들의 지혜는 그들이 생각한 것을 보고, 이해한다는 이 사실 안에 존재한다. 영적인 개념이 무엇인지 거의 모르기는 하지만, 진리의 정동 안에 있는 사람들의 마음의 입류(入流)에 의하여 이해된 영적 개념은, 그들이 듣거나, 읽는 어떤 사물이 참된 것인지 아닌지를 내면적으로 말해 주고 있다. 주님에게서 비롯된 조요(照耀) 가운데서 성경말씀을 읽는 사람들은 이 개념 안에 있다. 조요 가운데 있다는 말은 지각 안에, 그리고 이것 또는 저것이 참된 것이다는 그것에서 비롯된 내적시인 안에 있다는 것 이외의 아무것도 아니다. 이 조요 안에 있는 사람들은 이사야서 54장 13절과 요한복음서 6장 45절에서 여호와의 가르침을 받았다고 언급된 사람들을 가리킨다. 그 사람들에 관해서 예레미야서는 이렇게 적고 있다.

"그 때가 오면 내가 이스라엘 가문과 새 언약을 세우겠다.… 나는 나의 율법을 그들의 가슴 속에 넣어주며, 그들의 마음 판에 새겨 기록하여, 나는 그들의 하나님이 되고, 그들은 나의 백성이 될 것이다. 그 때에 이웃이나 동포끼리 서로 '너는 주를 알아라' 하지 않을 것이니, 이것은 … 그들이 모두 나를 알 것이기 때문이다."(예레미아 31:31~34)

이런 내용들에서 볼 때, 명백한 사실은 선과 진리는 한 몸이라는 것이다. 이것이 또한 우리들 이상으로 정동으로 말미암아 진리에 관해서 생각하는 것에 익숙한 사람들이 없다고 한 고대 사람들이 믿음 대신에 낱말 진리를 쓴 이유이다. 왜냐하면 꼭 같은 이유로 히브리어 언어에서는 진리와 믿음이 하나의 낱말로 사용되었는데, 그것이 바로 아뮤나(amuna) 또는 아멘(amen)이다.(믿음에 관한 교리 제1,4~6항)

천적인 사랑 안에 있는 천사들은 믿음이 무엇입니까? 그것은 지혜가 아닙니까? 그리고 인애는 무엇입니까? 그것은 행하는 것은 아닙니까? 라고 말하면서, 믿음에 속한 것에 관해서는 아무것도 듣지 못할 것이다. 믿음은 이해할 수 없는 것을 믿는데 있다는 말을 들으면, 그들은 "그 사람 미쳤어!" 하면서 아예 등을 돌려 버린다. 이들은 삼층천에 있는 사람들 중 가장 지혜로운 사람들이다. 이들은, 그들이 세상에 있을 때 신령진리에 들으면, 지옥적인 악에서 즉시 떠나 주님만을 예배하는 삶에 즉시 그 진리를 적용한 사람들이 그런 부류의 사람들이다. 영적 사랑 안에 있는 천사들은 믿음이 무엇인지 알지 못한다. 만약 믿음에 관해 언급되면, 그들은 진리로 행하는 것으로 이해한다.

그리고 그들은 믿어야만 된다는 말을 들으면, 그들은 그것을 실없는 말이라고 말하면서, "어느 누구가 진리를 믿지 않겠는가?"라고 부연한다. 그들이 이렇게 당당하게 말하는 것은, 그들은 그들의 천국의 빛 가운데서 진리를 보기 때문이다. 그리고 그들이 보지 못하는 것을 믿는다는 것을 그들은 우직(愚直) 또는 어리석음이라고 부른다.(신령사랑과 신령지혜 제427~428항)

참된 믿음은 구원하는 믿음 바로 그것이다. 그럼에도 불구하고 이 믿음은 삶에 속한 선 안에서만 존재할 뿐이다. 선한 삶 없이는 그 어떤 믿음의 터득이나 영접은 없다. 영접이 없는 곳에서는 신뢰 또한 존재하지 않는다. 겉꾸밈의 신뢰를 제외하면, 가끔 자아애나 세간애에 속한 정욕들은 마음이나 육체의 비정상적인 상태에 조용히 남아 있다. 그러나 악한 삶 안에 있는 사람들에게 그때 이 위기는 지나거나 변하는데, 그 사람으로 하여금 자신 안에 있는 자신의 정동을 목적 등에 관해서, 그 사람의 삶에 속한 행동과 꼭 같이, 살피게 한다.(천계비

의 2982항)

㉠ 우리가 꼭 알아야 할 사실은 인애와 믿음은 마치 의지와 이해가 하나인 것과 같이 하나이다는 것이다.

그 이유는 인애는 의지에 속해 있고, 믿음은 이해에 속해 있기 때문이다. 마찬가지로 인애가 한 몸을 이루는 것과 같이, 정동과 사상도 한 몸을 이룬다. 그 이유는 정동은 의지에 속해 있고, 생각은 이해에 속해 있기 때문이다. 그러므로 선과 진리가 한 몸을 이루는 것같이 인애와 믿음도 역시 한 몸을 이룬다. 사람 안에 있는 인애와 믿음은, 심장의 수축작용과 이완작용이라고 부르는 심장의 운동과 호흡작용이라고 부르는 폐장의 운동에 상호 정교하게 관계를 가지고 있다. 더욱이 사람의 의지와 이해에는 따라서 인애와 믿음에는, 이들 양자의 완전한 대응이 있다. 이런 이유 때문에, 성경말씀에서 "심장"은 의지와 정동을 뜻하고, "호흡"과 "영"은 이해와 그의 생각을 뜻한다. 그리고 이런 이유 때문에 "호흡의 중단"이나 "영의 포기"가 호흡작용의 소멸이나 또는 숨이 꺼지는 것을 뜻하였다. 결론적으로 인애는, 마치 폐장에 의하여 심장이 운동들을 이루는 것 같이, 믿음에 의하여 선용(善用)을 성취한다. 진리에 속한 내적 시인은 가지고 있지 않지만, 그럼에도 불구하고 인애에 속한 믿음을 가지고 있는 사람들이 많이 있다.

그들은 그들의 삶에서 주님을 존경하고, 종교에 속한 가르침으로 말미암아 악을 멀리하지만, 그러나 이 세상의 걱정이나 사업 때문에, 또는 그들의 선생들이 가지고 있는 진리 결여로 말미암아, 진리에 숙고하는 것을 소홀히 하거나 기피하는 그런 성품의 사람들이다. 그럼에도 불구하고 내면적으로는, 즉 그들의 영으로는, 이들은 그들이 진리에 속한 정동 안에 있기 때문에, 진리의 내적 시인 안에 있다. 그러므로 사후, 그들의 영들의 몸이 되어, 천사들에 의하여 교육을 받게 되면, 그들은 진리들을 시인하고, 또 기쁨으로 그것들을 영접할 것이다.

그러나 자신들의 삶에서 주님을 경외하지 않고, 종교에 속한 가르침 때문에 온갖 악을 멀리하지 않는 사람들의 경우는 이와는 딴판이다.

ⓒ 진리와 선에 관한 앎은 사람이 인애 안에 있지 않으면, 믿음에 속한 것은 아니다.

믿음에 선행하는 진리와 선에 관한 지식들은, 어떤 사람에게는 마치 그것들의 믿음에 속한 것처럼 보인다. 그럼에도 불구하고 아직까지 그것들은 그렇지가 않다. 그들이 믿는 것에 대한 그들의 생각이나 말하는 것이 아직까지는 그들이 그렇게 행한다는 증거는 되지 못한다. 그리고 이들 지식들도 믿음에 속한 것은 아니다. 왜냐하면 그것은 단지 그것들이 그렇다고 안 것뿐이지, 그것들이 진리이다고 내적으로 시인한 것은 아니기 때문이다. 그리고 그것들이 그런지를 알지 못하면서 그것들이 진리들이라고 하는 믿음이나 신념은 내적인 시인에서는 아주 멀리 떨어진 하나의 종지의 일부분에 지나지 않는다. 그러나 인애가 활착되면 즉시 그것들은, 그것 안에 인애가 있는 것에 비례하며, 믿음에 속한 지식이 된다.(믿음에 관한 교리 31항)

ⓒ 믿음에 속한 진리들은 시간 안에서 으뜸이지만, 인애는 목적 안에서 으뜸이다.

진리를 뜻하는 믿음은 시간 안에서 으뜸이다. 그리고 선을 뜻하는 인애는 목적 안에서 으뜸이다. 그리고 목적 안에서 으뜸인 것이 실제적으로 으뜸이다. 그 이유는 그것이 근본적인 것이고, 그러므로 맏이이기 때문이다. 그러나 시간 안에서 으뜸인 것은 실제적으로 으뜸이 아니고, 다만 외관상으로만 으뜸인 것이다. 그러나 이것을 잘 이해하기 위하여 둘의 비교에 의하여 그것을 설명하려 한다. 그것은 성전이나 가옥의 건축, 정원의 조성, 전답의 준비에서와 꼭 같다. 성전의 건축에서 보면, 시간의 관점에서 으뜸인 것은 기초를 놓고, 벽을 세우고, 지붕을 덮고, 그런 뒤에 제단을 안치하고, 설교대를 세우는 것이다. 그러나 이런 일련의 여러 가지 일들을 위한 목적으로 으뜸인 것은 그 성전 안에서의 하나님 예배이다. 집을 짓는 일에서도, 시간적으로 으뜸인 것은 그 집의 바깥 부분들을 짓고, 그리고 필수적인 여러 가지 물품들을 가지고 마무리하는 것이다. 그러나 목적으로 으뜸인 것은 그 집안에 있을 자신이나 다른 식구들을 위한 안락한 주거이다.(순정기독교 336항)

㉣ 믿음에 속한 진리가 도모되어, 실행되지 않으면 결코 믿음은 올바른 믿음이 될 수 없다.

맏아들(長子)이 뜻하는 믿음에 속한 모든 것들은 인애에 속한 선에서 비롯된 것들이다. 성경말씀에서 비롯되었든 교회의 교리에서 온 것이든, 진리들이 모두 활착하기 위한 선이 없다면, 믿음에 속한 진리가 결코 될 수 없다. 그 이유는 사람이 아직 이지적 기능은 처음에는 진리들을 받아드리는 것이기 때문이다. 왜냐하면 그 기능은 그것들을 보고, 그것들을 의지에 안내하는 일을 하기 때문이다. 그리고 그것들이 의지 안에 있을 때 그것들은 바로 그 사람 안에 존재한다. 왜냐하면 의지가 바로 그 사람 자신이기 때문이다. 그러므로 사람이 이들 진리들을 도모하고, 그 뜻한 바로 말미암아 그것을 실천하기 전에 사람에게 있는 믿음이 진정한 믿음이라고 생각하는 사람은 몹시 속고 있다. 왜냐하면 믿음에 속한 진리 자체는 그것을 실천하기 전에는 아무런 생명을 가지고 있지 않기 때문이다. 의지에 속한 모든 것들을 선이라고 부르는데, 그 이유는 그것은 사랑을 받았기 때문이다. 그러므로 그것은 선이 된 것이다. 즉 믿음은 의지 안에서 인애가 되는 것이다. (천계비의 9224항)

ⓜ 죄이기 때문에 악을 멀리 하는 것에 비례하여, 사람은 믿음을 갖는다.

삶에 속한 악은 믿음에 속한 진리를 궤멸시킨다. 그 때문이고, 그리고 의지는 이해를 인도하고, 자신과 하나가 되어 이해로 하여금 행동하게 하기 때문이다. 그러므로 만약에 의지가 동의하지 않는 진리가 이해 안에 있다면 그 때 사람은 자기 자신에게로 돌아가서, 그의 악의 영향력이나 자아(自我)에 속한 사랑하에서 생각하게 되어, 그 사람은 그 진리를 쫓아내거나, 아니면 위화에 의하여 하나가 되도록 그것에게 억압 할 것이다. 삶에 속한 선 안에 있는 사람의 경우는 이와는 딴판이다. 왜냐하면 자기 자신에게 돌아갈 때 그들은 선에 속한 영향력하에서 생각하고, 이해가 동의하였기 때문에 이해 안에 있는 진리를 사랑하기 때문이다. 따라서 진리와 선의 결합과 같이, 또 이해와 의지의 결합과 같이, 믿음과 삶의 결합은 이루어진다. 그러므로 우리가 얻은 결론은, 사람이 죄이기 때문에 악을 멀리하는 정도에 비례하여 그 사람은 믿음을 갖는데, 그 이유는 그 정도와 꼭 같이 그 사람은 선 안에 있기 때문이다. 이러한 사실은 그 반대의 것에 의하여서도 확증된다. 다시 말하면 죄이기 때문에 악을 멀리하지 않는 사람은 누구나 믿음을 가질 수 없다는 것이다. 그 이유는, 그 사람은 진리에 대하여 미워하는 내적인 증오를 가지고 있는 악 안에 있기 때문이다. 사실 겉보기에 악은 다정한 겉모습을 꾸밀 수 있고, 또 이해 안에 들어가려고 애쓰고, 사랑하는 척 하지만, 그러나 마치 사후의 경우와 같이, 그 외적인 겉꾸밈이 산산이 벗겨지면, 세상적인 온갖 이유들 때문에 다정한 모습으로 받아드렸던 진리들을 제일 먼저 쫓아내고, 그 뒤에는 진리로서 부인하고, 종국에는 혐오와 반감 안에 놓이게 될 것이다.(생활에 관한 교리 44~45항)

㉥ 믿음은 외현으로는 교회의 으뜸이지만, 실질적으로는 인애가 으뜸이다.

교회를 구성하는 데는 두 요소가 있다. 다시 말하면 인애와 믿음이다. 인애는 정동에 속한 것이고, 믿음은 거기에서 파생된 사상에 속한 것이다. 그 사상의 본질은 정동(情動)이다. 왜냐하면 정동이 없으면 누구도 생각할 수 없고, 삶에 속한 모든 것들은 정동에서 비롯된 사상 안에 있기 때문이다. 그러므로 명확한 사실은, 교회의 으뜸되는 가르침은 인애나 또는 사랑에 속한 정동이라는 것이다. 그리고 믿음이 교회에 속한 으뜸되는 가르침이라고 하는 이유는 그것이 제일 처음에 나타나 보이기 때문이다. 왜냐하면 사람이 믿는 것을 생각하고, 또 사상 안에서 볼 수 있기 때문이다. 그리고 그가 그것에 의하여 영적으로 감화를 받는 동안, 그 사람은 생각하지 않고, 따라서 그것을 사상 안에서 보지도 않지만, 그러나 그 사람은 시각에는 관계되는 어떤 감각에 의하여는 그것을 지각하지 못하지만, 그러나 기쁨에 속한 감관적

원칙이라고 부르는 다른 감관적 원칙에 관계되는 감관에 의하여 그것을 지각한다. 이 기쁨은 영적인 기쁨이고, 자연적인 기쁨을 초월한 기쁨이기 때문에, 사람은, 그가 영적인 상태가 되지 않고서는 그것을 깨닫지 못한다. 즉 주님에 의하여 중생 되었을 때 사람은 그것을 지각할 수 있다. 그러므로 믿음에 속한 것들은 비록 그것들이 외현적으로 그렇다고 하더라도 교회에 속한 으뜸이라고 믿는 것들이다. 그러므로 이것을 "하나님의 창조의 처음"이라고 부른다.(요한계시록 3:14) 그 이유는 성경말씀이 외현에 따라서 기록되었기 때문이다. 왜냐하면 문자 안에 있는 외현은 소박한 사람들을 위한 것이기 때문이다. 이런 이유 때문에, 교회의 속한 믿음을 표징하는 베드로가 사도들의 으뜸이라고 언급된 것이다. 그럼에도 불구하고 요한이 인애에 속한 선을 표징하기 때문에, 요한이 사도들 중 으뜸이요, 수석이다. 베드로가 아니고 요한이 사도들 중에 으뜸이라는 것은, 요한이 주님의 가슴에 기대어 안겼다는 사실과 또 베드로가 아니고 요한이 주님의 뒤를 따랐다는 사실에서 요한복음 21:20~22절에서 잘 알 수 있다. 이와 꼭 같은 이유로 해서, 루벤은 그가 야곱의 맏자식이기 때문에, 믿음을 표징 하였다. 그리고 그에게서 비롯된 그의 이름을 가진 지파가 으뜸이라고 믿고 있다. 그럼에도 불구하고 그 지파가 으뜸 즉 장자가 아니고, 레위 지파가 으뜸이요, 장자이다. 그 이유는 레위가 인애에 속한 선을 상징하기 때문이다. 이런 이유 이다. 이와 꼭 같은 이유 때문에 문자적인 뜻으로 하늘과 땅의 창조에 관해서 언급하지만 그러나 영적인 뜻으로는 새로운 창조 또는 그때 교회의 속한 사람의 중생에 관해서 언급한, 창세기에서 빛이 제일 먼저 완성되고, 그 뒤에 해와 달이 완성되었다고 언급되었는데, 이러한 사실은 창세기 1장 3~5절과

14~19절에서 알 수 있다. 그럼에도 불구하고 해는 으뜸이요 시작이지만 빛이 해보다 먼저 창조되었다. 왜냐하면 빛은 그 해에서 비롯되기 때문이다. 빛이 창조의 처음인 것으로 언급된 이유는 빛이 믿음에 속한 진리를 뜻하기 때문이고, 그리고 해와 달은 사랑에 속한 선이나, 인애에 속한 선을 뜻하기 때문이다. 이상의 내용으로 볼 때 명확한 사실은 하나님의 창조의 처음이 무엇을 뜻하는지, 다시 말하면 주님에게서 비롯된 믿음을 뜻한다는 것인데, 그 믿음은 외현에 관해서만 교회의 으뜸이라는 가르침이라는 것이다.(요한계시록 해설 229항)

사람은 그의 사상 안에서 선을 보지 못하기 때문에(앞에서 설명한 것과 같이 선은 느끼고, 또 기쁨에 속한 다양한 형체 하에서 느껴지기 때문에) 그리고 사람은 사상 안에서 느껴지는 것들 안으로 들어가지 못하기 때문에, 그러나 이런 것들에 대하여 사람은 그 안에서 보기 때문에 그러므로 사람은, 기쁨으로 느끼는 모든 것을 선이라고 부른다.

그리고 사람은 악을 기쁨으로 느끼기도 한다. 그 이유는 악은 선천적으로 타고난 것이고, 또 자아애나 세간애에서 비롯된 것이기 때문이다. 이것이 또한 사랑에 속한 선이 천국의 전부이고, 교회의 전부이다 는 것을 알지 못하는 이유이기도 하다. 그리고 사람 안에 있는 이것은 오직 주님에게서 비롯된 것이다는 것과 그리고 죄이기 때문에 온갖 악을 끊고, 또 거기에서 비롯된 쾌락을 끊는 것 말고는 그 어떤 것에도 주님으로부터 입류하지 못한다는 것을 알지 못하는 이유이다. 이러한 사실은, 이 두 계명에 모든 율법과 예언자들의 본뜻이 달려있다는 주님의 말씀이 뜻하는 내용이다. 그 계명은 이러하다.

"네 마음을 다하고 네 목숨을 다하고 네 뜻을 다하여, 주 너희 하나님을 사랑하여라 하셨으니 이것이 가장 중요하고, 으뜸가는 계명이다. 둘째 계명도 이것과 같은데, 네 이웃을 네 몸 같이 사랑 하여라 한 것이다."

㉦ 주님께서 질병을 치유하실 때 말씀하신 믿음에 관하여

주님을 믿는 믿음이 질병을 치유하는 세 가지 목적이 있었다. 그 첫째는 사람들이 그 분의 신령전능(神靈全能)을 시인하고, 주님께서 하나님 이시다는 것을 시인하기 위한 것이다. 그 둘째는 그 시인이 바로 믿음이고, 그 시인으로부터 그 분을 경외하는 존경이 나온다는 것이다. 그리고 그 시인에서 비롯된 모든 직각(直覺)은 다른 것들을 존재하게 한다는 것이다. 그리고 이러한 일은 영계에서는 아주 평범한 일반적인 것이다. 그러므로 지금은 주님에 의하여 새로운 교회가 실시 되었기 때문에, 주님을 경외하는 존경은 주님의 전능의 시인(全能是認)에서 비롯되고, 그 시인은 주님을 으뜸으로 존경하는 것에서 비롯된다. 이상에서 볼 때 믿음이 뜻하는 내용이 무엇인지 명확히 알 수 있겠다. 그 셋째는, 주님께서 치유하신 모든 질병들은, 자연적인 질병에 대응하는 영적인 질병을 표의하고 따라서 뜻한다는 것이다. 그리고 영적인 질병은 오직 주님에 의하여, 사실은 신령전능을 경외하는 것을 통해서, 그리고 삶에 속한 회개를 통해서 치유(治癒)가 된다. 그러므로 주님께서는, "나도 너를 정죄하지 않는다. 가서, 이제부터 다시는 죄를 짓지 말아라."(요한복음 8:11;5:14)라고 말씀하셨다. 이러한 믿음은 그들의 초자연적인 즉 기적적인 믿음이 뜻하는 믿음이다.

그러나 주님께서 치유하신 영적 질병에 의한 믿음은, 오직 성경말씀에서 비롯된 진리와 그것들에 일치하는 삶을 통해서만 주어진다. 그리고 진리 자체나 그것들에 일치하는 삶 자체는 믿음의 본성을 결정한다. 제자들이 간질병을 고치지 못하였을 때 주님께서 제자들에게 하신 말씀이다. 마태복음서에서 예수님께서 말씀하셨다. "아! 믿음이 없고 비뜰어진 세대여, 내가 언제까지 너희와 같이 있어야 하겠느냐?"(마태복음 17:17)

예수님께서 그 간질병을 고치시고 나서 제자들에게 그들의 불신 때문에 그 환자를 고치지 못하였다는 것을 말씀하셨다.(마태복음 17:14~20)

예수님께서 고향에 가셨을 때에 그들은 예수님을 달갑지 않게 여겼다. 예수님께서 그들에게 말씀하셨다. "예언자는 자기 고향과 자기 집 밖에서는, 존경을 받지 않는 법이 없다. 예수님께서는 그들이 믿지 않음(不信) 때문에, 거기에서는 기적을 많이 행하시지 않으셨다.(마태복음 13:57, 58)

주님께서 제자들이 주님의 이름으로 기적을 행할 수 없었을 때, 제자들을 믿음이 없는 사람들이라고 말씀하신 이유와 그리고 주님께서 그들의 불신 때문에 그의 고향에서 기적을 행하실 수 없었던 이유는, 비록 제자들이 주님을 메시아 또는 그리스도, 하나님의 아들, 그리고 성경말씀에 기록된 예언자로 믿었지만, 그럼에도 불구하고 전능자 하나님으로 믿지 않았고, 그리고 아버지 여호와께서 그 분 안에 계시다는 것을 믿지 않았기 때문이다. 그리고 또한 그들이 사람이신 그분을 믿고, 동시에 전능하신 능력이 속해 있는 그분의 신성을 하나님으로 믿지 않는 한, 신성은 믿음에 의하여 그들과 같이 있을 수 없기 때문이다. 왜냐하면, 위에서 언급한 것과 같이, 믿음은 주님께서 현재 존재로 임재하게 하지만, 그러나 오직 한 인간으로 주님을 믿는 믿음은 그분의 신령전능을 현재 존재로 임재하게 하지 못하기 때문이다. 이것이 오늘날 주님의 인성은 우러르지만, 동시에 주님의 신성을 우러르지 않는 사람들이 구원받지 못하는 경우와 같다. 이것은 소시니언파나 아리언파 사람들의 경우와 꼭 같다. 이런 이유 때문에 주님께서는 당신의 고향에서 기적을 행하실 수 없었다. 왜냐하면 거기에 사는 그들은 다른 사람과 꼭 같은 사람으로 주님을 어려서부터 보았기 때문이고, 그러므로 이런 그들의 생각에 그분의 신성에 속한 개념을 합칠 수 없었기 때문이다. 그리고 또한 주님께서 그때 현존하시는 동안 그분의 신성에 속한 개념은 현존하지 않았기 때문이고, 또한 주님께서는 신령 전능존재로 사람 안에 계시기 때문이다. 그 이유는 믿음은 그분에 관한 지각의 본성에 따라서 사람 안에서 현존자(現存者)로 주님을 드러내기 때문이다.(요한계시록 해설 815항)

◎ 믿음에 관한 영계체험

어느 날 아침 잠에서 깨어날 때 나는 천국으로부터 내려오는 두 천사를 보았습니다. 한 천사는 남쪽의 천국에서 왔고, 다른 하나는 동쪽에서 왔습니다. 그들은 모두 흰말(白馬)이 끄는 마차를 타고 있었습니다. 남쪽에서 온 천사의 마차는 은빛으로 빛났고, 동쪽에서 온 천사의 마차는 금빛으로 빛났습니다. 이와 같이 두 천사들은 멀지 않은 곳에 나타났습니다. 그런데 그들이 가까이 다가오자 그들은 마차 안에 있는 모습으로 나타나지 않았습니다. 그들의 모습은 천사의 모습 즉 사람의 모습이었습니다. 천국의 동쪽에서 온 천사는 빛나는 붉은색 옷을 입었고 천국의 남쪽에서 온 천사는 푸른색 옷을 입었습니다. 그들이 천국아래에 있는 낮은 지역에 이르렀을 때, 그들은 마치 1등이라도 하려는 듯이 서로 마주 달려가서 포옹을 하고 입을 맞추었습니다.

내가 들은 것은, 이들 두 천사들은 그들이 이 세상에 살 때 둘은 아주 아주 절친한 친구 사이였는데, 지금은 하나는 천국의 동녘에, 다른 하나는 천국의 남녘에 산다는 것입니다. 천국의 동녘에는 주님에게서 비롯된 사랑 안에 있는 사람들이고, 천국의 남녘에는 주님에게서 비롯된 지혜안에 있는 사람들입니다. 그들은 천국에 있는 놀라운 것들에 관해서 한 동안 서로 이야기를 하였는데, 그들의 대화는 이 주제로 바뀌었습니다. 즉 "본질적으로 천국은 사랑이냐? 아니면 지혜이냐?" 하는 것이었습니다. 그들은 즉시 전자는 후자에 속한 것이라는 의견에 동의하였습니다. 그러나 그들은 어느 것이 근원적인 것이냐는 문제에 관해서 서로 의논하였습니다. 지혜의 천국에서 온 천사가 다른 천사에게 "사랑이 무엇입니까? 라고 물었습니다.

그 천사는 태양이신 주님에게서 비롯된 근원에서 온 사랑은 천사들이나 사람들에게 속한 생명의 볕(熱)입니다. 따라서 그것은 그들의 생명의 참 존재이고 그리고 그 사랑에서 파생된 것들을 정동이라고 부르고 이 정동에 의해서 지각은 생성되고, 따라서 사상도 생성됩니다.

그러므로 여기서 뒤이어지는 사실은, 사람은 지혜의 근원이고, 그 사랑의 정동은 사상의 근원입니다. 그리고 우리들은, 생각이 정동의 형체이외의 아무것도 아니라는 것을 그들의 계도 안에서 검토된 파생된 것들에서 잘 알 수 있을 것입니다. 이러한 사실이 아직까지 잘 알려지지 않고 있는데, 그 이유는 생각은 빛 안에 있고, 정동은 볕 안에 있기 때문인데, 그러므로 사람은 생각들에 관해서는 심사숙고하지만, 정동에 관해서는 깊이 생각하지 않기 때문입니다. 생각이 어떤 사랑에 속한 정동의 형체 이외의 것이 아니라는 것은 언어가 음성의 형체 이외의 것이 아니다라는 언어를 통해서 잘 예증해 주고 있습니다, 또

한 이것이 아주 적절한 예라고 할 수 있는 것은, 음성은 정동에 대응하고, 언어는 생각에 대응하기 때문입니다. 그러므로 정동은 소리를 내고 생각은 말을 합니다. 이것을 명확히 하기 위해서 한 번 자문해 보십시오. 언어에서 음성을 제거하면 거기에 언어에 속한 어떤 것이 남습니까? 마찬가지로 생각해서 정동을 제거하면 거기에 속한 어떤 것이 남습니까? 마찬가지로 생각에서 정동을 제거하면 거기에 생각에 속한 무엇이 남습니까? 이렇게 볼 때 명확한 사실은, 사랑은 지혜의 전부이다는 것, 따라서 천국의 본질은 사랑이라는 것, 그리고 그것들의 실재는 지혜이다는 것, 마찬가지로 천국은 신령사랑에게서 비롯되고, 또 신령지혜에 의하여 신령사랑으로 말미암아 존재한다는 것입니다. 그러므로 앞에서 설명한 것과 같이, 사랑과 지혜는 상호간에 의존한다고 하겠습니다라고 대답하였습니다. 거기에 이 세상에서 온 신참 하나가 나와 같이 있었는데, 천사의 설명을 듣고, 인애는 정동에 속한 것이고, 믿음은 사랑에 속한 것이기 때문에, 인애와 믿음도 꼭 같이 설명될 수 있는지 물었습니다. 그 천사는, "물론 꼭 같습니다, 믿음은 인애의 형체 이외의 아무것도 아닙니다. 그것은 마치 언어가 음성의 형체인 것과 같습니다. 그리고 믿음 역시 인애에 의하여 형성되는데, 그것은 언어가 음성에 의하여 형성되는 것과 꼭 같습니다. 천국에서 우리들은 그것이 어떻게 형성되는지 그 과정을 잘 알고 있지만, 그러나 여기서 그 과정을 설명하기에는 시간이 없습니다."라고 대답하였습니다. 그리고 부연해서 "내가 뜻하는 믿음은 영적 믿음을 가리키는데, 거기에는 오직 인애를 통해서 주님에게서 비롯된 영적인 것과 생명만 존재합니다. 왜냐하면 인애는 영적인 것이어서, 인애에 의하여 믿음은 영적인 것이 되기 때문입니다. 그러므로 인애 없는 믿음은 단순한 자연적인 믿음일 뿐이며, 이 믿음은 곧 죽은 믿음입니다. 이 믿음은, 정욕 이외의 아무것도 아닌 자연적인 정동과만 결합 합니다." 라고 말하였습니다. 천사들은 이런 것들에 관해서 영적으로 서로 말하였습니다. 영적인 언어는 자연적인 언어가 표현할 수 없는 수천의 사실들을 포용 하였습니다, 놀라운 것은, 영적인 언어는 자연적인 생각의 관념 안에 들어올 수 없다는 것입니다. 천사들은 이 주제에 관해서 대화를 나눈 뒤에 그 곳을 떠났습니다. 그들이 자신의 천국에 되돌아갔을 때 그들 머리 주위에는 별들이 나타났습니다. 그들이 나에게서 좀 떨어지게 되자 전처럼 그들은 다시 마차에 타고 있는 것으로 나타났습니다. 그 두 천사가 내 시야에서 사라지자, 나는 오른쪽에 있는 동산 하나를 보았습니다. 그 동산에는 감람나무 · 월계수나무 · 종려나무들이 그들의 대응에 맞추어서 질서정연하게 심어져 있습니다. 그 나무들 사이를 천사들과 영들이 거닐면서, 서로 이야기하는 것을 보았습니다. 그때 천사적 영들 중 하나가 나를 살펴보고 있었습니다. 그 천사적 영이 그 동산으로부터 나에게로 다가와서, "만약 귀하께서 나와 같이 내가 있는 낙원에 같이 가신다면, 귀하는 매우 놀라운 것들을 듣고, 볼 수 있을 것입니다"라고 말하였습니다. 나는 그와 같이 갔습니다. 그때 그 영은 나에게 〈귀하께서 지금 보고 있는 사람들은(거기에는 수많은 사람들이 있었기 때문이다.) 모두가 진리에 속한 사랑 안에, 그리고 거기에서 비롯된 지혜의 빛 가운데 있는 사람들입니다. 거기에는, 우리들이 "지혜의 전당(智慧殿堂)"이라고 부르는 한 궁전이 있었습니다. 그러나 자기 자신이 지혜롭다고 생각하는 사람은 아무것도 볼 수 없습니다. 하물며 누구보다도 자신이 매우 지혜롭다고 생각하는 사람이야 말할 것이 없겠습니다. 심지어 자기 자신에게서 지혜가 비롯된다고 생각하는 사람까지도 아무것도 볼 수 없습니다. 그 이유는, 그들이 순수한 지혜에 속한 사랑에서 비롯된 천국의 빛을 받는 상태에 있지 않기 때문입니다. 순수한 지혜는, 자기가 알고 터득한 것에 의하여 천계의 빛으로 본다는 것은, 자기가 알지 못하고, 이해하지 못하고, 터득하지 못한 것에 비교하면, 망망대해의 한 방울의 물방울에 지나지 않는다는 것이며, 아니, 아무것도 아니라는 것을 시인하는 것이요, 거기에 존재합니다. 이 낙원의 동산에 있는 사람은, 누구나 자기 자신 안에 있는 지각이나 시각으로 말미암아 자기 자신이 상대적으로 아주 보잘 것 없는 지혜를 가지고 있다고 시인하는 사람들이기 때문에 그들은 이 지혜의 전당을 볼 수 있습니다. 왜냐하면 사람의 마음의 내면적인 빛은 그것을 볼 수 있지만, 그 내면적인 빛이 없는 그의 외면적인 빛은 그것을 볼 수 없기 때문입니다. 나는 지금 사람이 가지고 있다는 지혜는 지극히 보잘 것 없이 약소하다는 것을 지식으로 알았고, 뒤에는 지각으로 알게 되었고, 종국에는 내면적인 빛에 의하여 시인하였기 때문에, 그 전당을 볼 수 있는 은총을 받았습니다.〉 형체의 측면에서도 그 전당은 매우 경이로 왔습니다. 아주 높이 솟아있는 수정 벽을 가지고 있는 정방형의 건물 이었습니다. 그 지붕은 투명한 벽옥의 우아한 아취 형으로 되었으며, 그 초석들은 각종 보석들로 되어 있었습니다. 입구로 향하는 계단은 마광된 석고로 되어 있었고, 계단 옆은 새끼들을 거느린 사자들의 모양으로 조각되어 있었습니다. 그때 나는 출입을 요청하였고, 허락이 주어 졌을 때, 나는 천정 아래를 날고 있는 그룹들의 무리를 보았습니다. 바닥은 백향목으로 갈았고, 전당 전체는 지붕과 벽이 투명하기 때문에 빛으로 꽉 차 있어서 마치 빛의 형체를 하고 있었습니다. 천사적 영은 나와 같이 들어 왔는데, 나는 그에게 내가 두 천사로부터 사랑과 지혜, 그리고 인애와 믿음에 관해서 들은 내용들을 설명하여 주었습니다. 그때 그 영은 "그들은 제 삼의 것에 관해서는 말하지 않았습니까?"라고 네게 물었습니다. 나는 제 삼의 것이 무엇입니까?"라고 대답하였습니다.

그는 "선용에 속한 선 말입니다. 사랑과 지혜는 선용에 속한 선이 없다면 무가치한 것들에 불과합니다. 그것들은 다만 관념적인 본질들일 뿐이고, 만약 그것들이 선용 안에 존재하지 않는다면 현실적인 본질은 될 수 없습니다. 왜냐하면 사랑 · 지혜 · 선용(善用)은 서로 분리될 수 없는 세 요소들이기 때문입니다. 만약에 이것들이 서로 분리된다면, 그것들은 아무것도 아닙니다. 사랑은 지혜가 없으면 무가치한 것입니다. 그러나 사랑은 지혜안에서 어떤 것에 대한 형체로 형성될 뿐입니다. 형성된 것에 들어온 어떤 것이 바로 선용입니다. 그러므로 사랑이 지혜에 의하여 선용 안에 존재할 때 그 사랑은 현실적인 것입니다. 그 이유는 사랑은 그때 실질적으로 존재하기 때문입니다. 이 셋 즉 사랑 · 지혜 · 선용은 목적 · 원인 · 결과와 꼭 닮았습니다. 목적은 만약에 원인을 거쳐서 결과 안에 존재하지 않는다면 아무것도 아닙니다. 만약 이들 중 하나가 결여된다면 나머지는 전부 소멸되고 따라서 무가치한 것이 되고 맙니다. 이 같은 것은 인애 · 믿음 · 선행에 있어서도 꼭 같습니다. 믿음이 없으면 인애는 무가치한 것이고, 믿음도 역시 인애가 없으면 아무것도 아닙니다. 그러나 선행 안에 있을 때 그것들은 가치가 있는 것이고, 그리고 선행에 속한 선용으로서의 동일한 성질의 가치가 있는 것이 됩니다. 이 같은 관계는 정동 · 생각 · 활동의 경우에도 꼭 같습니다. 그리고 이지 · 이해 · 행위의 경우도 동일합니다. 왜냐하면 이해 없는 의지는 시각을 잃은 눈과 같기 때문입니다.

그리고 행위가 없으면 몸이 없는 마음과 같기 때문입니다. 이러한 내용은, 그 지혜의 전당에서 잘 알 수 있습니다. 그 이유는 우리가 있었던 그 곳에 있는 빛은 마음의 내면적인 것을 계발하고 교화하는 빛이기 때문입니다. 그리고 기하학(幾何學)은 역시 그것이 세 개 한 벌이 아니면 완전하지도 않고 완벽하지도 않다는 것을 가르치고 있습니다. 왜냐하면 선은 평면이 없으면 무가치하고, 평면은 입체가 없으면 아무것도 아니기 때문입니다. 그러므로 그것들이 존재하기 위해서, 또 그것들이 제 삼자에 공존하기 위해서는 하나가 다른 것들을 묘사하여야 합니다. 모든 창조된 것들에 있어서도, 일반적으로나 개별적으로나 이와 같이 제 삼자 안에서 종결되고 있습니다. 이것이 성경말씀에서 숫자 삼(3)이 완전 또는 전부라는 것을 뜻하는 이유입니다. 내용이 이러하기 때문에, 어떤 이들은 믿음만을 주장하고, 어떤 이들은 인애만을 주장하고, 어떤 이들은 선행만을 주장하는 것이 나로서는 의심하지 않을 수 없었습니다. 그럼에도 불구하고 이들 중 어느 하나라도 없다면, 제 삼의 것이 없고, 나머지 것들은 있다고 해도, 그것은 무가치한 것입니다."라고 대답하였습니다. 그러나 나는 그때 "선행 없이 사람이 인애와 믿음을 갖는다는 것이 불가능 하지 않습니까? 사람은 목적을 성취 하는 것 없이 그 목적에 속한 사랑이나 그것에 관한 생각 안에 있을 수 없지 않습니까?"라고 물었습니다. 그 천사는 나에게 "그 사람은 단순히 관념적으로는 가능하지만 실제적으로는 불가능합니다. 사람은 어떤 것을 성취하려는 애씀(努力) 안에 있어야만 하고, 또 그런 뜻 안에 있어야 합니다. 그 뜻이나 애씀은 본질적으로 행위 자체이지요, 그 이유는 그것은 행동하기 위한 계속적인 애씀이고, 또 그것은 계속해서 첨가하는 종결이요, 또한 외적인 것 안에 있는 행위가 되기 때문입니다. 그러므로 모든 현자들은 하나의 내적인 행위로서 애씀과 뜻을 수용합니다. 그 이유는 비록 기회가 주어졌는데 실패한다고 해도 하나님께서는 그것들을, 외적인 행위라고 해도 수용하시기 때문입니다.(순정 기독교 386~387항)

2. 현대교회는 주님의 피 공로

현대교회는 주님의 피 공로를 믿는 것을 그 신앙의 내용으로 한다.

저 십자가 위에서 흘리신 피가 모든 인간의 죄를 씻었다는 것이다. 허나 스베덴보리는 말한다. 그 피가 인간의 죄를 씻은 것이 아니라고, 피는 주의 신적 진리를 뜻하는 것으로서 피로 상징된 주님의 진리가 그릇된 죄악과 사상을 마치 물로 오물을 깨끗이 씻어내듯 씻어 내는 것을 상징한다는 것이다. 주의 말씀이 우리로 하여금 죄를 짓지 않게 하고, 주의 진리와 사랑이 우리로 하여금 죄를 품지 않게 하시고, 주의 진리가 모든 악과 허위를 씻어내듯 제거하고 정화한다는 것이다. 이것이 주의 피요, 믿음의 내용이라는 것이다.

3. 구원을 얻는다는 말

믿음만으로 구원을 얻는다는 말은 신본주의에서 인본주의를 부르짖는 결과가 된다. 믿음은 하나님께서 인간에게 주어 주신 것이요, 인간이 가질 바 확신이다. 그 사상이야 어찌되었든지 그 생활이야 어찌되었든지, 믿기만 믿으면 구원을 얻는다는 것은 천국의 진리를 몰라보는 사람의 자위에 지나지 않는다. 주님이야 어떻게 우리에게 요구하시든 인간 “내가” 믿고 주장만 하면, 또 그렇다는 확신만 가지면 구원을 얻는 조건이 된다는 것은 지나친 역설 이외에 다른 것이 아니라는 것이다. 종교개혁을 부르짖는 루터의 공적은 높이 평가하나 그 신앙관은 시정해야 할 것이다.

제7장 생활론(生活論)

1. 모든 종교는 생활의 선

모든 종교는 생명에 관하고 종교의 생활은 선을 행하는데 있다. 믿음만을 고조하는 나머지 인간 생활은 어떻게 되어도 구원을 얻는다는 것과는 달리 생활이 주안에서 선하지 않으면 아니 되는 것을 고조한다. 자기를 위한 일, 이웃을 위한 사업, 그리고 주님을 위한 사명적인 것이 일상생활에서까지 완수되지 않으면 안된다는 것이다. 대응론에서도 이야기하겠지만 현실과 실생활을 떠나서 진정한 종교는 터전을 세울 수 없다는 것이다.

그러나 여기 몇 가지 주의할 것이 있다. 모든 사람이 먼저 선을 행하려고 서둘고 또 좋은 사업을 하려고 나서지만, 동시에 그 반면을 생각지 않은 것이 현실이다.

그러나 스베덴보리는 말한다. 그릇된 일을 아니하는 것이 선행의 시작이라고, 도적질 하지 않고, 간음하지 않고, 살인하지 않고, 거짓증거하지 아니한 그것이 바로 선을 행하는 시작이라 한다. 이 얼마나 선에 대한 금을 긋는 일인가. 악을 죄로 알고 끊는 것이 선행보다 앞서는 것을 무엇보다 고조한다. 다시 말 하 건데 우상과 다른 신을 섬기지 않는 것이 주님을 섬기는 시작이요, 도적질하지 않는 것이 선을 행하는 시작이요, 간음하지 않는 것이 깨끗한 가정생활을 하는 시작이요, 남을 미워하지 않는 것이 남을 사랑하는 시작이라는 것이다. 그릇된 일을 행하는 한 주님을 믿을 수 없고, 그릇된 일을 행하는 한 이웃에게 인정을 베풀 수 없다는 것이다. 이 마음이 철두철미한 만큼 주님도 믿을 수 있고, 이 생활이 철두철미한 만큼, 이 선행이 일치하는 만큼 이웃에게 선을 행할 수 있다는 것이다.

또 선을 행하는 것이 종교의 생명이요 부정도(否定道)가 선행의 시발이라 한 그는 또다시 부르짖는다. 무엇인가 생활면의 일을 해야 하는 이것이다. 그는 씀씀이의 세계를 유달리 치올린다. 자기와 자기 가족을 위하는 것도 좋고, 남과 이웃을 위한 씀씀이도 좋고, 주님과 교회 사업에 필요한 일을 하는 것도 좋고, 좌우지간 어떠한 일을 하는 것을 거쳐서만이 이웃을 사랑할 수 있고 주님을 섬길 수 있다는 것을 고조한다. 기도만의 생활, 믿음만의 기독교 생활은 있을 수 없다는 것이다. 지극히 작은 일이라도 위하는 일의 세계를 족하게 하는 여기에 생활론의 종착역을 둔다. 일을 해야 한다는 것이다.

2. 진리는 사랑에 근거

그 일이 반드시 진리에 입각해야 하고 그 진리는 사랑에 근거해야 한다. 열 처녀의 비유 가운데 다섯 처녀는 기름을 가지고 있었으나, 다섯 처녀는 기름을 가지지 않았다. 초롱은 진리를 상징하고, 기름은 사랑을 뜻한다. 기독자의 생활을 초롱이라는 진리의 생활 가운데 사랑이라는 기름이 꼭 필요하다는 것이다. 그 사랑이 있으면 그것이 곧 신랑을 맞이하여 영원한 저 나라에 들어가게 되지만, 그 사랑이 없으면 신랑도 만날 수 없고 저 영원한 나라도 들어갈 수 없다는 것이다.

그리고 여기서 무엇보다도 유의할 것은 영원에 들어가는 생활은 순간순간의 생활 안에 이미 이 모든 것이 다 들어 있어야 한다는 것이다. 순간순간의 생활 안에 그 기름이 있으면 그것이 훗날 영원한 세계에 들어가는 기틀이 되나 그것이 없으면 훗날 저 나라에 들어갈 수 없다는 것이다. 신앙생활의 순간은 영원과 결부되었다는 것이다. 순간 없는 영원이 있을 수 없고 영원과 결부되어 있지 않은 순간도 없기 때문이요, 순간 안에 사랑이 없으면 신랑이 와도 따라갈 수 없는 때문이다.

3. 자기에게 있는 자유의지와 지성

일은 우선 무엇보다도 자기에게 있는 자유의지와 지성을 다하여 해야 하는 것을 고조한다. 처음부터 주님에게만 의존하지 말고 모든 힘과 지성과 애정을 다하여 스스로 일을 해야 한다는 것이다. 과거 우리는 이점에 대하여 모호하게 생각하고 또 이점을 과소 평가하였다.

물론 인간적 노력은 하나님의 역사와 섭리에 비하면 대해의 조알만도 못하고 거의 없을 정도이다. 그러나 그러면서도 그가 구원을 얻기 위해서는 하나님께서 주신 사랑과 진리와 섭리에 대하여 인간이 얼마나 반응하며 감명하였는가 보여드릴 필요가 있다는 것이다. 사랑에는 상호성도 있기 때문이다.

4. 사람들의 악과 선

사람이 악을 죄로 알고 끊기 전에 혹 선을 뜻하고 행한다 할지라도 그 선은 위선이다. 악을 죄로 알고 끊지 않는 한 사람은 아무리 경건한 것을 생각하고 경건한 척하여도 그 경건은 경건이 아니고 위선적 경건이라는 것이다. 남 보기에 많은 것을 알고 지혜가 있다 할 지라도, 모든 악을 죄로 알고 끊지 아니하면, 그는 결코 지혜 있는 사람이 아니요, 위선적으로 지혜 있는 사람이라는 것이다. 그리고 그 행위 속에는 주께서 주신 생명이 없으며 또 그 자신의 의지도 없기 때문에 그 위선 마저 오래가지 못하고 시들어 없어지며, 영계에 가서는 자기 것이 아닌 남의 것같이 내던져 버린다는 것이다.

5. 끝없는 악과의 싸움

누구든지 내적으로 악을 싫어하기 위해서는 자기 속에 있는 악을 찾아내어 알고 그 악을 상대로 싸우지 않으면 악을 이길 도리가 없다.

시유를 이기는 정도만큼 그는 아름다운 생애를 보낼 것이라 한다. 이기지 못한 정도만큼 그는 비굴하고, 악에 지는 정도만큼 지옥 자식이 된다는 것이다. 주의 40일간의 시유, 그리고 십자가의 고통은 인류에게 어떠한 시유가 와도 이겨야 할 것을 친히 보여 주신 것이라 한다. 고통 없는 사람이 누구리요? 싸워 이기고 이겨야 한다는 것이다.

6. 세상사는 주님의 섭리

이 모든 일을 다 인간이 한듯하여 놓고도 그러고도 이 모든 것을 주의 섭리하심으로 된 것으로 영광은 주께 돌려야 한다. 모든 선은 주의 것이요, 사람의 것이라고는 하나도 없기 때문이요, 인간이 선을 행하는 그 자체도 주의 것이기 때문이다. 인간이 선을 행하고, 인간의 자유의지로 하였고, 인간이 일을 하였고, 인간이 시유와 싸워 이겼으나 그 인간이 하도록 하신 그것을 주의 것으로 돌려야 한다고 한다. 주님은 처음과 나중이시며 알파와 오메가이시기 때문에 사람이 하는 모든 것도 처음부터 마지막까지 다 주의 것이기 때문이라 한다.

제8장 천국의 결혼
(혼인애 : 혼인애에 속한 지혜의 기쁨, 간통애에 속한 광기의 쾌락이다.)

1. 결혼의 의미(성애와 결혼)

결혼이란 일남일녀가 부부로서 정식으로 결합함을 의미한다. 티베트의 사자의 서는 우주의 에너지는 남성(양)과 여성(음)의 교합 없이는 생성될 수 없다. 우주원리를 상징화시킨 것으로 남녀 합체상 남녀가 교합하고 있는 모습을 외국 불교성전에서 볼 수 있다.

성경에서는 창세기 2장 24절에 남자가 부모를 떠나 그 아내와 연합하여 둘이 한 몸을 이룰지로다. 남자와 여자가 합일해서 한 몸을 이룰 때에 비로소 하나님의 온전한 형상을 닮을 수 있다는 것이다. 결혼은 2자 합일 결혼하여 하나가 될 때 하나님을 닮을 수 있다.

결혼은 하나님의 신성이 거하는 것이다. 부부가 합일하고 하나님과 합일하여 삼위일체가 된다.

천국의 천사들은 결혼애 속에 지복을 노래하며 하나님과 일체가 되어 천국의 무한한 기쁨과 행복 속에 있다.

천국의 기쁨은 곧 결혼애에서 오는 천국부부의 기쁨이 중심이다. 천국에서 결혼애는 모든 사랑의 핵심이다. 그리고 그 결혼애는 가면 갈수록 영원히 더 깊어지고 완성으로 가는 것이다.

예수님께 당시 무리들이 일곱 형제된 맏이가 후사가 없이 죽었는데 부활의 날에 그 여자는 누구의 아내가 되겠습니까? 예수님을 곤경에 빠지게 하려고 질문할 때 주님께서 마가복음 12장 25절에 사람이 죽은 자 가운데서 살아날 때는 장가도 아니 가고 시집도 아니 가고 하늘에 있는 천사들과 같으니라. 이러한 말씀으로 일부 기독교회에서는 결혼생활이 없는 독신으로 사는 것으로 해석했다. 주님께서는 부활을 믿지 않는 사두개인들의 질문에 직접 대답하지 않고 상징과 비유로 말씀한 것이다. 주님께서 원하시는 것은 결혼은 땅위에서 이루어지고 그 땅위에서 맺어진 부부가 결혼애 속에 살다가 천국 가서 영원히 사는 것을 원한다.

"천국에서 부부를 두 사람으로 보지 않는다. 부부를 한 사람으로 하나님의 말씀한 대로 남편과 아내가 완전히 하나를 이루어 한 사람으로 이룬다. 그래서 천국에서는 부부를 일위(一位) 천사로 부른다."

성애와 결혼애

성애하면 섹스에 관하여 다수를 상대하고 다수와 성적 관계를 갖는 것을 의미한다. 성애는 모든 동물이 갖는 성적본능이 성애는 동물 세계의 모두가 가지고 있는 것으로써 자연적인 섹스이다. 동물왕국 같은 것을 보면 숫 컷들은 암컷을 차지하기 위한 죽음의 혈전까지 벌이고 사마귀 같은 곤충들은 교미가 끝나면 죽을 것을 알고서도 교미하는 곤충도 있고 이 동물적인 성적 본능에는 도덕이나 윤리가 필요 없고 강한 자만이 종족 보전을 위해 성적본능이 발산된다. 성애는 다수의 상대를 할 뿐 아니라 자연적이며 동물적이기 때문에 불순하고 불륜 하다. 성애는 방랑적이며 절도가 없이 다분히 간음성을 띠고 있다. 하지만 동물계에서는 이것이 종족보존을 위한 것이니 죄가 될 것이 없다. 그러나 인간은 성애로 살게 되어 있지 않고 결혼애로 살게 되어 있다. 이것은 창조주께서 만물의 영장에게만 주신 법도이다. 인간의 결혼애는 동물의 성애와 다른 것이다. 결혼애는 하나님의 창조이상을 완성하는 사랑으로서 영원히 일남일녀의 사랑이다. 여기에는 절대순결의 미덕이 있어야 한다. 그래서 결혼애에서 생명시 되는 것이 "순결"이다.

이 순결 없이는 부부의 사랑은 결혼애라 할 수 없다. 순결이란 남편은 한 여자만을 아내는 남편 한 남자만을 사랑하는 것이다.

지상의 부부와 천국의 부부가 다른 것은 지상에서의 결혼한 부부는 인구를 번식시키는 것이 성스러운 책임이다. 이 인구가 나중에 천국의 인구가 되기 때문이다. 지상에서 백년해로 했던 부부도 육신을 벗고 천국에 들어가면 모두 청춘으로 돌아간다.

2. 천국의 결혼생활

천국의 결혼은 둘이 한마음이 되는 결합이다. 마음은 두 부분 하나라는 지성(知性), 하나는 의지(意志) 이 두 가지가 하나로 움직일 때이 둘을 한 마음이라고 불리운다. 천국에서는 남편은 지성의 역할을 하고 아내는 의지의 역할을 한다. 인간의 내성에 속하는 이 결합이 육체로 가면 이 결합은 사랑으로 느껴지고 이 사랑이 부부애가 되는 것이다. 그러므로 부부의 사랑은 근본적으로 둘이 합하여 한마음이 되는 데 있는 것이다.

남자는 지성적으로 나서 그 사색은 지성에서 오고, 여자는 정감적으로 나서 그 사색은 의지에서 온다. 성질로 말하면 남자는 이성적으로 행동하고, 여자는 애정으로 행동한다. 또 형체로는 남자는 거칠고, 무뚝뚝한 소리에 몸도 억세지만 여자는 매끈하고, 얼굴이 예쁘고 가냘픈 음성에 살결도 부드럽다.

지성과 의지, 시고와 애정, 진리와 신앙은 지성에 선과 사랑은 의지에 있다. 선과 진리에 대한 애정으로 보아 교회를 '여자' 또는 '처녀'라 일컫고 선에 대한 애정 안에 있는 모든 사람을 '처녀'라 부른다.(요한계시록 14:4)

사람은 남녀를 막론하고 다 지성과 의지가 있다. 그러나 남자에게는 지성이 우위를 차지하고 여자에게는 의지가 우의를 차지한다.

천국의 결혼에 있어서 우위성이 없다. 왜냐하면 아내의 의지는 또한 남편의 의지이며 남편의 지성은 또한 아내의 지성이기 때문이다. 서로가 상대방과 같이 생각하고 뜻하기 때문이다. 그들의 의지와 지성은 상호적이요 공통적이다. 따라서 둘이 합하여 하나가 되는 것이니 이 화합은 사실상의 화합이다. 서로 얼굴을 쳐다 볼 때에 아내의 의지가 남편의 지성 속에 들어가고 남편의 지성이 아내의 의지 속에 들어가 하나가 되는 까닭이다. 사랑하는 부부간에는 더욱 긴밀한 교통이 있다.

사람의 마음속에 있는 진리가 선에 결합되어 있는 정도만큼 사람은 주님과 천국에 결합되어 있다. 부부애의 참된 근원이 되므로 신성유입의 참 바탕이 되는 것이다. 선과 진리의 결합은 천국에서 천적결혼이라 불린다. 성경에 천국을 '혼인잔치'에 비유하고 주님을 '사랑' 또는 '남편'이라 부르고 천국이나 교회를 '신부'나 '아내'라고 말한 것의 이유이다.

"교회 = 지상의 천국"·"천국 = 선과 진리의 결합"

마태복음 19장 4~6절에 사람을 지으신 이가 본시 저희를 남자와 여자로 만드시고 말씀하시기를 이러므로 그 부모를 떠나서 아내에게 합하여 그 둘이 한 몸이 될지니라. 이제 둘이 아니요 한 몸이니 하나님이 짝지어 주신 것을 사람이 나누지 못할지니라.

이것은 천사들이 살고 있는 천국의 결혼과 선과 진리의 결혼 둘 다 말한 것이다. 하나님이 짝지어 주신 것을 사람이 나누지 못한다는 것은 '선은 진리'에서 분리되어서는 안 된다.

3. 지상의 결혼은 세속적, 육적 결합

지상의 모든 결혼은 100% 이상적이기가 쉽지 않다. 육신을 가지고 사는 지상에서는 결혼이 외적인 환경에 좌우되는 경우가 많다. 지상의 결혼은 우선 성애에서 출발한다. 그러기 때문에 신체나 얼굴에 대한 것을 신중하게 따진다. 요즘 세대들은 얼굴이나 신체에 두는 비용을 과감하게 투자하고 있다. 우연한 만남이 특별한 만남으로 변하게 되는 것이다. 그 성애가 결혼애로 발전해 간다. 그런데 결혼 전 연애시절의 달콤함과 결혼 후 신혼시절의 달콤함은 시간이 가면 무관심 권태기로 빠져들게 된다.

여기에 여러 가지 이유는 결혼이 얼마나 중요한 행사인지 그 결혼을 가지고 영원까지 가겠다는 결의가 처음부터 결여되어 있는(순수한 상태) 많은 부부가 사랑의 열기가 식어가고 서로 냉담해지고 별거하게 되고 결국은 이혼으로까지 간다.

두 번째로 뜨거웠던 결혼생활이 이 결혼애로 발전되지 못하고 거의 형식적 의무적으로 사는 부부로 변질되는 것이다. 이유는 가정을 깨기 싫어서 평온하게 살기 위해서, 사랑하는 자식들을 위해서, 체면 때문에, 재산 때문에, 의무적 사랑 없이 부부생활을 유지한다.

배우자가 두려워서 명성과 명예를 잃어버릴 수가 없어서, 가족을 위장으로 두고 비밀리에 바람 피우기 위해, 신세진 처갓집에 매여서, 경제적으로 어쩔 수가 없어서 ….

헤어지지 못하고 외적 의무적으로 사랑 없이 부부생활을 유지한다. 이와 같이 외적 형식적 부부들은 영계에 가서는 100% 다른 길로 갈라질 부부들이다. 한 사람은 천계에 들어가고, 다른 사람은 지옥으로 가는 경우가 허다할 것이다. 물론 부부가 몽땅 따로따로 지옥에 떨어지는 경우도 허다하다.

4. 천국의 아름다움은 결혼애의 아름다움

천국에서는 결혼애보다 더 귀한 사랑이 없다. 지상에서 서로 모르고 중매로 만났다 할지라도 결혼생활을 통해 진정한 사랑이 싹트고 하나님을 믿고 이웃을 사랑하고 죽어도 헤어질 수 없는 부부로 아름다운 결혼애를 형성할 수 있다. 그런 부부는 지상에서 이미 천국을 사는 부부이다. 이런 부부는 죽으면 틀림없이 천국행이다.

천국에서는 이 결혼애에서 천사들의 모든 아름다움이 나온다. 향기가 진동한다. 결혼애에서 나오는 기쁨과 행복은 다이아몬드의 광채와도 같으며, 이것은 지상의 어떤 기쁨과도 바꿀 수가 없다. 표현할 수 없는 크나큰 천국의 기쁨이요 행복이다.

5. 사랑과 진리의 결혼

천국천사들의 부부생활은 곧 천국에서는 「사랑과 진리의 결혼」이라 일컬어지며, 남편은 진리를 표상하고 아내는 사랑을 표상한다. 남편은 빛을 아내는 열을 상징, 부부의 결합은 곧 빛과 열의 결합이요 결혼이다.

진리와 사랑은 떨어질 수 없고 사람에게 있는 의지와 이성도 떨어질 수 없다. 진리와 사랑의 결혼이 상징하는 천국의 부부는 영원히 떨어질 수 없으며 만년 청춘을 구가한다. 천국의 이념을 가장 잘 표현하는 것은 바로 결혼애의 이상이다.

6. 불륜의 사랑은 너무 다양

모든 불륜의 사랑은 하늘의 법도에 어긋나므로 천국에서 받아들여질 수 없는 사랑이다. 불륜의 죄는 인간의 인간성을 파괴하고 말할 수 없는 정신적 · 육체적 상처를 입힌다. 나아가서 순수한 혈통을 파괴하며 이는 창조주 하나님께서 증오하는 죄이다. 음란을 행한 자의 지옥은 지옥 중에서도 최악의 지옥이다.

결혼 전에 성관계를 사통(私通)이라 한다.

결혼 후에 관계를 간음(姦淫)이라 한다.

간음의 세 종류로 구분

① 단일 간음 : 독신 남성이나 여성이 기혼남성이나 여성과의 관계하는 것이다.

② 2중 간음 : 기혼남성이 유부녀와 기혼여성이 유부남과 관계하는 것이다.

③ 3중 간음 : 혈족과 간음하는 것이다.(근친상간)

사통보다는 간음이 죄가 무겁고 간음 중에는 근친상간이 가장 무거운 죄가 된다. 사통이나 간음에 관계없이 이러한 행위에 죄의식을 느끼지 않으며 자기 의지에 당당히 행하는 것은 그 죄가 더 무겁다. 요즘 노래에 애인 있어요. 요즘 세상에 애인 없는 사람이 어디 있어요. 그것도 한 둘도 아니요 여럿 있는 사람도 있어요, 하는 것은 세상적이고 지나친 욕심에서 나온 사고이다.

이러한 죄보다는 더 사악한 음란행위

◎ 처녀 능욕

◎ 전문적 유부녀 사냥

◎ 전문적 유부남 사냥

◎ 성폭행

◎ 천진무구한 어린소녀 성폭행

생육하고 번성하라는 의미전달, 창녀촌(집장촌 이야기 평생 노인들에게도 성적인 욕구가 있다)이 있다는 것이다.

이것들은 광기의 쾌락으로 미친 짓이며, 가장 엄한 지옥의 고행이 이들을 기다리고 있다. 이런 간음 범죄자들이 죽으면 거의 대부분 중간영계를 거치지 않고 제3지옥으로 직행한다.

거기에 거주하는 동류의 지옥 영들은 뼈에 가죽만 씌운 모습을 하고 있으며 그들이 신음하는 소리는 천지를 진동한다. 그들은 누더기 옷을 몸에 걸치고 악취를 멀리까지 퍼뜨린다. 그런데 가장 괴이하고 흉측한 것은 그들의 몸에는 허리, 엉덩이 부분이 없다는 것이다. 그것은 하복부에서 두 다리가 나와 서있고 흉부 이하로는 거의 인간의 모습이 아니다.

스베덴보리가 안내천사에게 물었다. “왜 저들이 기형을 하고 있습니까?” 천사가 말했다. 사람의 허리 부분과 엉덩이 부분은 하나님의 창조 이상인 결혼애를 위한 부분인 것이다. 그런데 저들은 순결을 모독하고 결혼애란 흔적도 없는 자들이니 저들의 영체에는 허리와 엉덩이가 없는 것이다. 멀리서 보면 그들은 인간으로도 괴물로도 안 보이고 젤리를 뭉쳐 놓은 것처럼 보인다고 한다.

본인들이 가지고 있던 결혼성을 갈기갈기 찢어 버리고 잔인무도한 음란에 동물적 욕정으로 빠져버리면 바로 저런 삶이 기다리고 있음을 스베덴보리는 경고하고 있다.

결혼은 신성한 것이며, 부부의 순결한 합일은 우주의 가장 가치 있는 것이며 나아가 결혼은 천국인 을 생산하는 묘포인 것이다.

하나님의 창조이상에 도전하는 간음과 음란이야말로 하나님께서 증오하신다는 것을 알아야 한다. 만일 간음이나 이중간음은 무지에서 저지르는 경우가 많고 선이냐 악이냐를 판단하기 전에 충동적, 돌발적으로 일어날 수 있다. 그건 무의식적이고 돌발적인 죄는 회개하고 재생의 길을 갈 수 있다고 스베덴보리는 말한다.

용서가 안 되는 죄는 이 "음란행위가 무슨 죄가 되느냐?"하며 정정당당하게 그 쾌락을 즐길 수 있다고 하는 파렴치한이다. 자기이성으로 간음을 정당화하고 자기 의지로써 행한 음란의 죄는 용서받을 길이 없다. 하지만 인간이 땅위에 육체를 가지고 살고 있는 동안은 얼마든지 개과천선할 수 있는 기회가 있다. 한번 육체를 벗고 나서 영계에 들어가면 그 기회는 사라진다.

땅위에서 주님을 믿고 회개하고 중생하여 죽기 전에 지상에서 결혼애의 성숙에 전력투구하는 사람, 그런 지상 인간사회가 곧 지상천국인 것이다.

제9장 최후심판

최후심판과 주님의 재림과 새 교회의 건설은 동시에 일어난다. 어느 하나가 비어도 이루어지지 않는다. 지금의 교회 안에 있는 아닌 것들이 최후심판으로 제거되어야 주님께서 다시 오시고, 말씀의 속뜻이 밝혀져야 주님께서 내실 있게 오실 수 있고, 새 교회가 세워져야 보내주신 진리 안에서 당신을 모시고 이 진리를 펼칠 수 있기 때문이다.

주님께서 유태인들에게 십자가의 곤욕을 치르사 부활승천하신 후 기쁨에 넘친 초대교인들이 얼마동안 주님을 천상천하의 하나님으로 모시고 형제애를 발휘한 것을 제외하고는 그때부터 지금까지 하늘도 이 세상도 주 예수 그리스도가 아닌 인간이, 그가 가르치신 진리가 아닌 그릇된 교리가 천국과 교회를 억눌러 왔다. 이 상태를 더 이상 그대로 두실까. 하늘을 가로막는 그것들로 인하여 땅 위의 인간은 모두 멸망할 수밖에 없는 형편이었다. 주님께로부터 하늘을 거쳐서 내리시는 생명을 가로막기 때문이다. 이것을 보시고 주님은 친히 주권을 되찾으사 하늘도 이 세상 교회도 다시 당신의 나라가 되어 이제는 영원히 천상천하의 유일무이한 하나님으로 군림하시려 한 것이다. 그래야 모든 선과 진리와 생명이 당신에게서만 나오는 길이 다시 열려 하늘에 있는 천사도 땅 위에 있는 인간도 다시 구원의 영복을 누릴 수 있게 되기 때문이다. 주님께서 다시 만왕의 왕으로 복귀하시려는 이것이 계시록의 가장 큰 목적인 것이다.

세상 나라가 주님과 그리스도의 나라가 되어 그가 세세토록 왕 노릇 하시리로다.(요한계시록 11:15)

"세상나라"는 속되게 되어버렸으나 그러나 이제는 되찾고 거룩하게 하신 천국과 교회를 뜻하며 "왕 노릇 하시는 것"은 신적인성의 주님께서 만왕의 왕으로 복귀하시는 것을 뜻한 것이다. 그러면 주님은 어떻게 주권을 되찾으시는가? 어떻게 다시 만왕의 왕으로 군림하시는가? 세 가지가 있다. 최후심판과 주님의 재림 곧 말씀의 속뜻 계시와 새 교회의 건설이 이것이다.

1. 최후심판

하늘까지 치솟고 있는 바벨탑과 성도들을 괴롭히는 용을 제거하는 것을 뜻한다.

더러운 것이 묻어 있는 그릇에 쌀밥을 담을 수 없는 것같이, 도적이 들어있는 집에 그냥 집주인이 들어갈 수 없는 것같이, 일단은 더러운 것을 씻어 내고 쌀밥을 담으며, 일단은 도적을 잡아내고 주인이 들어감같이, 영계와 이 세상을 온통 아닌 것으로 억누르고 있는 바벨탑과 용을 제거하는 것이 주님 재림에 앞서는 것이요, 이것이 최후심판인 것이다. 신성은 아닌 것과 섞여서 더럽힐 수 없는 것에 유의하면 이것이 앞서는 이유를 알 수 있을 것이다.

피조물에 불과한 인간이 감히 신성을 옷 입고 주님을 대신하며, 성경을 인간고유의 총명으로 저 마음대로 해석하고 더 나아가서는 일반 시민은 읽지도 못하게 하고 또 이 세상뿐만 아니라 저 세상까지도 올라가서 주님 보다 더한 권세를 펴려는 것이 바벨탑이요, 괴이한 신관과 교리로 성도들을 괴롭히는 것이 용인 것이다.

전자는 로마 카톨릭교 안에 있는 종교적 설득력이요, 후자는 개신교회 안에 있는 삼신이주론과 믿음만의 교리인 것이다. 이것이 있는 한 주께서 다시 임할 수 없는 것이다. 그래서 주님 재림에 앞서는 것은 바벨탑과 용의 제거인 것이요, 이것을 제거하는 것이 최후심판인 것이다.

실은 이것이 영계에서는 1757년에 이미 완수되었고 땅 위에서는 지금도 연속 일어나고 있으나, 땅 위에서는 이 진리를 받아들이는 정도만큼 보편적으로도 개별적으로도 일어나고 있는 것은 따로 유의해야 할 것이다.

바벨탑의 주장과 용의 신조를 절대화해서 주님의 새 진리를 받지 않으면, 이 세상 교회는 지금 그대로 그 정도만큼 이어갈 것이다. 또 이 심판은 말씀 안에 있는 "그날 해가 어두워지고 달이 핏빛같이 되며 하늘의 별들이 떨어지는" 식의 물리학적 변화의 최후심판도 아닌 것을 알아두어야 할 것이다. 좀 더 구체적으로 살필까 한다.

2. 기독교 안에 있는 사이비 종교

최후심판은 현대 기독교 안에 있는 사이비 기독교에 떨어진 불이라는 것이다. 지금까지 땅 위에는 네 번 심판이 있었다.

하나는 노아 때의 홍수로 세상이 멸망한 것이요,(창세기 7:17) 하나는 이스라엘 백성이 광야에서 금송아지를 만들어 숭배한 때요,(열왕기상 12:28) 하나는 그리스도를 십자가에 못 박은 때요.(마태복음 27:35) 마지막은 지금의 사이비 기독교에 떨어진 심판 이것이다.(요한계시록 21:1)

최후 심판하면 우리는 기독교 이외의 개인과 사회와 기독교 이외의 국가와 종파에 가해질 것으로 생각하여 왔다. 기독교에는 그것이 해당이 되지 않는다고 믿어왔다. 그리고 지금의 기독교는 가장 정통이요 여기에만 구원이 있다고 믿어왔다. 그러나 일부 정통이라는 교리교조가 실은 심판의 대상이 되는 것이다. 새로운 진리를 표준으로 하면 현대 기독교 안에 사이비 기독교도 있어 심판은 이들에게 떨어진 것이다.

3. 최후심판은 천국에도 없는 일

천국에 있는 모든 천사는 처음부터 천사로 태어난 것이 아니다. 한때는 다 땅 위의 사람들이었다. 그들은 이 세상에 있을 때부터 주 예수 그리스도만을 천상천하의 하나님으로 모시고, 그 인성과 말씀이 거룩한 것을 믿고 악을 죄로 알고 끊는 계명대로의 생활을 하였다. 천국은 이 사람들로 이루어지기 때문에 그들은 사후에도 천국에 들어가 천국의 구성요원이 되며 하나는 자연적이요, 하나는 영적인 것만 다를 뿐 이 세상에서와 하나도 다름이 없는 생활을 하고 있는 것이다.

따라서 그들에게는 지상생활의 연속 이외에 더 다른 최후심판이 없는 것이다.

또 최후심판은 지옥에도 없는 것이다. 지옥에 있는 모든 악마와 사탄은 처음부터 악마와 사탄으로 만들어진 것이 아니다. 그들은 다 한 때는 땅위의 사람들이었다.

그들은 이 세상에 있을 때 철두철미하게 주 예수 그리스도를 불신하고 정욕과 물욕 중심으로 살았고 이웃에게 악과 죄만 일삼았다. 지옥은 이러한 사람들로 구성되기 때문에 이 사람들은 사후 혹은 악마가 되고 혹은 사탄이 될 뿐 이 지상에서와 같은 생활을 거기서도 계속하는 것이다. 이들에게도 최후심판이 필요치 않은 것이다. 그들은 이미 심판을 받고 스스로 지옥에 가서 살기 때문이다.

4. 최후심판이 일어나는 곳

천국도 지옥도 아닌 그 중에서 사이비 기독교인들이 이룩해 놓은 영인들의 세계에서 일어난 것이다. 이들은 참 기독교가 아니면서도 자칭 기독교인 척하였고, 이들은 참 기독교인이 아니면서도 자칭 기독교인으로 자처하였고 반대로 참 기독교를 이단으로 몰고 참 기독교인을 멸망의 자녀로 보아왔던 것이다.

이들의 세력은 날로 더해 갔었고 그대로 두면 참된 기독교, 참된 기독교인들이 침략 받을 우려가 있었기 때문에 주님은 이들을 영인들의 세계에서 심판하셨던 것이다. 그때는 지상에서는 1757년이 된다. 여기서 두 가지 현상이 일어났던 것이다.

그들은 최후심판과 더불어 간 곳도 없이 사라져 버렸고, 반대로 그들이 그렇게도 이단이라 한 사람들은 새 하늘을 이룩한 것이다.

내가 새 하늘과 새 땅을 보니 처음 하늘과 땅이 없어졌고 바다도 다시 있지 않더라.(요한계시록 21:1)

무엇이 “새 하늘”인가? 사이비 기독교인들이 그렇게도 박해한 참 기독교인들로 구성된 새 하늘을 뜻한다. 그것은 주님께서 이 세상에 오신 이래 1757년 영인의 세계에서 최후심판이 있을 때까지의 참 기독교인들과 어려서 죽은 어린이들로 구성된 하늘나라를 뜻한다. 무엇이 “처음 하늘”인가? 주님께서 오신 이래 1757년까지 사이비 기독교인들이 이루어 놓은 하늘나라를 뜻한다. 왜 그것이 “없어졌고 다시 있지 않더라” 하였던가? 심판 후에는 이제는 영인의 세계에도 있지 못하고 지옥에 던져졌기 때문이다. 그래서 최후심판은 기독교 이외의 다른 사회, 다른 국가에 일어난 것이 아니라 우리 기독교 안에 있는 사이비 기독교에 떨어진 불이라 말하였던 것이다.

최후심판은 한 집안 식구 또는 한 교회가 둘로 갈라지는 것을 뜻한다. 같은 교회, 같은 교리 안에 있으면서도 하나는 구원을 얻고 하나는 구원을 얻지 못하는 결과가 생기는 것이다.

내가 너희에게 이르노니 그 밤에 두 남자가 한 자리에 누워 있으매 하나는 데려감을 당하고 하나는 버려둠을 당할 것이오. 두 여자가 함께 매를 갈고 있으매 하나는 데려감을 당하고 하나는 버려둠을 당할 것 이니라.(누가복음 17:34~35)

밤은 언제인가? 말세를 뜻한다. 밤에는 햇빛이 보이지 않는다. 그같이 교회 안에 주님과 천국과 교회에 대한 참된 진리의 빛이 보이지 않는 때를 밤이라 한 것이다. 한 자리는 무엇인가? 같은 교리 안에 있는 것을 뜻한다. 무엇이 누워 있는 것인가? 거기에 기대고 의존하고 있는 것을 뜻한다. 그것으로 먹고 살고 구원 얻는다고 있는 것을 뜻한다. 그런데 왜 하나는 데려감을 당하고 하나는 버려둠을 당하는가? 이 세상에서는 같은 교회 교리 안에 있었지만 하나는 진리 안에 있었고 하나는 거짓 안에 있었기 때문이다.

두 남자는 누구인가? 하나는 진리를, 하나는 거짓을 뜻한다.

같은 교회 안에 있으면서도 하나는 진리를 올바로 깨닫고 하나는 진리를 잘못 이해하고 그대로 산 것을 뜻한다.

두 여자는 무엇인가? 이 세상에 있는 모든 교회를 뜻한다.

매를 가는 것은 무엇인가? 가르치는 것을 뜻하다.

매를 갈면 알곡은 벗겨지고 가루만 나와서 가루로 사람은 먹을 것을 취하듯 교회는 양들을 진리로 가르쳐서 사람으로 하여금 남의 씀씀이가 되게 한다. 이같이 같은 교회 같은 계열의 학교에 있으면서도 하나는 진리를 올바로 가르치고 하나는 그릇되게 가르치는 것이다. 그래서 그 중 하나는 데려감을 당하고 하나는 버려둠을 당하는 것이다. 이것이 내 집 안에서 내 식구 가운데서 그리고 한 교회 안에서 일어난 것을 알아야 할 것이다.

제10장 주님의 재림

1. 주님의 재림

주님은 어떻게 다시 오시는가? 말씀의 속뜻을 밝히시므로 오시는 것이다. 주님은 지난 번에는 "말씀이 육신이 되어" 오셨으나 이번에는 말씀의 속뜻으로 오신다는 말이다.

주님께서 부활하신 뒤였다. 예루살렘에서 엠마오로 가는 두 종이 있었다. 예수님께서 동행하시나 저희의 눈이 가리워져서 그들은 주를 알아보지 못했다. 그때 주님은 물었다. 주고 받은 이야기가 무엇이냐고? 예수님이 억울하게 십자가에 달리신 것과 죽으셨으나 다시 부활하신 것 같다는 소견을 대답하였다. 주님은 그들이 더디 믿는 것을 꾸짖고 모세와 선지자의 글로 시작하여 모든 성경에 쓴 바 자기에게 관한 것을 자세히 설명하고 깨닫게 하시고 뜨겁게 하셨다. 그들의 강권에 따라 저희와 함께 음식을 잡수실 때에 떡을 가지 사 축사하시고 떡을 나누어 주실 때 그때 저희의 눈이 밝아져 그분이 바로 주님이신 것을 알아보았다.(누가복음 24:13~32)

주님은 어느 때나 우리와 함께 하신다. 허나 사람은 이것을 몰라본다. 주님은 그때 어떻게 하셨는가? 친히 말씀하시고 성경을 풀어주시고 뜨겁게 하시고 당신이 항상 가까이 그리고 함께 하시는 것을 보고 느끼게 하신다. 깨닫고 영원히 흐뭇하게 하시는 것이다. 주님은 이번에는 이렇게 오신다는 말이다. 성경 말씀을 풀이해 주시고 그 안에 계시는 당신을 뜨겁게 보게 하신다는 말이다. 주님은 늘 말씀이 뜨겁고 훤한 곳에 계시기 때문이다.

그때에 인자가 구름을 타고 능력과 큰 영광으로 오는 것을 보리라(마태복음 24:30)고 하셨다. 많은 성도들은 주님께서 재림하시면 말씀 안에 기록된 그대로 하늘 구름을 타고 큰 영광으로 오실 것으로 안다.

어떤 나라의 원수가 많은 수행원을 대동하고 위풍당당하게 만민의 환영을 받으며 자기 또는 타인의 궁전에 입성하실 것으로 안다. 그러나 모든 백성이 자기 먹고 살기에도 바쁘고 제 나라 부강에 혈안이 되어있는 이 마당에 그렇게 오실 주님을 위해 따로 준비하고 있는 개인도 국가도 없거니와 그렇게는 오시지 않는 것이다.

말씀의 한 자 한 자를 잘 가르쳐서 그 속에 있는 속뜻을 풀이하시고, 사람의 마음을 뜨겁게 하시고, 그의 지혜로 이해하고 생활로 받을 때 주님은 다시 그에게 나타나사 그와 더불어 계시고 영원히 같이 하심을 보여 주는 것이다.

"구름"은 저 하늘의 구름을 뜻하지 않고 말씀의 속뜻 곧 신성 자체를 가리고 있는 또는 안고 있는 말씀의 겉 뜻을 뜻하며, "타고"는 가르치시는 것을 뜻하며, "능력과 영광으로 오시는 것"은 그 글자의 뜻 속에 있는 사랑과 지혜 또는 선과 진리를 뜻하며, "오시는 것"은 주님도 그 사랑과 지혜로 늘 우리와 함께 하시며 그 사랑과 지혜가 곧 주님 자체이요, 주님은 그 사랑과 지혜로 영원히 우리와 함께 계시는 것을 알게 하시고 저 두 제자들이 집안에 주님을 모시듯 뜨거운 마음으로 주님을 마음 속 깊이 모실 때에 비로소 주님은 그 집에 오시고 그들은 주님과 더불어 있는 것을 알게 되는 것을 뜻한 것이다.

이것이 이번의 주님의 재림의 양상인 것이다. 그러므로 아래의 말씀의 속뜻 풀이는 주님의 가르치심이요, 이것을 납득하고 달게 받을 때에 성도들은 주님의 재림을 몸소 체험하게 될 것이요, 주님은 이번에는 이렇게 오시는 것이다.

제11장 천계비의
(창세기, 출애굽기 영적해석)

스베덴보리는 주님의 계시에 의하여 구약 창세기 및 출애굽기 주석을 「천계비의」(Arcana Caelestia)라는 이름으로 내었다. 천지창조가 무엇이며, 안식일은 무엇을 뜻하며, 에덴동산은, 생명나무는, 선악과는, 뱀은… 각각 무엇을 뜻하는가? 연연 12권에 걸쳐 설명하고 있다. 그 장황한 것을 여기서 다 말할 수 없으나 몇 가지만 다룰까 한다.

1. 6일간의 천지 창조

㉠ 사람이 거듭나는 첫째 상태

하나님께서 천지를 창조하셨다한 것은 우리 눈에 보이는 우주와 그 안에 있는 만물을 창조하셨다는 말이 아니요, 여기서는 인간의 속사람과 겉 사람을 만드셨다는 것이다. 인간의 중생 과정을 말한 것이다. 그렇다고 하나님께서 보이는 천지를 만드신 것을 부인한 것은 아니다. 그것을 긍정하면서 아울러 사람의 속 곧 하늘과 겉 곧 땅을 하나님께서 창조하셨다 한 것이다. 인간의 어릴 때의 상태 및 중생 전 상태는 사랑도 진리도 없는 비워 있는 상태이다. "땅이 혼돈하고 공허하며" "어둠"이라고 일컸습니다. 이것이 그의 공허한 상태인 것이다.

사람에게 사랑도 지혜도 없을 때 사람은 어리석어진다. 이것이 그의 암흑 또는 흑암상태이다. 이러한 상태를 주님께서 마음으로 살피시는 상태가 바로 하나님의 신이 수면에 운행 하시는 상태이다. "하나님의 영은 물위에 움직이고 계셨다" 이 중생 과정은 단 시일 내에 이루어지는 것이 아니고 여섯 계단을 거친다. 이것이 엿새 동안의 천지창조이다.

㉡ 사람이 거듭나는 둘째 상태

주님에 속한 것들과 사람의 본연의 것들을 구별해 놓은 상태이다. 주님에 속한 것들을 성경말씀에서는 남은 그루터기 또는 남은 것이라고 일컬어졌는데, 이것에는 유아기부터 가르쳐지고 또 본존되어 지는데 둘째상태 이전에는 나타나지 않는다. 이 둘째 상태는 육신적이고 세상적인 것에 대한 시험과 핍박과 애통 없이는 있을 수 없다. 이 육신적이고 세상적인 것이 바로 사람에 속한 것들인데 이러한 것들이 움직일 수 없는 정지상태 곧 죽은 상태는 그것에 의해서 초래된다. 따라서 겉사람(the external man)에 속한 것들은 모두 속사람(the internal man)에 속한 것들에서 분리되게 된다. 속사람 안에는 남은 그루터기가 남아 있는데 이것은 주님께서 여기까지 그리고 또 이러한 사용 목적으로 보존시킨 것이다.

무엇이 진리이며 무엇이 거짓인가? 무엇이 선이며 무엇이 악인가? 무엇이 아름다운 것이며 무엇이 추잡한 것인가? 무엇이 하나님에게 속한 것이며 무엇이 인간에게 속한 것인가를 구분할 줄 아는 상태이다. 이것이 하늘 위의 물과 하늘 아래 물이 서로 나뉘어라 하신 상태이다. 선과 진리와 아름다운 것은 하나님에게 속하고 악과 거짓과 추잡한 것은 인간에게 속한 것을 아는 상태가 곧 이 상태이다.

ⓒ 사람이 거듭나는 셋째 상태

이 상태는 회개(悔改)의 상태이다. 이러한 상태의 사람은 속사람으로부터 독실하고 믿음이 충만한 말을 하고 이웃을 위한 인애(仁愛)의 선한 삶 같은 선한 열매를 맺지만, 아직은 활동성이 있는 동물같이 움직이는 상태는 아니다. 왜냐하면 이러한 것들이 모두 자기자신에 의한 것이라고 생각하고 있기 때문이다. 이와 같은 선을 "푸른 움" 또는 "낟알(씨)을 맺는 식물"과 나중에는 "열매를 맺는 나무"라고 불렀다.

ⓔ 사람이 거듭 나는 넷째 상태

마음이 사랑으로 움직이는 정동(情動)의 상태와 또 믿음에 의한 진리의 조요(照耀)의 상태이다. 사실 앞서의 독실하고 믿음이 충만한 말을 한 것이나, 또 어떤 선을 행한 것은 시험의 한 결과로 행한 것에 불과하고, 또 마음에 없는 억지로 행한 것에 불과하지 진정한 의미의 믿음과 인애의 의한 것은 아니었다. 그러던 것이 믿음과 인애가 속사람 안에서 빛을 발하게 되는데 이것을 "두 큰 빛"이라 일컬었다.

진리의 양상은 많다. 물건의 수효만큼 많고, 인간의 수효 만큼 많고, 또 그 관계 만큼 많다. 그 중에 어떠한 것이 가장 으뜸으로 가는가? 해와 같이 크고 달과 같이 큰 것이 무엇인가? 마침내 주님의 사랑이 해와 같이 크고 믿음이 달과 같이 빛남을 안다.

사랑과 믿음이 있을 때 모든 진리가 별같이 빛남을 안다. 이것이 큰 빛으로 낮을 주관하게 하시고, 작은 빛으로 밤을 주관하게 하신 상태이다. 낮은 주님의 사랑이요, 밤은 인간의 믿음이다.

㉤ 사람이 거듭나는 다섯째 상태

이것은 사람이 기억 속에만 진리를 담아 두지 아니하고, 또 무엇이 크고 무엇이 작은 가를 아는 종합적인데 그치지 않고, 진리에 대한 감명과 사랑에 대한 애정을 품게 된다. 거울 같은 호수, 수면을 뚫고 하늘 공기를 마시려는 고기 같이, 인간이 하늘을 호흡하려 하고, 새가 창공을 날 듯 지성으로 천국을 날아 보고, 노래하는 새같이 하늘나라를 읊어보고, 양과 같이 자기의 털도 가죽도 살도 젖도 주는 희생적 생활을 하는 상태가 곧 이 다섯째 계단이다. 이것이 "바다의 고기"와 "하늘의 새"로 불리웠다.

㉥ 사람이 거듭나는 여섯째 상태

신앙으로 먼저 하고 다음으로 사랑으로 사는 사람이다. 사람은 이 모든 것을 하면서도 자아로 하고 사랑으로 하지 않을 때가 태반이다. 사람이 사랑으로 하지 않을 때는 그의 하는 일은 남 보기에 아무리 선하다 할지라도 진리로 보면 동물적인 것에 지나지 않는다. 이것이 다섯째 계단까지의 신앙생활이다. 그러나 사람은 거기서 끝날 때 인격이 완성되는 것이 아니다. 그는 신앙으로 이 모든 일을 해야 한다.

마침내 그가 내적으로 그리고 충심으로 자기 이익을 구하지 아니하고 주님만을 위하여, 그리고 그 다음에 이웃을 위하여 아낌없이 행하기까지 된다. 처음에는 신앙으로, 다음은 이 사랑으로 살 때 사람은 비로소 하나님의 형상인 것이다. 사람 모양 전체가 하나님으로 되어 있을 뿐만 아니라 이러한 마음을 가지는 사람은 그 마음까지 하나님의 형상인 것이다. 코로 숨을 쉰다고 다 사람인 것이 아니요, 입 달리고 귀 달렸다고 사람인 것도 아니다. 신앙 그리고 사랑으로 살 때 비로소 사람인 것이요, 하나님의 형상인 것이다.

사람이 이 계단에 이르기까지는 한 계단이 지나도 언제나 다음 계단에 오르기 위하여 걱정 근심한다. 이 걱정하고 근심하는 상태가 저녁이다. 그러나 사람이 사랑의 사람이 되면, 내적으로 완전히 사랑의 사람이 되면, 이제는 걱정도 근심도 할 필요가 없게 된다. 그래서 이 상태에 이르기까지는 그때마다 저녁이 오고 아침이 오는 연속이었으나 이 여섯째 날에는 참 좋다고 하셨다. 그 이상 바랄 것이 없기 때문이다. 이때의 사람은 하나님의 모양인 것이다.

또 사람이 사랑의 사람이 될 때까지는 하나님께서 언제나 그를 사랑의 사람을 만드시기 위하여 걱정 근심하시나 일단 사랑의 사람이 되면, 다시 말하면 어디를 가나 또 무엇을 하나, 자기의 이익을 구하지 아니하고 언제나 이웃을 자기 이상으로 사랑하면 하나님은 비로소 그 사람에게 대하여 창조하시는 수고를 끝마치시고 쉬시는 것이다. 인간 창조를 사랑의 사람으로 만드는 일을 끝마치셨기 때문이다.

이것이 이레 되는 날 주께서 쉬셨다는 말씀의 뜻이다.

2. 안식일

㉠ 안식일은 편히 쉬는 사람을 말한다.

안식일은 일하지 않고 놀고 쉬는 날로 안다. 이레 중 엿새 동안은 열심히 일하고 이레 되는 날은 그냥 편히 쉬는 날로 안다. 그래서 기독교인들은 이날을 거룩하게 지키고 세인들은 즐기는 일로 분주하다.

그러나 말씀 가운데 있는 안식일은 그러한 날이 아니다. 선을 행할까? 악을 행할까? 이리도 못하고 저리도 못한 시유 같은 것은 이미 다 지나가 버린 상태이다. 거짓말을 할까? 참말을 할까? 이리도 못하고 저리도 못한, 주견이 없는 정도는 이미 다 지나가 버린 심정상태, 그러한 시유도 지나고, 마음의 투쟁도 끝나서 심혼이 잔잔한 호수 같이 담담한 평온한 상태를 유지하고 있는 것이 바로 이 상태이다. 다시는 악과 허위로 자기 마음을 괴롭히지 않는 사람, 다시는 내 것이 아니면 돌아도 안 보는 사람, 임자 없는 것이 있어도 조금도 동요되지 아니하고 마음의 평온을 누리는 사람이다. 이 사람이 안식일인 것이다.

ㄴ 안식일은 주 만으로 살고 사랑만으로 사는 사람이다.

구약 성경에 사람이 홀로 사는 것이 좋지 않으므로 배필을 주었다고 하셨다. 이것을 보면 사람이 홀로 사는 것은 애처로운 일로 알고 또 독신생활이나 하는 사람으로 안다. 그러나 말씀 가운데 있는 속뜻은 그것이 아니다. 주님만으로 사는 사람을 말한다. 오직 사랑만으로 사는 사람을 뜻한다. 현대 기독교인들은 주님을 믿으나 돈을 겸하여 믿는다. 기독교의 사랑을 믿으나 정욕도 아울러 믿는다. 어느 것 하나도 철두철미하지 못하고 그 마음 가운데는 언제나 두 주인이 있는 것이다. 천국도 믿고 세상도 믿고, 주님도 믿고 자기도 믿는 것이다. 그러나 홀로 사는 사람은 주의 주장이 철두철미하여 주님만으로 그 사랑만으로 사는 사람이다. 마치 사랑하는 남편을 멀리 보내고 홀로 사는 아내와도 같이 남편이 옆에 있지 아니하나 옆에 있는 듯 살고, 얼굴과 얼굴을 대하여 말할 수 없으나 속으로는 언제나 그와 더불어 이야기 하고, 그만을 의지하고 그만을 아쉬워하는, 그 없이는 살 수 없는, 그러고도 굳은 절개를 지키는 아내와도 같다. 주님 만이 임이시요, 그님 만이 처음이요, 나중으로 아는 사람이다. 자나 깨나 그이 만이 마음에 가득 찬 사람이다. 이 사람이 홀로 사는 사람이요, 안식일은 이같은 사람을 말한다.

㉢ 안식일은 코에 김을 넣은 사람이다.

갓난 아이가 모태에서 나오면 숨을 쉬며 나오는 것이 아니다. 볼기를 맞을 때 비로소 「응애」하고 울며 호흡을 시작한다. 사람들은 이 호흡하는 것을 보고 아이는 울지라도 살았다 안심하고, 만일 오래 가도 울지 아니하면 혹시나 하고 걱정 근심한다. 장성한 사람에게 있어서도 이와 같은 현상이 있다. 그는 자연계 안에 있는 공기는 호흡하되 진정한 사랑의 호흡은 아직 아니하는 사람이 많다. 사랑의 호흡과는 관계없는 목적으로 있을 때가 얼마나 많은지, 코로 숨을 쉬나 하나님도 진리도 호흡하지 아니한 사람이 많다. 마치 모태에서 나온 아이와도 같이 그 면의 호흡은 전혀 하지 않고도 꿈틀거리는 사람이 있다.

그러나 태아가 볼기를 맞을 때 「응애」하고 울 듯 사람이 거듭나면 사랑을 알고 흐느낄 때가 있다. 주의 사랑에 감동하고, 그 사랑의 행복에 견디지 못하여 참을 수 없는 때가 있다. 그것은 때로는 귀로 들을 수 없는 심혼 속의 흐느낌일 수도 있다. 그러나 사랑을 심혼으로 흐느껴 터뜨리는 울음은 산천을 진동하고도 남음이 있다. 주의 사랑에 도취되어 그 세계를 호흡하는 사람이야 말로 진정한 의미에 있어서 코에 김을 불어넣은 사람이다. 이 사람이 안식일인 것이다.

㉣ 안식일은 에덴동산이다.

안식일에 속한 사람은 그 속에 없는 것이 없다. 생명나무를 비롯하여 선악을 알게 하는 나무도 있고 강들이 있다. 생명나무는 주의 사랑에 대한 인식이다. 이 지각이 나무처럼 들어박혀 있는 것이다. 선악을 알게 하는 나무는 그가 암만 선한 사람이라 할지라도 주께서 만일 돌보아 주시지 않는다면 언제나 죄를 지을 수밖에 없는 자기임을 아는 인식이다. 그가 악을 행치 아니함은 자기가 잘 나서가 아니다. 선이 그리고 진리가 그를 보호하고 있기 때문이다. 그는 이것을 누구보다도 잘 알고 있는 사람이다. 이것이 선악을 알게 하는 나무이다. 에덴동산에는 또 거기서 발원한 네 강이 있다. 강은 들을, 알곡을 초목으로 샅샅이 스며 들어가 윤택하게 하며, 무르익게 하며 꽃을 피게 한다. 안식일에 속한 사람은 에덴동산의 네 강과 같이 온 세상 동서남북에 흩어져 그들로 하여금 주의 사랑으로 윤택하게 하며 그 지식으로 꽃을 피우며 열매를 맺게 한다.

㉤ 인자는 안식일의 주인이다.

사람이 이렇게 심적 평온을 호흡할 줄 알며, 에덴동산 같은 완전히 거듭난 상태에 이르면 세상 사람들은 그가 훌륭한 사람이니, 성자이니, 또는 그는 누구의 아들이니 하나, 그것도 아니고 저것도 아니다.

그렇게 되기까지 인도하신 이는 오직 주님이시기 때문에 그 주인은 오직 주님이신 것이다. 말씀 가운데 「인자는 안식일의 주인이라」하신 주님은 이렇게까지 인도하신다. 싸워 이겨가는 인간의 중생과정, 그것이 6일간의 천지창조이요, 그리고 완성된 성도의 심혼과 삶 그것은 안식일인 것이다.

제12장 지옥론

1. 주님은 모든 지옥을 통치

천국의 하나님은 주님이시오. 모든 천국의 통치는 주께서 하신다고 배웠다. 그리고 천국과 지옥의 서로 관계는 피차 대립하는 입장에 있어 서로 대항하고 반대하고 그 주동과 반동에 의하여 평형의 상태를 만들고 모든 사물은 이 평형의 상태에 있는 때문에 만물과 개개의 사물을 평형상태에 보존하기 위하여는 일부를 통치하는 주님이 따로 통치할 필요가 있다. 왜냐하면 같은 주님이 지옥의 반란을 누르고 그 난동을 막지 않으면 그 평형은 깨뜨러지는 동시에 모든 사물이 파괴되는 때문이다. 여기서 먼저 평형에 대하여 말해야 하겠다. 두 개의 물체가 서로 반항하고 한 쪽의 활동과 강압에 대하여 다른 쪽의 반동과 저항이 있을 때는 쌍방에 동등의 힘이 있으므로 그 힘은 둘이면서 아무 힘도 나타나지 못한다. 이 같은 경우 둘은 제3자에 의하여 마음대로 움직여지는 것이다. 왜냐하면 두 물체가 동등의 힘을 가지고 대항할 때에는 둘이면서 그 힘을 잃고 제3자만이 유력하게 되어 거기에 아무 저항도 없는 듯이 쉽게 힘을 발휘 할 수 있기 때문이다. 이 같은 것이 천국과 지옥의 평형이다. 그러나 이것은 동등의 힘을 가지고 있는 두 육체적 투쟁자 사이와 같은 평형의 상태는 아니오, 영적 평형이다.

즉 거짓에 대한 진실의 악에 대한 선의 평형이다. 악에서 오는 허위는 언제나 지옥에서 뿜어 나오는 것이오, 선에서 오는 진실은 천국에서 온다. 인간은 이 영적 평형에 의하여 그 사고와 선의와의 위에 자유를 가진다. 왜냐하면 저가 생각하고 뜻하는 것은 하나하나 악과 그 허위 또는 선과 그 진실과에 관계되지 않는 것이 없기 때문이다.

이 세상에 사는 모든 사람도 같은 평형에 있다. 주께서 천국과 지옥을 통제하지 않는다면 이 평형이 존재할 수 없다.

지옥도 천국같이 많은 사회로 나뉘어 있고 그 수도 천국사회의 수와 같다. 왜냐하면 천국의 많은 사회로 서로 대항하는 사회가 지옥에도 각각 있는 때문이다. 이것은 평형을 유지하기 위해서이다. 그러므로 전체적으로 삼층 천국이 존재한 것 같이 삼층 지옥이 있다. 극내적 제이 천국에 대항하여 중간 지옥이 있고 최하 측 제 일 천국에 상대하여 최고 지옥이 있다.

지옥을 통제하는 수단으로 공포심이 있다. 세상에 경험하던 공포심을 이용하는 것이다. 지옥의 영들이 악행을 주저하는 이유는 "책벌의 공포"가 있기 때문이다. 지옥에 있는 자들의 포악과 광분을 제어하는 유일의 방법은 벌칙에 의한 공포 외에는 없다.

천국에 있는 신성 자체는 신선이요, 신진인데 모든 힘은 신성에 속한다. 악에 속한 거짓에는 조금도 선에 속한 진리가 존재하지 않기 때문에 천인들이(오직 주께만이) 지옥을 통제하고 주께서 선한 영들에게 힘을 주시는 것이다.

중요한 내용

지금까지 사람들이 생각하기를 지옥에는 마왕이 있어 통치하는 줄 알았다. 그는 본래 광명의 천사(天使)였는데 반역죄로 동료들과 같이 지옥에 떨어진 것이라 믿었다.

이러한 신앙이 유행하게 된 이유는 「악마」, 「사탄」, 「빛의 아들」이란 말이 성경 가운데 기록되어 있는 것을 보고 그것을 문자적으로만 해석하여 온 데서 근거를 둔다. 그러나 성경에 「악마」, 「사탄」을 지옥을 의미하는 것으로 「악마」는 후방지옥에 있는 극악한 마귀가 사는 곳 「사탄」은 전방지옥으로 그보다 덜 악한 자가 사는 지옥을 의미하고, 「빛의 아들」은 바벨 즉 바벨론에 속한 자로 그 통치력을 천국에까지 미치려는 자를 의미한다.

지옥을 통치하는 것은 하나의 마왕이 아닌 지옥에 사는 자는 천국에 있는 자와 같이 다 인류로 구성되어 있다. 또 창세 초부터 지금까지 그곳에 간 자는 수천만 수억만을 넘으며 그 모든 사람은 이 세상 있을 때 어느 정도 신성에 반항하였는가에 따라 지옥의 악마가 되어있다.

2. 주님은 아무도 지옥에 보내지 않음

주님은 아무도 지옥에 보내지 않았고 영인 자신이 들어간다. 이 세상에서 나쁜 짓을 하고 부도덕한 생애를 보낸 자는 죽은 후에 지옥에 가서 영원한 벌을 받는다. 인간이 죽은 후에 영인이 된 자 중에서 어떤 자가 지옥으로 가는 가를 말한다면 영으로서 눈을 뜨지 못하고 자아애(自我愛)와 세애(世愛)에 산 사람들에게 지옥이 주어진다고 볼 수 있다. 그들은 오직 그들이 원하는 바에 의해서 스스로 지옥에 가는 것이다. 다만 이들 영의 세계를 눈뜨지 못한 영인 가운데는 확실히 현세에서 악업을 행한 자가 포함되어 있는 것이다. 지옥으로 가는 영인들이 그들이 현세에 살고 있었을 때, 가령 물질적인 욕망이라든가, 색에 대한 욕망, 속세적인 욕망, 혹은 지배욕 등과 같은 인간의 외면적 표면적인 감각을 기쁘게 하는 일에만 마음을 쓰고 참다운 영적인 사항을 멀리 했던 사람들이다. 이들이 영적 사물에는 전혀 눈이 뜨지 못했기 때문에 그들의 영인으로서의 마음은 영계의 태양빛이나 영류를 자기의 내부에 받아들일 수가 없는 것이다. 그리고 영인의 세계에 아무리 오랫동안 머물러 있어도 그들은 영계의 태양빛이나 열이 부여하는 행복이라든가 영적 이성의 빛남을 느끼게끔 되지는 못하고 반대로 그 사이에 있는 지옥계의 불에 마음이 이끌리고, 지옥계의 흉령들에게 친근감을 느끼게 된다. 이 결과로 그들은 자기의 희망하는 바에 따라서 그 흉령적인 자연의 마음이 명하는 대로 지옥계에 들어가는 것이다. 지옥계의 흉령은 영계의 빛이나 영류(靈流)로부터 영으로서의 희열이나 행복을 느끼지 못하는 대신에 자기의 욕망을 만족시키는 것을 기뻐한다. 이러한 욕망은 다른 흉령을 지배하거나, 다른 영에게 악업을 행하거나 혹은 다른 영으로부터 칭찬을 받고 싶다고 하는 등의, 인간에서 말하자면 외면적, 물질계적인 저급한 욕망이지만, 그러나 아무리 저급한 욕망이라 할지라도 그것을 만족시킨다는 것은 그들에게 있어서 기쁨임에는 틀림없다. 그래서 그들은 이것들을 그들의 빛으로 삼고 영원한 삶을 보내게 된다. 영계의 영은 자기들의 생명의 근원도 행복의 원천도 모두 다 영계의 태양에 있다는 것을 알고 있다. 그래서 그들은 사실 자신이 자신의 주인이 아니라 태양으로 나타나신 주님이 주인이시며, 이 태양이 영계의 구석구석까지 미치게 하고 있는 영계의 질서에 따라서 삶을 사는 것만이 가장 올바른 영이 사는 길임을 알고 있다. 이에 반해서 지옥계의 영의 생명의 근원은 그들 자신의 욕망이며, 이 욕망이 오직 그들의 빛이 된다. 그래서 그들에게 있어서의 주인이 자기 자신이며 다른 어떠한 주인도 인정하지 않게 된다. 지옥계가 쟁투의 장소이며, 고통과 더러움에 가득 찬 곳이 되는 것은 그들 하나하나가 자신을 최상의 주인이라고 생각하고 있기 때문이다. 지옥계의 벌은 그곳에 사는 흉령 자신이 그 성질 때문에 자초하는 것에 지나지 않는다. 그들은 항상 다른 영을 지배하고, 이를 확대하며, 그를 희생시킴으로서 자기의 기쁨으로 삼으려고 하고 있다. 이 때문에 그들의 세계에는 질서가 없고, 있는 것은 오직 추악한 아집(我執)의 대립뿐이다. 그 위에 그들의 악의 처절함은 그들이 인간계에 있었을 때와 같은 법률이나 사회의 평판, 그들 자신의 이해타산이라고 하는 여러 가지 속박을 벗어나 적나라하고도 무시무시한 악을 숨김없이 노출시킨다.

얼굴이 반쯤 달아난 흉령, 해골처럼 눈두덩만 구멍처럼 뚫려있는 흉령… 등 괴기한 영의 얼굴 생김새는, 그들이 그 본래의 악의 정체를 영이 됨으로서 숨김없이 노출시켰음을 표시하고 있으며, 그들이라 할지라도 인간이었을 때에는 그 외면적인 용모는 이렇지는 않았을 것이다. 흉령들이 영계의 태양빛을 거부하고 있는 것은 이와 같은 괴기한 모습이 밝은 빛 아래서 노출되는 두려움과 그들에게는 영계의 태양빛이 너무나도 눈부셔서 견디기 어렵다는 두 가지 이유에서이다.

세상에는 하나님이 그 얼굴을 사람에게서 돌리고 사람을 추방하여 지옥에 보낸다는 설도 있고 사람이 악을 행하므로 노하신다고 말하는

자도 있다

이것은 성경을 자의적으로 해석하여 성경에 영적 의미를 모르기 때문이다. 성경은 영적 의미가 있는데, 문자적 의미와 완전히 다를 때가 있다. 하나님은 결코 그 얼굴을 사람에게서 돌리지 않으며, 사람을 그 자신으로부터 배척하지 않으시며 아무도 지옥에 추방하지 않으시며 아무에게도 노하시지 않는다. 밝은 이성을 가진 자라면 성경을 읽고 하나님은 선이요, 사랑이요 인애의 자체라는 단순한 진리를 깨달을 수 있다. 선 자체는 누구에게도 악을 가할 수 없으며 사랑과 인애의 자체는 누구나 배척하고 추방할 수 없다. 왜냐하면 인애와 사랑의 본질에 위배되며 따라서 신성자체에 상반되는 까닭이다. 빛을 받은 자가 성경을 읽을 때에는 하나님은 결코 그 자신 사람을 등지지 않고 선과 사랑과 인자로 사람을 대하며 사람에게 선과 사랑과 자비를 베풀려고 하시는 뜻을 알 수 있다.

성경의 문자의 의미는 그 가운데 영적 의미를 포함하고 문자로 쓴 것은 사람으로 쉽게 이해하기 위하여 인간의 소박한 관념에 순응하며 쓴 것이다.

주께서 악인은 항상 악에서 때내려 하고 선인은 항상 선으로 인도하는 것이 다르다. 이 차이는 인간에게 있다. 왜냐하면 "인간은 받아들이는 그릇"인 때문이다. 사람은 무슨 일이나 그 행하는 것이 다 자기가 하는 줄로 믿고 있다. 사람은 그 자신이 악의 원인이 되고 주님은 조금도 관계없다. 사람의 마음속에 있는 악은 그 마음에 있는 지옥이다. 그러므로 악이라 하나 지옥이라 하나 한 가지다. 저가 지옥 가는 것은 스스로 가는 것이요, 주님께서 가게 한 것이 아니다. 사람이 악에 살기를 원치 않고 그것을 사랑하지 않는 한 주님은 결코 사람을 지옥에 보내지 않을 뿐 아니라 오히려 그를 지옥에서 구출하려 하신다.

악을 불붙듯 사랑하는 자는 머리를 밑으로 발을 위로 거꾸로 떨어져 지옥으로 들어간다. 이렇게 보이므로 하나님이 지옥에 떨어뜨리는 것으로 생각 되는 것이다.

불교와 도교의 전해져 오는 사후세계는 죽어서 염라대왕 앞으로 가서 심판을 받는데, 저승을 다스리는 왕은 열 분인데 내용은 이러하다.

첫 번째가 진광왕(秦廣王殿)인 것이다. 사람이 죽으면 명도(冥途)라고 하는 저승길로 가서 마침내 첫 이레(初 7忌日)되는 날 진광왕 앞에 당도한다. 생전에 불효 했거나 인과법칙을 믿지 않았거나, 무거운 죄를 지은 사람은 모두가 이곳 염마지옥에 떨어진다는 것이다. 진광왕 앞에서 생전에 지은 죄업에 대해 심판을 받는다.

두 번째로 가는 왕전은 초강왕전(楚江王殿)이다. 죽은 뒤 27일 되는 날에 이 왕전에 도달한다. 이 왕전이 본당은 내하라고 큰 강 기슭에 있고 초강왕은 죽은 사람의 내하 도강을 전적으로 감시하고 있다. 죽은 사람의 죄업이 무거우냐 가벼우냐에 따라 각각 다른 장소에서 이 강을 건너게 된다. 본 당에 닿으면 생전의 죄업을 심판 받으며 가벼우면 좋은 길로 무거우면 나쁜 길로 끌려간다.

세 번째 왕은 송제왕전(宋帝王殿)이다. 죽은 지 37일이 되는 기일에 송제왕 앞으로 가게 된다. 죽은 사람이 이 왕전에 와서 역시 생전에 지은 죄업을 또다시 심판 받는다. 죽은 사람이 이곳에 도착하면 사납고 극악스러운 고양이떼가 몰려들고 큰 뱀들이 우굴 우굴 나타난다. 그의 죄업에 따라 고통을 받게 된다.

네 번째로는 오관왕전(五官王殿)이다. 죽은 지 47일 되는 기일에 오관왕 앞에 선다. 여기서는 생전에 거짓말한 죄만을 전적으로 다스리는 곳이다. 본당 좌우로 한 칸짜리 집이 있는 데 왼쪽 집을 평량사라 부르고 바른쪽 집을 감록이라 부른다. 평량사 안에는 신비한 저울과 요술 경대가 있어서 죽은 사람의 말이 진실인가 여부를 가려내게 한다.

다섯 번째는 염라왕전(閻羅王殿) 앞이다. 이 왕은 동생신이라 부르는 두 부하를 거느리고 있다. 왼쪽 동생신은 중생의 악행만을 기록하는데 생김새가 나찰처럼 험상 궂고 바른쪽 동생신은 선행만을 기록하는데 모습이 인자하다. 본당에는 두 개의 궁전이 있는데 그 하나는 광명왕원 다른 하나는 선명청원이라 부른다. 광명왕원에는 광명왕경이란 커다란 저울이 걸려있다. 이 거울은 삼세에 걸친 모든 내막을 선명하게 비쳐준다. 또한 팔방에도 엄경이라는 경대가 있는데 죽은 사람이 머리를 잡고 바른쪽으로 돌면 생전에 행한 선악의 내용이 그대로 나타난다.

여섯 번째 왕은 변성왕(卞城王) 앞이다. 죽은 지 67일 되는 날에는 변성왕전 앞에 다다른다. 염라왕전과 이 변성왕전까지 오려면 반드시 철환소라는 곳을 통과하지 않으면 안 된다. 생전에 악한 일을 많이 한 사람은 이 철환소를 지날 때 커다란 돌로 사정없이 얻어맞으며 갖가지 고통을 당한 끝에 변성왕전에 닿게 되고 이곳에서도 생전에 지은 죄업을 심판 받는다.

일곱째 가는 곳이 태산왕전(泰山王殿)이다. 죽은 지 77일 되는 날이 왕전에 도달한다. 죽은 사람이 태산왕전에 닿기 전에 반드시 암철소라는 곳을 통과해야 한다. 이곳은 매우 험악하며 사방을 분간 못할 지경으로 깜깜하고 길도 좁다 양쪽 벽에는 칼날 같은 쇠 꼬챙이가 무수히 돋아나 있으므로 사람이 이곳을 통과 할 때는 반드시 지독한 고

초를 겪는다. 왕전 앞에는 여섯 개의 아치가 있다. 지옥계, 아귀계, 축생계, 수라계, 인계, 천계 육도 윤회를 분류하는 문이다.

여덟 번째는 도시왕전(都市王殿) 죽은 지 1주년이 되는 기일에 닿는 곳이다. 왕전 앞에는 불궤가 하나 놓여 있다. 죽은 사람이 이곳에 이르렀을 때, 그가 만약 무거운 죄를 지은 사람이면 불궤 뚜껑을 열자마자 불꽃이 솟아나와 온몸을 불사른다고 한다.

아홉 번째는 평등왕전(平等王殿)이다. 이 왕은 사후 며칠째 닿는지 일정치가 않다. 죽은 사람이 생전에 지은 죄가 여기서 최종적으로 확정되면 다음 열 번째 전륜왕전으로 보내진다.

이 왕은 성난 모습을 하고 있지만 속은 자비심에 가득차 있어 죽은 사람에게 형벌만 주는 것이 아니라 교훈의 말도 준다. 저승의 왕 가운데 마지막으로 가 닿는 곳이 오도전륜왕전(五道轉輪王殿) 전륜왕은 눈이 열 개에 어깨가 넷이나 되는 옥졸을 거느리고 중생의 어리석음과 번뇌를 다스린다. 이 왕전에는 죽은 지 3주년이 되는 기일에 닿는다. 여기서 생전에 지은 죄업을 판정 받는다고 한다.

주께서는 그 신적 본질 즉 선, 애, 자비의 본체로서 모든 사람에게 한 가지로 임할 수 없는 것은 각 사람의 가진 악과 거짓이 주의「신적 유입」을 막고 배척하는 때문이다. "악"과 "거짓"은 마치 태양과 눈 사이에서 빛을 막고 맑은 광선을 가리 우는 구름과 같다.

세상의 죄와 벌에 대해서도 어느 정도 설명이 가능하다. 즉 이 세상의 법률은 하나하나의 죄에 해당하는 법을 제정하여 있기 때문에 죄의 길로 가는 자는 곧 벌의 길로 가는 자이다. 다만 이 세상과 저 세상과의 차이는 이 세상에서는 죄를 숨길 수 있으나 저 세상에서는 결코 숨길 수 없다는 것이다.

3. 지옥에 있는 자

지옥에 있는 자는 자애(自愛)와 세애(世愛)에서 생기는 악과 거짓에 있다. 지옥에 있는 자는 다 모든 악과 거짓에 살고 있다. 마음은 악하면서 겉으로는 선과 진리에 거하는 것은 육체에 뿐이다. 한 번 저 세상에 가서 외분(外分)을 벗어버리고 내분(內分)이 나타날 때에는 저들이 악과 거짓에 살고 있는 것이 드러난다. 저들의 영은 악 자체요, 악에서는 다만 거짓만이 나오는 때문에 악에서 진리를 말하기를 불가능한 때문이다. 모든 악령들은 지옥에 떨어지기 전에 이 상태가 된다. 이것을 일컬어 진리와 선에 관한 "이탈(vastation)"이라 한다. 악이 천국에 올리어 질 수 없고 선이 지옥으로 내려갈 수 없기 때문에 불가분의 분리가 이루어지는 것이다. 참으로 영인이 된 자는 그 마음의 내분에 상응하는 얼굴과 신체를 가지기 때문 그래서 그의 외형(外形)은 그의 내분의 모형이요 즉 자아상이다.

이것이 위에 말한 바 제1, 제2 상태를 경과한 후의 영인이다. 지옥에 있는 모든 영들은 주를 등지고 흑암과 그늘을 향하고 있다.

일반적으로 저들은 무서운 상이다. 죽은 시체같이 생기가 없고, 어떤 자의 얼굴은 검고, 더러는 횃불 같이 불타고, 더러는 사마귀, 여드름 및 헌대가 나서 보기 흉하고, 어떤 자는 얼굴이 보이지 않고 털뿐이요, 뼈만 남은 듯이 보이며, 어떤 자의 얼굴은 이만 크게 보인다. 저들의 형체는 괴물 같고 그 말은 분노와 미움과 복수가 담겨있다.

왜냐하면 저들의 말은 거짓에서 오고 육성은 악에서 오는 때문이다. 한마디로 말하면 저들은 다 그 살고 있는 지옥을 표상하고 있는 것이다.

스베덴보리는 지옥을 경험한 이야기를 이렇게 이야기하고 있다. 지옥에 가는 영인을 따라 들어가 본 일이 있다. 나는 어두운 땅굴 같은 통로를 통해서 지옥에 들어갔다. 통로를 얼마나 갔었는지는 알 수 없으나 얼마 후 길은 비스듬히 꺽이고, 그곳에 내려가는 계단이 있었다.

그러나 이 계단은 20~30단 정도만 눈에 보일 뿐, 그 앞은 어디까지나 무한정으로 아래를 향해 있는 것이 아닐까 하는 느낌이 들었던 계단이므로 지금도 확실히 기억하고 있다. 나는 이 계단을 무서워하면서도 한 계단 한 계단을 조심스럽게 내려갔다. 주위는 어둠에 쌓여 있었는데 아주 희미한 빛이 내 주위의 세계를 비치고 있었다. 그러나 그 빛이 어디서 비치고 있는 것인지는 도무지 알 수가 없었다. 계단을 얼마동안 내려가자 그 계단은 똑같은 몇 개인가의 계단으로 다시 나뉘어져 있었다. 나는 그 중 한 계단을 골라서 내려갔다. 이 계단을 아주 오래 동안 내려 왔을 때, 나는 시커먼 안개 비슷한 것에 계단도 나도 싸여버린 것을 알았다. 그러나 잠시 후 내 눈이 시커먼 안개 비슷한 것에 익숙해지자, 나에게는 먼 곳에 작고 붉은 색깔을 띤 빛이 있는 것이 보였고, 또 시커먼 안개 밑에 땅 표면 같은 것이 있는 것도 보였다. 나는 지면을 향해 계단을 내려갔다. 그러자 그곳에 계단의 층계참과 같이 조금 넓직한 곳이 나왔다. 나는 층계참에 내려서서 주위를 둘러보았다. 의지할 곳이란 오직 아까 보았던 작은 빛 뿐이다. 작은 빛, 그것은 꼭 영계의 태양처럼 무한히 먼 곳에 있는 것 같이 보였다. 다만 밝음과 빛의 색깔이 다를 뿐이었다. 이 작은 빛에 비추어 보았더니 내가 층계참이라고 생각했던 것이 층계참이 아니라, 넓게 퍼져 나간 세계의 일부임을 알게 되었다. 눈이 어둠에 익숙해짐에 따라 나에게는 그곳에 펼쳐진 세계가 영계와 마찬가지로 광대무변하게 넓디넓은 세계임을 알 수 있게 되었다. 그리고 그곳에는 역시 영계와 마찬가지로 수많은 영들이 영원한 삶을 보내고 있었던 것이다. 그런데 이 영들의 모습 · 형태 · 얼굴 생김새 등은 앞에서 기술한 바와 같이 어느 것이나 추하고 기괴하기 짝이 없으며, 아무리 생각해도 같은 영이라고는 여겨지지 않았다. 어떤 자의 얼굴은 검고 추하고, 또 어떤 자는 얼굴 가득히 곰보 자국이 있었고, 어떤 자는 오싹해지는 이 만을 드러내고 있었다. … 이 세계에도 역시 영들의 집이나 거리, 나무 … 영계에 있는 것은 빠짐없이 있는 것 같았으나, 그것들은 한같이 정면으로는 볼 수 없을 정도의 기괴한 모습이었고, 또 이 세계 전체에 코를 찌르는 듯한 기분 나쁜 악취가 가득차 있었다. 나는 이 세계를 아까 말했던 작은 빛 하나를 의지하여 그쪽을 향해 걸어갔다. 이 세계의 모양은 어디까지 가도 무시무시하고 기분 나쁜 것들뿐이었다. 어떤 거리의 길모퉁이 같이 보이는 곳에 나왔을 때 갑자기 한 사람의 영이 뛰어 나왔다. 그는 무엇인가 뜻도 알 수 없는 말을 큰 소리로 외치고 있었다. 그러자 그를 쫓아서라도 온 듯 다른 흉령 하나가 뛰어 나와서 아까의 흉령과 똑같이 악을 쓰고 있었다. 내가 놀라서 자세히 보고 있을 사이도 없이 거리의 이곳저곳으로부터 한결같이 추하고 괴상한 얼굴 생김새와 모습을 한 흉령들이 몇 백, 몇 천이나 모여 들었다.

그들은 누구나 다 그 추악한 얼굴을 더 한층 추하게 찡그리고 큰 소리로 무엇인가를 외치고 서로 욕지거리를 하고 있었다. 나에게는 그들이 하고 있는 말의 뜻이 무엇인지 알 수 없었다. 그러나 하는 말의 밑바닥에 있는 것은 전부가 노여움 · 증오심 · 복수의 집념 · 허위 따위 뿐 이었고, 그 말투는 도저히 참고 들을 수 없는 것이어서 나의 몸을 얼어붙게 만들었다. 그러나 곧 이어서 내 눈 앞에서 일어난 사건은 더 한층 나를 견디기 어렵게 만들었다. 그들 전원이 제일 먼저 길모퉁

이에 뛰어 나왔던 흉령에게로 덤벼들었다. 어떤 자는 그를 구타하고, 어떤 자는 돌을 던지고, 어떤 자는 밀어 붙이고, 또 눈이나 이 사이에 막대기나 혹은 손가락을 쑤셔 넣어 그를 못살게 구는 자도 있었다. 그의 고통에 못 이겨 내지르는 비명소리와 그 괴로운 표정은 나에게 심장을 꿰뚫는 아픔을 느끼게 하였다. 그러나 그 수많은 흉령들은 그가 소리를 지를 때 마다 잔학행위 도를 더해 갈뿐 이었다. … 나는 너무나도 비참한 상황에 눈을 가리고서 그곳을 떠나 또 작은 빛 쪽을 향해 걸어 나갔다. 그러나 얼마 가지도 않아 그곳에서도 아까와 같은 사건이 일어나고 있는 것을 목격했다. 나는 이때 침착하게 이 세계 전체를 내려다보았다. 거기에는 내가 본 것은 이 광대한 세계의 도처에서 똑같은 일이 몇 천 몇 만 건이나 일어나고 있는 것이 보였다. 나는 이것이 지옥의 고통임을 비로소 알게 되었다. 다시 얼마 동안 걸어간 나는 또 계단 같은 것이 있는 곳에 닿았다. 이 추악한 세계에 견디기 어려움을 느낀 나는 이 세상에서 빠져 나가기 위해 급히 그 계단을 내려갔다.

그런데 거기에서 본 것은 아까의 세계보다도 더 한층 추악하고 괴기한 세계이어서 나는 거의 기절해 버릴 정도였다. 흉령들의 얼굴 생김새 · 모습 · 형태도 더욱 더 추악하고 무서운 것이었으며, 또 거기에서 보는 일체의 것은 이에 호응하듯, 아까의 세계보다도 더욱 괴기와 추악함을 보이고, 코를 찌르는 악취와 더러움은 더욱 심한 것이었다.

지옥의 세계도 영계와 마찬가지로 세 개의 세계로 나누어져 있다. 그리고 이 세 개의 세계는 위에서 내려다보면 밑바닥이 없는 늪처럼 시커먼 안개 속에 있으며, 밑으로 내려갈수록 흉악한 영이 사는 무서운 세계가 된다. 이 맨 밑의 세계는 가공의 지옥과 같은 공포에 싸여 있다고 해도 좋을 것이다. 지옥에도 하나도 같은 것이 없다. 모든 세계에는 천차만별이라고 할 수 있는 상이점이 있고 공통점이라고 한다면 그 어느 세계나 추악함에 가득차 있고 흉악한 영들이 살고 있다는 것과 그 세계에서는 항상 증오 · 경멸 · 보복 따위의 마음과 쟁투로 가득 차 있다는 것이다. 내가 본 지옥에도 여러 가지가 있었다. 어떤 지옥에는 쓰레기와 분토(糞土)만 이었고 또 음방(淫房)만 있는 지옥도 있었으며, 화재를 만나서 타다 남은 자리와도 같은 인상을 주는 지옥도 있었다. 무섭게 보이는 우거진 숲과 같은 지옥에서는 흉령들이 그 숲속을 맹수들처럼 어정어정 걸어 다니고 있었다. 또 지옥의 흉령들에게 공통된 특징은 그들이 아무리 흉악하기 짝이 없고, 흉악한 행동을 즐기는 자라도 모두 어딘가 모르게 생기를 잃고 시체와 같은 〈죽음〉의 인상을 강하게 주는 점이었다. 이것은 그들이 영계의 참다운 생명의 근원인 영계의 태양과 연관을 갖지 못하고 있기 때문이다. 또 한 가지 말하자면 내가 지옥계에서 본 작은 빛은 실은 이 세상, 즉 자연적 태양의 빛이었다. 아직도 물질계의 욕망이나 아욕(我慾)을 완전히 벗어나지 못한 흉령들은 물질계의 태양빛과 연관을 갖고 살아가려고 하는 태도를, 죽은 후 몇 만년이 지나도 버리지 못하고 있음을 나타낸다. 그러나 이 세상의 태양이 영의 세계에서 빛도 힘도 가질 수 없는 것은 영계의 태양이 이 세상에 거의 빛을 갖지 못하고 사람들에게 그 존재조차도 알려지지 않고 있는 것에 생각해보면 누구에게나 쉽게 이해 될 수 있는 일이다. 즉 영계의 태양은 이 세상에 그 모습을 아주 희미하게나마 보이는 것은 유령이 이 세상에 나타난다거나, 사람들이 죽음의 통지를 받는다든가 하는 극히 드문 때이며, 더구나 한 순간에 지나지 않는 일이고, 이 세상에서 빛과 힘을 갖고 있는 것은 자연계의 태양뿐인 것이다. 영계에서의 이 관계는 정반대로 되어 있는 셈이다.

지옥계에서 영계를 보면 영계의 태양과 지옥계 사이에는 항상 시커먼 구름이 떠있다. 이 시커먼 구름이 영계의 태양빛과 영류가 지옥계에 이르려고 하는 것을 막고 있다 이 검은 구름의 정체는 실은 지옥의 흉령들의 상념이 모여서 만들어진 것이다. 그러므로 지옥의 영의 작은 단체위에 뒤 덮여 있는 검은 구름은 그 단체를 덮을 만한 크기이며 큰 단체위에 덮여 있는 검은 구름은 그 단체만큼 크다. 이에 대해서 영계의 태양빛과 영류는 항상 검은 구름을 흩어지게 하고 빛과 영류를 지옥에게로 이르게 하려고 하고 있다. 여기에서는 이와 같은 쟁투가 되풀이되고 있는 셈이다. 때로 영계의 태양이 우세할 경우에는 빛과 영류가 지옥계에 도달하여 흉령들에게 참으로 죽음의 고통을 맛보게 한다. 흉령들이 이 고통에서 빠져나오기 위해 검은 구름의 힘을 강하게 하거나 또 다른 장소로 이동한다.

지옥 전체를 총괄하여 보면 그것은 한 개의 악마와 같다. 지옥의 영들이 천국의 광명으로 비쳐 볼 때는 이같이 악마의 상으로 보이지만 저들 사이에 서로 대할 때는 보통 사람으로 보인다. 이같이 저들 상호간에 험상스럽게 보이지 않는 것은 주님의 긍휼에서 나온 선택이다.

저들은 천국의 빛을 두려워서 그들 자신의 빛 가운데 몸을 숨는다. 그들의 빛이라 함은 석탄불과 같고 타는 유황불빛 같다. 천국의 빛이 그 위치에 비치면 그들의 빛은 짙은 흑암으로 변한다. 이것은 거기 사는 자의 악에서 나오는 모든 거짓을 나타내는 것이다. 저들은 모두 자아애와 세애의 표상으로 저들의 악은 다 근원이 이 두 가지의 사랑에서 출발한다는 것을 알 수 있다. 주께 대한 사랑과 이웃사랑이 천국을 지배하고 구성하듯이 상반된 사랑이다.

자아애(自我愛)란 무엇인가?

자기 한사람의 행복만 욕구하는 것이다. 자기에게 유익이 될 때에 만남을 위하여 일한다. 교회나 국가나 사회를 위하여 일하는 것도 자기를 위함이다.

그러므로 이 사랑에 있는 자는 자기의 명예와 존귀와 영광을 얻는 일이 아니라면 결코 다른 사람을 향하여 인애를 베풀지 않는다. 그는 남을 위하여 일할 때 자기에게 유익이 없다면 마음으로 생각하기를 「이 일이 내게 무슨 관계가 있는가. 왜 내가 이 일을 하지 않으면 안 되는가?」자아애에 있는 자는 교회나 국가나 사회를 사랑하는 것이 아니요, 다만 자기를 사랑하는 자이다. 즉 아집이요, 아집(我執)은 악(惡)이다. 자기를 사랑하는 자는 또 자기에게 속한 것을 사랑한다. 즉 개별적으로 말하면 아들, 손자 전체적으로 말하면 자기와 하나 되고 자기의 것이 된 자를 사랑한다. 저가 자기의 것이라고 생각하는 자 중에는 또한 저를 칭찬하고 존경하며 그 사랑을 구하는 모든 사람들이다. 한마디로 말하면 아집에 사는 자는 이 사랑을 머리에 얹고, 천국적 사랑을 발밑에 밟고 그 위에 선자다. 만약 천국의 사랑이 그에게 순종치 않을 때는 이것을 발로 밟아 버린다. 그러므로 지옥에 떨어지는 자는 머리를 밑으로, 발을 위로 거꾸로 떨어지는 모습으로 보이는 것이다.

천국적 사랑이라 함은 일을 위하여 일을 사랑하고 선을 사랑하고 교회와 국가와 사회와 동포를 위하여 몸 바쳐 실행하는 일이다. 이것이 또 하나님을 사랑하고 이웃을 사랑하는 일이다. 왜냐하면 모든 일과 선은 하나님께 로서 오고 이웃은 사랑을 받을 대상이기 때문이다.

자애에 사는 자는 교회, 국가, 사회, 동포가 자기를 섬기기를 원하고 자기가 이것을 봉사하려고 하지 않는다. 자기를 저들위에 두고 저들은 자기 아래 두는 까닭이다.

아집이란 무엇인가?

사람이 가지고 있는 유전적 악습으로 자기를 신보다 더 사랑하고 세상을 천국보다 더 사랑하는 것을 그 본성으로 하고 있는 까닭이다. 자아애에 있는 자는 이웃을 사랑할 때 근원을 자신에게서 출발한다. 누구나 다 자기의 이웃이라 한다. 이웃에 대한 영적 사랑은 주께로 와서 주를 중심으로 하고 사랑과 신앙으로 주와 결합한 모든 사람을 향하여 나간다.

자기에게서 나온 이웃사랑은 아집에서 나온 악이고. 주님께로서 나온 이웃사랑은 주님 즉 선 자체에서 시작된 것이다.

아집에 사는 자는 이것을 발로 밟아버린다. 그러므로 지옥에 떨어지는 자는 머리가 밑으로 발을 거꾸로 떨어지는 모습으로 보이는 것이다. 자아 애의 성질은 그를 구속하는 것만 풀린다면 법률이나 책벌의 공포나 명예, 명성, 이익, 직업, 생명을 잃을 염려만 없다면 이 사랑은 어디까지나 돌진하며 마침내는 이 세계뿐만 아니라 온 천국과 신성 자체까지도 통어하려고 한다. 말하자면 자아애는 제한을 알지 못하며 끝장을 모르는 까닭이다. 세상에서는 외부의 구속이 있어 이것을 억제하고 있으므로 밖으로 나타나지 않는 것이다. 세상 권력을 가진 자나 왕권을 가진 자를 보면 알 수 있다.

저들은 아무 구속을 받는 일이 없으므로 성공하는 대로 다른 나라와

도시를 정복하고, 그 영광과 권력을 탐하여 그칠 줄을 모르는 것이다. 자기를 더 사랑하는 자의 생각과 애정의 내분은 자기와 세상을 향하고 주 와 천국과는 등진다. 그러므로 저들은 모든 종류의 죄악에 중독되어 신성이 유입할 수 없다.

흑암은 악을 표시하고 세상의 태양은 자아애(自我愛)를 표현하고 있는 것이다. 자아애에 살고 있는 자가 가진 모든 악은 대게 남에게 대한 멸시, 질투, 자기를 좋아하지 않는 자에 대한 미움, 거기서 일어나는 적의, 모든 원한, 복수, 간교, 시기, 무자비 등등 잔인함이 많다.

종교상 사물에 대하여는 신성과 신에 관한 사물 즉 교회의 진리와 모든 선사(善事)를 멸시할 뿐만 아니라 이에 대한 적의를 갖고 있다.

사람이 한 영인이 되면 이 적의는 변하여 증오로 변한다. 이렇게 되면 하나님께 예배하는 사람들에게 대하여는 불타는 미움을 가지게 된다. 그 중에는 변소에 빠져 있는 자도 있다.

세애(世愛)는 어떠한 것인가?

이 사랑이 천국적 사랑과 반대되는 것은 자아애 만큼 심하지는 않다. 왜냐하면 이 사랑 속에 포함된 악은 그다지 큰 악이 아닌 때문이다. 세애라 함은 모든 기만 술책을 써서 다른 사람의 재산을 내것으로 만들려고 항상 마음을 돈에 쏟고 세상 흐름대로 따라가서 영적 사랑 즉 이웃사랑에서 떠나는 일이다. (영화 〈사랑과 영혼〉 : 나쁜 역을 맡았던 배우가 다른 사람을 이용해서 자기의 이득을 만드는 술책을 부리는 것이다.)

이것은 천국에서 떠나고 신성에서 떠나는 일이다. 세애에는 많은 종류가 있다. 먼저 명예를 높이기 위해 돈을 사랑하고 돈을 모으기 위하여 돈을 사랑하는 자도 있고, 세상환락을 얻기 위하여 돈을 사랑하는 자도 있고 그 밖에 여러 가지가 있다.

돈을 모으는 목적을 "용(用)"이라 한다. 그래서 애의 성질을 결정하는 것은 그 용(用) 즉 목적이다. 목적 여하에 따라 그 사랑이 어떤 것임을 알 수 있고 그 밖의 모든 것은 수단에 불과한 것이다.

4. 지옥의 불

지옥의 불이란 무엇인가? 이를 간다는 것은 무엇인가? 성경에 지옥에는 꺼지지 않는 불이 있고, 이를 간다는 말이 있는데 세상에서 그 뜻을 아는 자는 거의 없다. 어떠한 이들은 벌을 의미하기도 하고 어떤 사람은 양심의 가책이라 하기도 하고 어떤 사람은 죄인을 두렵게 하는 예고라고 생각하는 사람도 있다.

열에는 두 가지 근원이 있다.

하나는 천국의 태양 즉 주님이시오 하나는 이 세상의 태양이다. 천국의 태양 즉 주께서 오는 열은 영적 열인데 그 본질은 사랑이다. 그러나 이 세상의 태양에서 오는 열은 자연적인 열이니 그 본질은 사랑이 아니요 다만 영적 열 즉 사랑을 받는 그릇으로 역할을 하는 것이다.

모든 유입은 영계에서 자연계에 흘러 들어오는 것이다.

자연적인 것은 영적인 것에 의하여 비로소 존재하고 또 존속하는 때문. 식물계 속하는 것도 영계에서 내류(內流)에 의하여 싹이 트는 것이다.

영의 열은 사람에게 있어서는 생명의 열이다. 본질이 사랑이기 때문에 이 열이 성경에 말한 「불」인데 주애(主愛)와 이웃 애(愛)는 「천국 불」이요 자아 애(愛)와 세애(愛)는 「지옥의 불」이다.

「지옥 불」인 사랑과 「천국 불」인 사랑은 그 근원이 같아서 둘 다 천국의 태양인 주님께로서 오는 것이다. 그러나 이것을 받는 자에 따라서 지옥불로 변한다. 왜냐하면 영계에서 오는 모든 내류(內流)는 이것을 받는데 따라 달라진다. 천국의 빛이 선의 진리에 유입할 때는 이지와 지혜를 낳게 하나 악과 거짓에 유입할 때는 여러 가지 종류의 망상과 광증으로 변하여 버린다. 그것은 이 세상 태양에서 오는 열과 빛에 있어서도 마찬가지이다. 태양의 열이 나무나 꽃밭 위에 오면 그 초목을 자라게 하고, 아름다운 꽃이 피게 하고, 달콤한 향기를 뿜게 한다. 그러나 이 열이 오물이나 썩은 물체 위에 임할 때는 그것을 썩게 하고, 고약한 냄새를 풍기게 한다. 동시에 같은 태양의 빛은 한쪽 물체에는 아름답고 상쾌한 색체를 만들어 내는데 다른 물체에서는 더럽고 불쾌한 빛을 나타난다. 천국의 태양 즉 사랑에서 오는 열과 빛에도 이와 같은 것이 있다.

지옥불은 자아 애(愛)와 세 애(愛)임으로 그것은 이 두 사랑에서 오는 정욕이다. 이 사랑에서 일어나는 모든 악은 남을 멸시하고 자기를 좋아하지 않는 자에 대한 미움과 적의, 질투, 원한, 복수 여기서 오는 포악과 잔인이다.

또 신성에 대한 모든 악이라 함은 교회에 속한 신성한 사물을 부정하고 그 결과 조롱 모독된 일을 하는 것이다.

요한계시록 18:2~18 무너졌도다 무너졌도다 큰 성 바벨론이여 귀신의 처소와 각종 더러운 영의 모이는 곳과 각종 더럽고 가증한 새의 모이는 곳이 되었도다.

요한계시록 9:2 무저항을 여니 그 구멍에서 큰 풀무의 연기 같은 연기가 올라오며 해와 공기가 그 구멍의 연기로 인하여 어두워지며

요한계시록 21:8 두려워하는 자들과 흉악한 자들과 살인자들과 행음자들과 술객들과 우상숭배자들과 모든 거짓말 하는 자들은 불과 유황으로 타는 못에 참여하리니

마태복음 3:10, 누가복음 3:9 이미 도끼가 나무뿌리에 놓였으니 좋은 열매 맺지 아니하는 나무마다 찍어 불에 던지 우리라

마태복음 13:41, 42 인자가 그 천사들을 보내리니 저희가 그 나라에서 모든 넘어지게 하는 것과 또 불법을 행하는 자들을 거두어 내어 풀무 불에 던져 넣으리니 거기서 울며 이를 갊이 있으리라

마태복음 25:41 저주를 받은 자들아 나를 떠나 마귀와 그 사자들을 위하여 예비 된 영영한 불에 들어가라.

마태복음 18:8, 9 만일 네 손이나 네 발이 너를 범죄케 하거든 찍어 내버리라 불구자나 절뚝발이로 영생에 들어가는 것이 두 손과 두 발을 가지고 영원한 불에 던지우는 것보다 나으니라 만일 내 눈이 너를 범죄케 하거든 빼어 버리라 한 눈으로 영생에 들어가는 것이 두 눈을 가지고 지옥불에 던지우는 것보다 나으니라

누가복음 16:23,24 저가 음부에서 고통 중에 눈을 들어 멀리 아브라함과 그의 품에 있는 나사로를 보고 불러 가로되 아버지 아브라함이여 나를 긍휼히 여기사 나사로를 보내어 그 손가락 끝에 물을 찍어 내 혀를 서늘하게 하소서 내가 이 불꽃 가운데서 고민 하나이다.

이상의 많은 성구로 「불」은 「자기사랑」과 「세상사랑」을 말하는 것이요, 거기서 올라오는 연기는 「악에서 오는 거짓」을 말하는 것이다.

지옥불은 자아애(自我愛)와 세애(世愛)에서 나온다.

악을 행하려는 정욕을 의미하는 것으로 또 이것이 지옥에 사는 모든 사람의 정욕으로 지옥이 열릴 때는 화재 때와 같은 불과 연기가 나오는 것이다. 자아애가 충만한 지옥에서는 강렬한 불이 보이고, 세 애가 충만한 지옥에서는 불꽃이 이는 불이 보인다. 지옥이 닫히면 이 불은 보이지 않는다. 그 대신 연기가 엉킨 듯한 일종의 흑암이 보인다.

한 가지 알아야 할 것은 지옥에 있는 자가 불 가운데 있는 것은 아니라는 점이다. 불은 다만 한 현상이요, 아무 화상도 느끼지 않는다. 다만 저들이 이 세상에 있을 때에 느낀 것과 같은 열을 느낄 뿐이다. 이 불의 현상은 상응에서 오는 것으로 사랑은 불에 상응하는 것이다.

이 지옥불 즉 열은 천국에서 유입하는 열을 만나면 극한으로 식어져 버린다는 것을 알아야 한다. 이때 지옥에 있는 자는 학질열병에 걸린 자와 같이 몸이 떨리고 마음속에 고민이 생긴다. 이것은 저들이 신성을 등지는 까닭이다. 천국의 열은 신애(神愛), 지옥의 열은 자아애(自我愛)로 소멸하므로 이 같은 오한이 나고 몸이 떨리고 고통이 일어나는 것이다.

지옥에서 소란이 극도로 달할 때 그것을 진정하기 위한 필요에서 생기는 것이다. 모든 포악의 행위와 여기서 일어나는 모든 고민도 "지옥의 불"이다. 이것이 다 정욕의 결과이다.

지옥에는 "공포"와 "고통"이 있다. 모든 지옥에서는 그 속에 사는 악령들의 정욕에서 뿜어 나오는 "원상방사선(sphere of the Lusts)"이 있다. 사람이 욕구하는 거기에 사람의 기쁨이 있으므로 욕정과 기쁨은 하나다. 영인은 스스로 지옥을 향하고 마음으로 기뻐하며 그곳을 찾아간다.

정욕은 지옥적인 사랑에서 오고, 지옥적인 사랑은 그 의지에서 오고 의지는 그 사람의 성격을 나타난다. 영계에 있는 자는 그 자성에 거슬러 행동하는 자가 하나도 없는 때문이다.

처음에는 친절히 환영하며 스스로 친구들 속에 들어온 줄로 믿는다. 그러나 이 상태는 불과 몇 시간 만에 끝나고 얼마 안 되어 그가 자기가 가지고 있는 간교와 능력이 어떤가를 조사받고 조사가 끝나면 저들은 그를 여러 가지 방법으로 괴롭게 하며 또 그 고통이 점점 심해지고 차츰 격렬하여진다. 지옥이 더 깊은데 들어가면 거기서는 악령이 더 흉악하다. 이 같은 고통에 뒤이어 저들은 그를 혹독히 벌하기 시작한다. 그리고 마침내 저는 노예와 같은 상태에 빠지게 된다.

지옥에서는 누구나 큰 자가 되려고 다른 사람에게 대한 마음에 불타고 있으므로 반항과 반란이 끊이지 않고 일어난다. 노예되었던 자가 해방되어 또 다른 새 악마를 도와 남을 정복하는 데 돕는 역할을 한다. 만약 이 악마에 복종치 않고 거역할 때에는 저는 여러 가지 방법으로 고통을 받는다. "지옥의 가책"이요, "지옥의 불"이다.

"이를 간다"는 것은 모든 허위에서 서로 싸우고 계속적으로 투쟁이 끊이지 않는 것을 말함이다. 허위에 살면서 다른 사람에 대한 멸시, 적대, 조소, 질욕, 모독의 모든 악과 합하여 서로 난투하는 것도 "이를 간다고"한다. 이 모든 악이 파멸할 때에는 여러 가지 싸움을 일으킨다. 그것은 각 각 자기의 허위를 진리로 주장하는데서 일어나는 투쟁이다. 이 항쟁과 난투가 지옥 밖에서는 이를 가는 것같이 들리는 것이다. 또 천국에서의 진리가 그 가운데 유입될 때는 실제로 이를 가는 것으로 변한다.

자연을 시인하고 신성을 부정하는 자는 다 이런 지옥에 있고 더욱이 부정을 굳게 하고 고집하는 자는 더 깊은 지옥으로 들어가게 되는 것이다. 이들 대부분은 육적이요, 감각적인 영이므로 눈으로 보고 손으로 만지는 것 외에는 아무것도 믿지 않는다. 감각에서 오는 모든 허위가 저들에게는 진리가 되어 저들은 이 허위를 가지고 진리라고 서로 싸우는 것이다.

마태복음 8:12 바깥 어두운 데 쫓겨나 거기서 울며 이를 갊이 있으리라. 누가복음 13:28 밖에 쫓겨 난 것을 볼 때에 거기서 슬피 울며 이를 갊이 있으리라. 마태복음 13:42 풀무불에 던져 넣으리니 거기서 울며 이를 갊이 있으리라.

5. 지옥영이 가지고 있는 악의와 흉악한 술책

사람이 사후 천인(天人)이 될 때에는 그가 세상에 살 때의 지혜나 총명과는 비교할 수 없을 정도로 우수한 것이다. 세상에 있을 때는 그 심령은 육체에 얽매여 몸이 자연계에 있기 때문이다. 심령이 육체를 벗어나서 영적 상태에 들어가면 이와 달라진다.

심령이 자연계에서 나와 자기의 속하였던 본래의 영계에 들어가기 때문이다.

사후는 사람의 자연적인 상념 속에는 도저히 들어갈 수 없는 것. 그러나 천인은 모두 본래 사람으로 태어나서 사람으로 살다가 온 사람들이다. 그 당시는 사람들과 비교하여 특별히 지혜가 우수하였던 것은 아니다.

천인들의 지혜와 이지를 가지고 있는 정도로 지옥의 악령들은 흉악한 간교를 가지고 있다. 천인적 영이 그 선에 의하여 생각하고 뜻하고 말하고 행하는 것처럼 지옥적 영도 악에 의하여 생각하고 뜻하고 말하고 행한다. 악 자체에 의하여 생각하고 뜻하고 말하고 행한다는 것은 그 악에 포함된 모든 사물에 의하여 생각하고 뜻하고 말하고 행동하는 것을 말한다.

사람의 심령 속에 악은 외관상으로는 충실, 정직, 공평, 진리와 선의 정동 중에 쌓여 숨겨 있다. 모든 덕은 사실 세상을 두려워 거짓으로 가장하였던 것이다. 지옥에서 나오는 흉악은 수천에 이르고 그 중에는 어떠한 말로도 표현할 수 없는 것이 있다. 저들의 극악함은 그 천분의 일도 여기서 기술할 수 없을 정도로 크고 주님의 보호와 지키심이 없다면 사람을 지옥에서 구출하는 것은 도저히 불가능 하다 라는 것이다.

주님께서는 저들이 신성을 시인하고 믿음과 사랑으로 생활하지 않는 한 인간을 지키지 않으신다. 그러지 않을 때 저들은 주님을 떠나 지옥적 영을 향하고 그들과 같은 사악에 감염되는 때문이다.

자아애의 악에 살면서 속으로 기만하는 자가 가장 악한 자들이다. 기만은 다른 악보다 가장 심각하게 다른 사람의 상념과 의지 속에 침투하여 해독을 주고 드디어 영적 생명을 완전히 파괴하여 버린다. 이 같은 자들은 대게 후방지옥에 빠져 있어 악귀(genil)라고 불리운다.

거기서 자태를 감추기를 좋아하고 유령같이 다른 사람의 주변을 돌며 가만히 저들에게 악을 주입한다. 그 악은 독사가 독을 뿌리듯 퍼트

린다. 저들은 다른 누구보다도 무서운 벌을 받는다. 한편 세애의 악에 있는 자는 전방의 지옥에 있다. 그들은 단순히 영이라고 일컫는다. 그 지옥은 좀 관대하다.

조금이라도 회개의 희망이 있는 사람에게 이와 같은 악귀가 접근하는 것은 주께서 허락하지 않으신다. 악귀의 흉포성은 사람의 양심을 파괴할 뿐 아니라 마음속에 잠겨있는 유전 악까지도 유발시키는 능력이 있기 때문이다. 이 유전악은 떠 일으키지 않으면 그대로 잠겨 있는 것이다. 이것을 막기 위하여 주는 방편적으로 이 모든 지옥을 전면 폐쇄하였다.

6. 지옥의 영상, 위치, 수

영계 즉 영인들과 천인들이 사는 세계에는 인류가 사는 자연계와 같은 사물이 존재한다. 외관은 조금도 다르지 않다. 영계에는 지상과 같이 있고 산이 있고 언덕이 있고 바위가 있고 산과 산 사이에 골이 있고, 또 물이 있고 그 밖에 모든 것이 다 있다. 그러나 이 모든 것은 영적 근원에 의하여 존재하고 다만 영인들과 천인들의 눈에 잘 보일 뿐 자연계에 사는 사람들의 눈에는 보이지 않는다.

사람이 특별한 허락으로 영안이 열리든지, 사후영인이 되든지 그 외에는 절대로 영계에 존재한 사물을 보지 못한다. 또 천인도 영인도 사람과 더불어 말하는 것을 허락받지 않으면(질서를 위해서) 자연계에 있는 사물을 하나도 볼 수가 없다. 왜냐하면 사람의 눈은 자연계의 빛을 받기에 합당하고 천인이나 영인들의 눈은 영계의 빛을 받기에 합당한 때문이다. 그러나 양자의 눈은 외관상에는 똑같다. 영계의 성질이 이러하므로 자연적인 사람은 그것을 이해할 수가 없다.

사람은 사후 저 세상에 들어가도 이 세상을 떠나 다른 세계에 들어간 것을 도무지 모른다. 그러므로 죽음은 단순히 한 세계에서 그와 같은 다른 세계로 옮겨 산다(translation)는 것을 말하는 것이다.

천국은 영계의 높은 곳에 있고 영인의 세계는 낮은 곳에 있고 그 밑에 지옥이 있다. 영인의 세계에 있는 영인들은 그 내적 시력이 열릴 때에만 천국을 볼 수 있다.

내분이 열릴 때에는 서로 분리되고 악령을 볼 수 없게 되고 다만 선령만 악령을 볼 수 있다. 선한 영은 악령을 등지고 있기 때문에 볼 수가 없고 지옥은 닫혀 있으므로 아무 사람에게도 보이지 않는다. 다만 입구만이 악령이 그리로 들어갈 때 열리는 때문에 보인다. 지옥은 어디든지 있다. 산과 언덕과 바위 밑에 있고 평원과 계곡 밑에도 있다.

지옥은 저들이 사는 악과 거짓에 상응하고, 불은 미움과 복수에 연기와 그을음은 거기서 오는 거짓에, 불꽃은 자아 애의 악에 안개와 구름은 자아애에서 오는 거짓에 상응한다.

주님 말씀에 합할 때에는 영인과 천인의 시력이 위로부터 아래 최저의 지옥 깊은 데까지 침투하여 가서 입구를 덮는 뚜껑에 관계없이 그 속에 사는 자의 성격을 조사해 낼 수 있다. 나는 이같이 하여 그 속을 엿볼 수 있었던 것이다.

지옥은 3층으로 되어 있어 상층은 깊은 흑암에 잠겼으니 거기는 악에 허위에 있는 자가 사는 때문이다. 아래층은 불같은 것이 보이는데 이는 악 자체의 사람들이 사는 때문이다.

내적으로 악을 행동하여 온 자는 더 깊은 지옥에 있고 다만 외적으로 악을 행하여 온자 즉 악의 허위에 있는 자는 그다지 깊지 않는 지옥에 있다.

어떤 지옥은 큰 화재 뒤의 가옥과 시가의 폐허와 같은 데가 있어 악령이 그 속에 숨어 살고 있다. 좀 온화한 지옥은 너절한 판자집 같은 것이 있어 그런 오막살이가 연달아 시가를 이루고 골목길과 거리 길도 있다. 집안에서는 악령들이 끊임없이 말다툼과 복수와 싸움과 난폭을 일삼는다. 골목길과 거리에서는 강도와 약탈이 횡행하고 있다. 어떤 지옥에는 창녀들만 있어 보기에도 구역질이 날 정도로 여러 가지 더러운 것과 배설물로 가득 차 있다.

또 어두운 숲이 있어 흉악한 악령들이 맹수와 같이 으르렁거리고 다니며 밀렵 속에는 지하로 뚫린 동굴이 있어 남에게 쫓겨오던 자가 그리로 도망쳐 숨는다. 또 사막이 있어 풀하나 없는 광야도 있다. 이 광야에는 지옥에서 엄한 형벌을 받고 추방당한 자가 와서 산다. 특히 세상 있을 때 다른 사람보다 간교하여 항상 음모와 술책을 꾸미고 기만을 일삼아 온 자들은 이곳에 와서 최후의 운명을 맞게 된다.

지옥의 자세한 위치는 천국의 천인들까지도 모른다. 다만 주님만 모든 것을 아신다. 그러나 저들 위치의 대개는 그 방위를 따라 알 수 있다. 천국과 같이 지옥도 각기 방위에 따라 구분되어 있기 때문이다. 영계에서는 방위는 사랑 여하에 따라 결정되고 천국에서는 모든 방위가 태양으로 동쪽에 계신 주님으로 시작된다. 지옥은 천국에 반대 되는 고로 그 방위는 서방에서 시작된다.

지옥의 수를 말한다면 천국의 모든 사회의 수만큼 많은 지옥이 있다. 왜냐하면 천국의 사회와 상응하여 지옥의 사회가 있으니 그것이 서로 대립되어 있는 때문이다.

이 모든 악들이 하나하나의 속에는 많은 특수한 다른 악이 포함되어 있고 또 이들 다른 악 속에 여러 가지 특수하고 다른 악이 포함 되어 있어 이것을 다 계산하면 한 책으로 기록하기에 부족하다.(그래서 성경은 우리에게 악을 어떤 형태로도 버리라 충고 하고 있다.)

지옥은 모든 악의 차이에 따라 참으로 질서정연하게 배치되어 다른 어떤 것도 이같이 분명하게 질서 있게 정돈된 것은 없을 정도이다. 전 천국과 전 영인의 세계 밑을 발굴한다면 거기는 일면이 모두 지옥이다. 지옥의 수효는 이같이 많은 것이다.

7. 천국과 지옥의 평형

만물사이에 평형이 없다면 일물(一物)도 존재할 수 없다. 평형이 없다면 원동도 반동도 없다. 평형이라 함은 두 힘 사이의 힘이다.

공기 사이에까지도 평형이 있어 위의 것이 움직여 아랫 것을 누르면 아래 있는 것은 이에 저항하여 반동한다. 또 자연계에는 한-열, 명-암, 건-습 사이에도 평형이 있어 중간상태로 평형이 작용하는 것이다. 또 광물계, 식물계, 동물계 등 3계의 모든 사이에도 평형이 있다. 모든 존재와 결과는 평형에서 일어난다. 한 힘이 움직이고 다른 힘이 이 작용을 받음으로 "존재"가 생긴다.

영계에서는 원동하고 반동하는 것을 생명(生命) 또는 의지(意志)라고 한다. 영계에서는 생명이라 함은 산 힘이요, 의지는 산 노력이다. 그리고 평형 그 자체는 자유(自由) 라고 부른다.

영적 평형은 선과 악 사이에 있다. 인간의 전 생명은 선과 악에 관계하고 의지는 그것을 받는 그릇인 까닭이다. 또 참과 거짓 사이에도 평형이 있다. 참과 거짓 사이의 평형은 빛 그늘 사이의 평형과 같은 것이다. 빛과 그늘 자체는 아무 작용이 없고 그 중에 있는 열과 냉이 작용하는 것은 빛과 그늘은 봄이나 겨울이나 조금도 변함이 없는 사실을 보면 알 것이다.

진리는 빛에, 거짓은 그늘에, 열은 사랑의 선에 상응하는 까닭이다. 실제로 영적 빛은 진리요, 영적 그늘은 거짓이오, 영적 열은 사랑의 선이다.

천국에서 오는 선은 다 주께로부터 오는 것이다. 왜냐하면 천국의 천인들은 아집을 떠나 주안에 살고 있으며 주는 선 자체인 것이다. 그러나 지옥에 있는 악령은 각자의 아집에 살고 있다. 아집은 악 자체인 것이다. 악 자체인 때문에 그것은 지옥이다. 주께서 천국과 지옥 양쪽을 다 통제하지 않으시면 평형이 이루어지지 못한다. 만약 평형이 없다면 천국도 지옥도 존재할 수 없다. 왜냐하면 자연계에서나 영계에서나 우주만물 하나하나가 평형에 의하여 존속되는 때문이다.

전 지옥은 하나가 되어 일치하여 움직인다. 천국과 지옥과의 평형은 천국과 지옥에 들어오는 매일 수천에 달하는 영인의 수효에 따라 증 · 감한다. 그러나 이것을 알고, 지각하고 또 이것을 조절하여 정확하게 평형을 이루게 하는 것은 주님 한 분 뿐이시다. 신성은 편재하여 있으므로 조금이라도 균형을 잃고 있는 곳이 있으면 그것이 어디에 있는지 곧 아는 때문이다.

항상 바른 평형을 유지하도록 주께서는 끊임없이 "섭리"하신다. 이 방법 중에 하나는 주께서 강하게 나타나시는 일이다. 주께서는 한 사회 또는 여러 사회를 다른 사회와 더 밀접하게 교통시키고 화합시키는 일이며 혹은 많은 악령들을 사막에 추방하는 일이며, 또는 악령들을 한 지옥에서 다른 지옥으로 옮기는 일이며, 지옥에 있는 자를 여러 가지 방법으로 질서 밑에 두는 일이며 또 어떤 방법은 두터운 뚜껑으로 덮어 숨겨버리기도 하며 혹은 그들을 깊은 데 떨어지게도 한다.

지옥은 끊임없이 천국을 습격하고 이것을 파괴하려 하지만 주께서는 천국을 보호하시며 아집에 사는 모든 악에서 떠나게 하며 주 자신의 선 가운데 보호하시는 사실을 알 수 있다. 스베덴보리는 여러 번 지옥에서 흘러 나오는 방사기 즉 주의 신성을 파괴하고 천국을 파괴하려는 노력의 방사기를 볼 수 있었다. 반대로 천국은 지옥을 공격하는 일은 절대로 없다.

주께로부터 나오는 신적원상은 모든 것을 구제하려는 끊임없는 노력이기 때문이다. 천국에 반하는 것은 서방에 있어 거기 사는 자를 "악귀"라 부르고 영국에 반하는 북에 있어 거기 사는 자를 "악령"이라 한다.

8. 천국과 지옥의 평형에 자유

인간은 천국과 지옥의 평형에 의하여 자유(自由)를 누린다. 자유는 각 사람에게 주신 주님의 선물로 결코 빼앗지 않으신다. 자유가 있으므로 자신을 생각하고 하나님을 생각하게 되고 이웃을 생각하게 되고 자연만물을 생각하게 된다. 그 근원으로 말하면 사람의 것이 아니요, 주의 것으로 주께로부터 온 것이다. 그러나 주는 생명과 함께 이것을 사람에게 주어서 이로써 개선과 구원을 얻게 하려 함이다. 자유가 없으면 개선과 구원도 있을 수 없다.

사람은 자유로 악과 정의, 성실과 불성실, 공정과 불공정을 생각할 수 있다. 사람은 자유가 없으면 개선이 되지 않는다. 왜냐하면 그는 모든 종류의 악을 가지고 난 때문이다. 사람이 구원을 받으려면 이 악을 제거하지 않으면 안 된다. 그래서 그는 자기 마음에 있는 이 모든 악이 있는 것을 알고 또 이것을 시인한 다음 이것을 의지할 생각을 버리고 최후에 이것을 싫어하지 않으면 악은 제거되지 않는다.

이 세상에 사는 동안 도덕적, 사회적 선을 배웠다. 이것이 사람이 자유에 있지 않으면 안 되는 제 일의 이유이다.

"생각? → 속한 것은 다 기억"에서 오고 "의지에 속한 것은 생명"이라 한다. 그 자체에서 오는 것이다. 그리고 의지로 하는 것 즉 사랑의 애정으로 하는 것은 자유라고 한다. 그러므로 사람의 자유와 그의 사랑 또는 의지의 정동은 하나다.

전 사회와 다른 사회와의 교통 또는 한 개인과의 교통은 그 사회가 파견한 영인에 의하여 행하여 진다. 이 영인을 모든 사람의 "사자"라고 부른다. 사람과 천국의 모든 사회 또는 지옥의 모든 사회와의 교통도 마찬가지로 사람과 연결하고 있는 영인의 세계에서 온 영인들에 의하여 행해진다.

실제 "혼(soul)"은 사람의 "생명"이요, 그 "영(sprit)"은 "그 사람 그 자신" 사람이 세상사는 동안 입고 다니는 그 육체는 한 대행자이니 그것으로 인격 자체인 영이 세상에서 적당히 행동할 수 있는 것이다.

제13장 천국과 지상의 대응물

1. 천국과 지상의 대응

대응(對應, correspondence)은 성서의 영적 교훈을 알아보게 하는 열쇠라고 해도 좋을 것 같다. 성서에는 역사를 다룬 부분(역사서)이 있는가 하면 많은 예언자들이 있어서 이상스러운 행동과 예언(예언서)들을 하고 있기도 한다. 또 율법과 예배를 다룬 것(율법서)과 신약에와서는 예수님께서 비유가 아니고는 어떤 교훈의 말씀도 하지 않으셨다. 말을 바꾸어서 신약에는 많은 난해한 비유들이 들어 있다. 이 역사서, 율법서, 예언서 그리고 주님의 비유가 담고 있는 영적이며 천국적인 진리들을 파헤쳐서 알 수 있게 하기 위해서는 대응의 지식이 필요하다. 그러니까? 우리 자신은 물론이지만 성서를 연구하고 또 가르치는 학자들이 대응의 과학에 조예가 깊어야 하겠고 또 실제로 대응들과 친숙해져 있어야 함을 강조하며 그 중요성을 제창한다.

성서는 이 세상에 사는 사람들에게 주어진 하나님계시이면서 따지고 들면 천국에서도 천사들과 영들에게 하나님의 성언을 가르치는 계시이기도 하다. 천사들과 저승의 영들은 대응의 지식이 풍부하며 오히려 낱말보다도 한 사물이나 한 현상을 보고 천 가지 만 가지를 알고 배우고 가르치고 깨닫는다. 미국 새 예루살렘 교회에 속한 윌리암 우스터 목사는 그가 쓴 "비유의 언어"라는 책 서문에서 이렇게 꿈 같이 아름다운 말을 하고 있다. "우리가 만일 천국에 살면서 대응 공부를 한다면 얼마나 생생한 소득을 얻게 될 것이며 우리에게 기쁨이 넘치겠는가? 어린 아이들이 그들의 선생님과 함께 천상들을 거닐면서 아름다운 꽃봉오리가 꽃으로 피어나는 광경을 보고 선생님에게 그 대응을 배우며 그 뜻과 성질을 깨닫게 된다면 그 환희와 밝은 깨달음이 어떠할 것인가? 마치 태양광선이 빛을 발해서 밝음을 주어 세상을 밝히는 것처럼 우리의 어린 아이들은 꽃이 피는 현상에서 식물학의 이론을 배우게 되기보다 오히려 더 아름답고 값진 하늘의 진리를 경험하게 될 것이며 배우고 깨우치지 않겠는가? 아마도 어린 아이들은 밖에 있는 현상을 보면서 자기들 안의 사상과 느낌을 발견하게 될 것이며 그들이 보는 대상물을 통해서 내적인 지혜에 속한 것들의 구체화(具體化)를 보기도 하고 그 해석들을 얻기도 할 것이다"라고, 사실 옛 사람에게는 대응의 과학은 아주 친숙한 지식이었다. 우리들이 사용하는 언어를 중심으로 해서 보더라도 옛 사람들의 대응지식이 보편화되어 있었던 흔적을 긍정하게 된다. 아마도 오늘날 우리들의 시인들은 그 시적 언어를 이 지식의 유전에서 얻은 것이 아닌가 생각을 해 본다. "그 애 참말 곰이다", "그 여자 참 뱀이야", "하늘보다 더 높은 어머니 사랑", "아버지의 사상이 내려 흘렀다" 등등 동물이나 높다 낮다 의 공간적 표현들이 어디까지나 동물들 그 자체나 공간 개념으로의 높고 낮음을 뜻하고 있지 않음을 삼척동자라도 같이 인정할 것이다. 다행

스럽게도 아직 내적 사물과 외적 사물 사이의 관계가 완전히 잊혀 지지 않고 있으므로 어렴풋이나마 오늘날의 사람들도 옛 사람들이나 천계에 있는 영들처럼 유비추리(類比推理)를 할 수 있으며 대응을 공부할 기초를 가지고 있다. 심리학에서는 인류의 역사가 어린 아이들의 성장에서 반복된다고 한다. 어린 아이들은 대응에 대한 지각이 본능적이어서 자연을 보고 영적인 교훈을 얻는다. 즉 동화의 세계는 그들로 하여금 죽어 있는 사물이 살아 있는 사물로 느끼고 생각한다. 그래서 필자는 사전을 펴 보는 식으로 이것의 대응은 이렇고 저것의 대응은 이것이다 하는 무미건조한 대응연구의 태도를 지양(止揚)하고 오히려 어린 아이들처럼 내적 사물과 외적 현상 관계를 흥미 있게 느끼고 천진스럽게 그 상상 안에 들어 앉아 생각하면 대응을 공부하는 기쁨이 더욱 살아 움직이는 것이 될 것이며 실감나고 유익한 것이 될 것이라고 믿는다.

자, 얼굴이나 손의 여러 가지 움직임을 보고 우리는 어떤 것을 지각할 수 있을까?

어린 아이들에게 암호를 짜듯 이렇게 하면 무엇이고 저렇게 하면 무엇인 줄 알라고 미리 가르쳐 주지 않아도 그들은 단번에 미소 띈 얼굴의 의미를 알고 눈물 고인 눈에서 슬픔을 읽어 낸다. 목소리의 음색과 음질로 아픔인지 노여움인지 알고 또 기쁨인지 고마움인지를 안다. 손짓 하나로 오라고 부르는 것인지 가라고 푸대접하는 것인지도 안다. 어린 아이들은 천진스럽게도 천국적인 삶의 기억(집단의식(collective consciousness) 또는 원의식(primeval consciousness)이 있어서 얼굴의 표현들과 몸짓, 목소리 따위의 대응들을 지각하고 사람의 마음 속 생각과 느낌을 읽어내게 된다.

우리는 사람의 몸과 마음의 관계로부터 제일 쉽게 대응을 설명할 수 있다.

그 까닭은 사람이 영계와 자연계에 동시에 사는 존재이며 몸과 마음이 그 사람의 인격을 구성하고 있기 때문이다. 또 이 세상에는 원인과 결과라는 인과관계가 엄연히 존재하는 바 영적인 것은 원인이고 자연적인 것은 그 결과다. 이 원칙을 알지 못한다면 대응이 쉽게 이해될 수 없다. 많은 사람들은 말로는 영계와 자연계를 원인과 결과인 듯이 표현하면서도 그 실 속으로는 그 반대로 생각 하던가 또는 전연 관계가 성립되지 않는 것으로 생각하고 있다. 대응은 영적인 것 즉 원인에 대한 자연적인 것 즉 결과의 관계다. 가령 눈에 눈물을 보고 슬픔의 표현이라고 생각하는 사람이 있는가 하면 눈물을 따로 떼어서 생각 하던가 슬픔이 눈물의 결과라고 생각하는 사람들도 있다. 그러나 눈물이 슬픔을 내는 것은 아니다. 이런 생각은 본말이 전도(本末轉倒)된 생각으로 위선과 거짓의 근거가 된다.

우리는 우리들 밖에 있는 외적 대상물들에서 우리들의 성격이 확대되어 나와 있음을 본다. 집안에 있는 가구들을 어떻게 배열했느냐, 또는 어떤 모양과 색깔의 것을 좋아하느냐 하는 것은 그 집 주인의 성격과 취미를 알게 한다.

바로 이런 것들에서 천국의 천사들이 자기 주변을 어떻게 선택하며 그 환경에서 어떻게 즐거움을 경험하느냐 하는 환경과 그 안에서 주체의 대응을 알게 된다.

우리는 가끔 봄 소풍을 즐기며 뭔가 마음속에 생동하는 약동과 조용하게 차고 넘치고 있는 평화 그것을 느끼게 된다. 산들 부는 봄바람, 곱게 물들어 피는 꽃들의 미소, 산들 바람을 타고 찾아 드는 향기, 울

긋불긋 색색들이 어울려 조화를 이룬 봄기운을 대하면서 하늘나라의 평화를 가슴으로 느끼게 된다. 반면에 또 기대도 하지 않았던 폭풍우가 갑자기 몰아치고 홍수가 나고 벼락이 내려치게 되면 우리는 거기서 파괴와 잔인함, 부조화와 억지스런 강요를 느끼게 된다. 이런 것들이 역시 외적 환경과 인간의 마음 속 즉 내적인 사상과 느낌이 대응되고 있는 까닭이다.

자, 이러한 대응의 관계를 어떻게 설명하면 좋을까? 우리가 세상에 태어났을 때 우리보다 먼저 와 살고 간 사람들이 있었고 또 그때에 거기 살고 있는 사람들을 본다. 이것은 참으로 고맙고 위로와 용기를 주는 일이다. 험하고 외딴 숲 속에서 사람의 흔적을 보게 된다고 하는 것은 자기 혼자가 아니라는 증거로서 여간 힘이 되는 경험이 아니다. 즉 나도 이 낯 설은 땅에서 살아남을 수 있다. 내 육체적인 조건으로도 과연 이 세상에 살아 남을 수 있는 가능성이 있다고 느끼게 된다. 자연계 안에 있는 인간의 성질은 결코 우연한 소산이 아니다. 목적이 있어서 태어난 존재다.

창조주 스스로가 그 신성인간(神聖人間, divine human)의 손으로 새기고 빚고 형상을 주어서 창조한 것이므로 그것을 역행하면 악하게 되어 버리도록 영적인 힘을 통해서 물질계 안으로 형상지어 내보낸 존재이다. 환언하면 지상에 있는 각 사람은 결과이고 그 원인은 하나님께서 친히 지으신 영적 존재인 사람이다. 이 사람(영)이 물질계 안으로 형상을 입고 몸으로 태어났다.

우리 주변에 자연계의 대상물들과 우리들 안에 있는 영적인 사물들 사이의 관계를 볼 때 하도 그것들이 서로 너무나도 다른 삶의 평면에 따로 있다는 점만 빼고는 서로 너무나도 닮아 있어서 우리가 이름 지어 부를 때에 같은 이름으로 부르며 그 성질을 묘사할 때에 같은 말로 표현하기에 이르렀다. 예를 든다면 높은 산과 높은 뜻, 낮은 곳과 낮은 동기라는 두 틀의 표현에서 높다와 낮다가 결코 공간적인 의미의 높다와 낮다 만의 뜻이 아니라 뜻과 동기의 성질이 어떠함을 나타내는 말이지만 두 가지의 용도가 정말 닮은 것만은 틀림없다. 굳다는 말도 그렇다. 굳은 땅, 굳은 바위와 굳은 결의와 굳은 약속, 따뜻한 손과 따뜻한 사랑, 연한 잎과 부드러운 눈길, 찬 손과 찬 눈길 따위로 형용사로 사용된 낱말들이 너무나도 닮은 표현이면서 그 뜻하는 바도 아주 경우가 닮아 있다. 우리는 식물이 자란다고 하면서 동시에 사상이 자란다고도 하고 사과가 열매가 연다고 하면서 한 사람의 사상의 열매를 연다고도 하고 있지 않은가? 이 유사성 또는 닮은 것의 관계가 대응이다.

이렇게 생각해 내려오고서 우리가 느끼고 발견하는 것은 낱말들이 우선 자연계의 사물이나 성질을 표현하는 것으로 사용되어 오다가 나중에 영적 사물을 서술하는데 차용(借用)된다는 것이다. 그것은 영육 양자가 성질이 같고 모든 존재와 용모가 병행하는 관계에 있음을 말해 준다. 즉 우리는 자연으로부터 영적 사물의 분명한 관념을 얻게 된다는 것이다. 우리가 자연적인 높이와 깊이를 깨달을 수 없다면 영적인 영화(榮化, exaltation)나 천대(depression)도 지각할 수 없었을 것이다. 영적인 성질의 관념은 자연으로부터 파생되어 오며 그 수식을 위한 낱말도 자연으로부터 빌어 쓰게 됩니다.

사실 이러한 연구를 진전시켜 보면 처음에는 자연으로부터 이름과 성질을 나타내는 낱말들을 빌어 왔지만 나중에는 차츰 그 기원도 잊어버리고 그것들의 연상(聯想)들도 희미해지기 시작해서 마침내 영적이고 정신적인 것에만 사용되게 된 용어도 있음을 알게 된다. 그중의 하나는 영감 또는 감동이라는 낱말이다. 이 낱말은 “불어 일으킨다”는 뜻의 말이다. 따라서 로마의 한 소년이 자기의 축구공을 불어 일으켰을 수도 있고 교황과 섹스피어가 악기를 불어 일으킬 수도 있다. 영이라는 낱말은 바람이라는 낱말에서 온 말이다. 영을 불어 넣는다는 말이 영감 또는 감동이라는 말의 의미다. 하나님이 아담을 지으시고 그 콧구멍에 기운을 불어 넣으셨다는 데서 영감이라는 말이 생겼다.

그러나 지금은 오로지 영적으로 주님의 입류를 받고 감동되는 것에만 사용하고 있다. 또 근본적이라는 말이 있다. 근본적 진리라는 표현이라면 알 수 있는 말이지만 원래 그 어원의 뜻대로 근본적인 돌맹이들이라는 말을 한다면 아무도 그 뜻하는 바를 알아듣지 못하게 됩니다.

대응공부의 결정은 예수임의 비유 말씀에서 그 실체를 찾는 것이며 그것이 가장 효과적이며 확실하다. 임마누엘 스베덴보리는 성서의 올바른 해석은 대응의 지식에 의해서 행해질 때에 비로소 참되고 정당한 영적 계시가 주님으로부터 주어지게 한다고 말한 바 있다. 성서를 영적 계시라고 믿고 그 뜻을 찾으려는 우리는 대응이 무엇이며 또 어떤 대응들이 성서에 사용되어 있는가를 공부해야 한다.

2. 성경말씀은 대응(對應)에 의하여 기술

성경말씀은 내면적이고 천적이고, 영적이기 때문에 따라서 성경말씀은 순수한 대응에 의하여 기술되었다. 성경말씀의 궁극적인 뜻으로 순수한 대응에 의하여 기술된 것은 예언자들이나 복음서 기자들의 문체로 기술한 것인데, 비록 그것이 일방적인 것 같이 나타나 보이지만,

그럼에도 불구하고 그것 안에는 모든 신령한 지혜나 천사적 지혜가 감추어져 있다.(성경에 관한 교리 8항)

자연 안에 있는 것들은, 개별적이든 전체적인 것이든, 모두 영적인 것들에 대응한다. 이와 마찬가지로 인체 안에 있는 개별적인 것이나 전체적인 것은 모두 다 영적인 것에 대응한다.

고대교회의 책이었던 욥기서는 대응으로 충만하다. 이집트 사람들의 상형문자(象形文字)나 가장 먼 옛날의 전설적인 이야기들은 대응 이외의 아무것도 아니다. 모든 고대 교회들은 영적인 것들을 표징하는 교회들이었다. 그들의 예배에 관해서 따라서 제정된 그들의 예전(禮典)이나 법규들은 모두 순수한 대응으로 구성되었다. 마찬가지로 이스라엘 후손들 가운데 있었던 그 교회에 속한 모든 것들, 즉 그들의 번제물 · 희생제물 · 제수(祭需) · 제주(祭酒)이나 그것들의 개별적인 것과 함께, 이런 것들은 다 대응에 속한 것이었다. 그리고 또한 그들의 제사(祭祀)와 꼭 같이 그것 안에 있는 모든 것들, 즉 무교병제사 · 성막의 제사 · 첫 열매제사와 더불어 성막까지도 대응에 속한 것이었다. 아론이나 레위 지파의 법복(法服)이나 그들의 거룩한 겉옷도 모두 대응에 속한 것이었다. 뿐만 아니라 그들의 삶이나 예배에 관계되는 그들의 법규들이나 재판도 모두 대응에 속한 것이었다. 신령한 것들은 대응에 의하여 이 세상에서 자기 자신들을 들여 내 보이기 때문에, 성경말씀은 순수한 대응에 의하여 기술되었다. 꼭 같은 이유 때문에, 주님께서 신령존재로 말미암아 말씀하였듯이, 주님께서는 대응에 의하여 말씀하셨다. 왜냐하면 신령존재에게서 비롯된 것은 무슨 것이든 신령한 것에 대응하는 자연 안에 있는 것들에 내려오기 때문이다.

내게 알려진 사실은, 홍수 이전에 있었던 태고교회에 속한 사람들은 매우 높은 천국적 성품을 지녔기 때문에, 그들은 천국의 천사들과 대화하였다는 것과 그리고 그들은 또 그 천사들과 대응을 수단으로 해서 대화할 수 있었다는 것 등이다. 따라서 그들의 지혜의 상태가 그런 내용이었으므로, 그들이 지상에서 보는 것들은 무엇이든지, 그들은 그것들에 관해서 자연적으로 생각할 뿐만 아니라, 동시에 영적으로 생각하였다. 따라서 그들은 천국의 천사들과의 결합 안에 있었다.

더욱이 나에게 알려진 사실은, 창세기 5장 21~24절에 언급된 에녹은 그의 동료들과 더불어 그들의 구전에서 대응들을 전승하였다는 것이다. 결과적으로 대응의 지식은 아시아의 여러 나라들에게 알려졌을 뿐만 아니라, 계발 조성되었는데 특히 가나안 땅이나 이집트 · 앗시리아 · 갈데아 · 시리아 · 아라비아에서 그리고 두로 · 시돈 · 니느웨에서 꽃을 피웠으며, 거기서부터 그것이 그리스에 전수되었으며, 거기에서 그것은 신화적인 것으로 바뀌었다. 이러한 사실은 태고 그리스의 작가들에게서 잘 나타나 있다.(순정기독교 201 · 202항)

3. 대응지식의 상실과 우상숭배의 근원

세월이 경과하면서 대응을 가리키는 교회의 표징적 예전들이 우상숭배적인 것들이나 마술적인 것으로 변질되기 시작하였고, 이렇게 되자 주님의 신령섭리에 의하여 대응의 지식은 점차 잃어버리게 되었고, 그리고 이스라엘이나 유대 민족은 완전히 그 지식을 잃어버리게 되었다. 이들 백성의 예배는 사실 대응으로 이루어졌고 그리고 결과적으로 천국적인 표징(表徵)으로 이루어졌다. 그럼에도 불구하고 그들은 표의하는 것이 무엇인지 알지 못하게 되었다. 왜냐하면 그들은 전적으로 자연적인 사람이 되었고, 따라서 영적인 것들이나 천국적인 것들에 관해서 알 수 있는 능력도, 성향도 모두 가질 수 없는 상태가 되었으며, 결과적으로 대응에 관해서 아무것도 알 수 없는 그런 상태에 이루고 말았기 때문이다. 왜냐하면 대응들이란 자연적인 것들 안에 있는 영적이고 표징들이기 때문이다. 고대의 민족들의 우상숭배가 대응의 지식에서 그 근원이 유래되었다는 것은 지상에 보이는 만유가 모두 대응을 가지기 때문에, 따라서 수목뿐만 아니라 온갖 종류의 짐승과 새들 그리고 그 밖의 지식 가운데 있었던 고대 사람들은 자신들을 천국적인 사물에 대응하는 형상들로 만들었고 그리고 그 형상들에서 기쁨을 만끽하였다. 그 이유는 그것들이 천국이나 교회에 속한 사물들을 뜻하기 때문이다. 그리고 이런 이유로 해서, 그들은 그런 표징적인 것들을 그들의 성전에 모셨을 뿐만 아니라 그들의 집에 안치 하였다. 그리고 그들은 그것들을 예배하려는 것이 아니었고 그것들이 뜻하는 천국적인 사물을 생각나게 하기 위한 것이었다. 뱀은 감관적인 사람의 영특함이나 교활(狡猾)이나 음흉(陰凶)을 표징하고, 어린 아이들은 천진무구나 인애(仁愛)를, 그리고 노인들은 지혜를, 처녀들은 진리의 정동 등등을 뜻하고 표징하기 때문이다. 대응의 지식을 잃어버리게 되자, 그들의 후손들은, 고대 사람들에 의하여 세워진 형상이나 표장(標章)들을 거룩한 존재로 숭배하기 시작하였고, 종국에는 하나의 신들로서 예배하기에 이르렀다. 그 이유는 그들이 그런 것들을 그들의 성전 안팎에서 쉽게 볼 수 있었기 때문이다. 이로 인하여 고대 사람의 예배나 제사는 거기에 있는 나무의 종류에 따라서, 동산이나 숲에서, 그리고 산이나 언덕에서 드려지게 되었다. 왜냐하면 동산이나 숲은 지혜나 총명을 표의하고, 각종 수목은 개별적인 지혜나 총명을 표의하기 때문이다. 그것은 마치 올리브 나무는 사랑에 속한 선을, 포도나무는 그 선에서 비롯되는 진리를, 삼목(杉木)은 합리적인 선이나 진리를, 산은 가장 높은 천계를, 언덕은 그 아래의 천계를 각각 표의하고 뜻하는 것과 같다. 그 대응의 지식이 주님 강림 때까지 동방 사람들에게 남아 있었다는 것은 주님께서 탄생 하셨을 때 주님을 경배하였던 동방의 현인들에게서 아주 명백하다. 마태복음서의 기록이다

그런데 동방으로부터 박사들이 예루살렘에 와서 말하기를 "유대인의 왕으로 나신 이가 어디에 계십니까? 우리가 동방에서 그의 별을 보고 그에게 경배하러 왔습니다."하였다. … 그런데 마침내 동방에서 본 그별이 그들 앞에 나타나 그들을 인도해 가다가, 아기가 있는 곳에 이르러서 그 위에 멈추었다. … 그에게 황금과 유향과 몰약을 예물로 드렸다.(마태복음 2:1~11)

왜냐하면 그들 앞에서 그들을 인도한 "그 별"은 천계에서 비롯된 앎(知識)을 뜻하고, "황금"은 천적인 선을, "유향"은 영적인 선을, "몰약"은 자연적인 선을 각각 뜻하고, 또 모든 예배는 바로 이 세가지에서 비롯되기 때문이다. 비록 그들의 예배에 속한 모든 것들이나, 모세에 의하여 그들에게 주어진 모든 규례나 재판들이나, 성경말씀 안에 있는 모든 것들이 순수한 대응이었는데도 불구하고, 이스라엘 사람이나 유대 사람에게 대응에 속한 그 어떤 지식도 남아 있지 않았다. 그 이유는 그들은 마음속 깊은데서 우상숭배자들 이었고, 따라서 그들은 천전인 것이나 영적인 것을 가리키는 그들의 예배에 속한 것들을 알려고 하는 마음조차 없는 그런 성품의 소유자들이었기 때문이다. 왜냐하면 그들은 모든 것들이 그 자체로 거룩한 존재라고 믿었기 때문

이다. 그러므로 만약 숨겨졌던 천적인 것이나 영적인 것이 그들에게 알려진다면, 그들은 그것들을 부인할 것은 물론, 그것들을 모독하였을 것이다. 그런 이유로 해서 천국은 그들에게 닫혀졌기 때문에 그들은 영원한 삶이 있다는 것조차 거의 알지 못하였다. 이런 내용이 틀림없다는 것은, 전 성경말씀이 주님에 관하여 예언하고, 또 그분의 강림을 예언하고 있지만 그들이 주님을 시인하지 않았다는 사실에서 잘 알 수 있다. 그들은 주님께서 그들에게 지상의 나라에 관해서 가르치지 않고 천국적 나라에 관하여 가르쳤다는 유일한 이유로 주님을 거부와 부인하였다. 왜냐하면 그들은, 자신들을 이 세상의 모든 민족들을 보다 높이 들어 올려 줄 것이라는 이른바 메시아를 소망하였지, 그들의 영원한 구원을 위하여 돌보아 줄 그 어떤 메시아는 원하지 않았기 때문이다.(순정기독교 204, 205)

4. 천국의 모든 사물과 인간의 모든 사물

천국의 모든 사물과 인간의 모든 사물과의 사이에는 대응이 있다.

대응의 성질이 오늘날에 알려지지 않는 데는 많은 이유가 있다. 오늘날 사람들은 자기에 대한 사랑 때문에 천국으로부터 멀리 떨어져 있다. 그러나 옛날 사람들은 그렇지 않다. 옛날 사람들에게 있어서 "대응의 지식"이 지식 중의 주된 것이었다.

그것에 의해서 이지와 지혜를 얻었고 또 교회의 사람들은 그것에 의하여 천국과 교제하였다. 천적인 사람들이라 할 수 있는 가장 옛말의 사람들은 천인과 마찬가지로 대응에 의하여 모든 것을 생각하였다.

그러기 때문에 그들은 천인들과 이야기하였고 주님은 때때로 그들의 앞에 나타나 그들을 가르치셨다.

그럼 대응이란 무엇인가? 전 자연계는 전체적으로나 부분적으로나 영계와 대응하고 있다. 그러므로 자연계에 있는 모든 사물은 그 원천을 영계에서 취하고 있다. 이것은 그 대응자(correspondent)라 한다.

결과가 원인으로부터 생겨나는 것처럼 자연계는 영계로부터 생겨나서 영속한다는 것을 이해하지 않으면 안 된다. 태양 아래에 있어서 천국을 말함이요, 천국에 있는 모든 사물은 영계에 속하는 것이다.

사람은 천국과 세상 두 세계를 한 몸에 지닌 작은 형식으로 이것은 지대한 자의 형식을 모방하여 된 것이다. 하나님의 형상과 모양대로 지음을 받았다는 내용이다. 마음(지성과 의지)에 관계되는 내적인 사물은 그의 영계를 구성하고 그의 신체에 속한 감각과 활동에 관계되는 외적인 사물이 그의 자연계를 구성한다.

사람의 얼굴을 보면 대응이란 무엇인지 알 수 있다. 사람을 보면서 즉 우리 이웃을 보면서 이웃이 주께로부터 온 사람들이고 우리가 서로서로 사랑해야 할 대상이라는 걸 아는 것이다. 전 천국은 한 개의 사람을 영상하고 사람의 모습을 갖추고 최대의 사람이라 불리 운다.

천국은 천적인 나라(심장에 속한 모든 부분), 영적인 나라(폐장 또는 전신에 있는 폐장에 속하는 부분), 심장은 동맥, 정맥에 의하여 폐장은 신경과 운동 섬유에 의하여 전신을 지배한다. 천국(天國)은 의지 부분 사랑의 선이 지배하고, 영국(靈國)은 천국의 지력적 부분 진리가 지배한다.

천국 즉 가장 큰 인간의 머리 부분에 있는 자는 누구보다도 선에 있어서 뛰어나며 사랑과, 평화와, 성격과, 지혜와 이지 속에 있고 따라서 그들은 기쁨과 행복 속에 사는 자들이다. 천국 즉 인간의 흉부에 있는 자는 인애와 신앙의 선속에 살며 그것이 사람의 가슴에 흘러들어 대응한다.

천국 즉 허리나 생식을 맡는 기관에 있는 자는 부부애 속에 살고, 발부분에 있는 자는 영적이며 자연적인 선, 가장 낮은 선 속에 산다. 팔이나 손 부분에 있는 자는 이해 속에 살며, 귀에 있는 자는 유순한 가운데 살며, 코에 있는 자는 지각에 살고, 입과 혀에 있는 자는, 이해와 지각으로 말하는 능력 가운데 산다. 신장에 있는 자는 검사하고 분석하고(법정에서 판사가 옳고 그름을 판단하듯이) 정정하는 진리 속에 살며 간장과 췌장, 비장에 있는 자는 선과 진리를 정화하는 능력에 산다.

대응에 따르는 뜻이 있다.

머리는 이지나 지혜, 가슴은 인애, 허리는 결혼해서 유래되는 부부애, 팔과 손은 진리의 힘을, 발은 자연성을, 눈은 이해를, 코는 지각을, 귀는 유순, 신장은 진리의 순화를, 이지적이고 현명한 사람에 대하여는 좋은 머리를 가진 사람, 친절한 사람에 대하여는 마음의 친구라 하고 명석한 지각을 가진 자는 후각이 날카롭다. 냄새를 잘 맡는다. 이지적인 자에 대해서는 눈이 날카롭다, 통찰력이 있다. 권력의 자리에 있는 자에 대해서는 손이 길다, 수완이 좋다.

일상 담화의 말들은 대응에서 생겨난 것으로서 이것들은 모두 영계에서 온 것이지만 사람들은 눈치 채지 못한다.

천인들은 사람들이 만물을 자연에 돌리고 또 사람의 신체 속에 많은 천국의 신비가 집중되어 있는 것을 자연의 산물이라고 믿고 있는 것을 듣고 심히 놀란다. 특히 인간의 이성도 자연에서 온 줄로 믿고 있는 데에는 더욱 놀란다. 그러나 사람들이 그 마음을 열어 생각한다면 자연에서 온 것이 아니라 신성에서 나왔다는 것을 알 수 있을 것이다.

자연은 단순히 영성을 싸기 위한 것이요, 그것을 표현하기 위하여 순서에 가장 외적인 형식에 대응하도록 창조한 것이다. 대응을 모르는 사람들은 부엉새에 비유하여 어둠 속에서만 물건을 보고 빛 가운데에서는 아무것도 볼 수 없는 자들이라 한다.

5. 천국과 땅 위의 모든 사물에도 대응

우주의 모든 사물은 전체적으로나 대응물이라 한다. 지상의 모든 사물은 세 종류로 크게 분류한다. 동물계, 식물계, 광물계이다.

동물계 속하여 있는 것은 살아있기 때문에 제1도 대응물이다. 식물계 속하여 있는 것은 그저 자라기만 하기 때문에 제2도 대응물이다.

광물계 속하여 있는 것은 살아있지도 자라지도 않기 때문에 제3도 대응물이다.

동물계의 대응물은 각종 생물이며 지상을 걸어 다니거나, 기고 또 공중을 날아다니는 것이다. 식물계 대응물은 들이나 숲, 밭, 벌판들에 무성하게 자라는 것들 광물계 대응물은 귀금속과 비귀금속, 보석과 돌덩이 그리고 여러 종류의 흙과 물, 각종 음식물, 의류, 집(건축물)등도 대응물이다.

또 지구에서 멀리 떨어져 있는 태양이나 달 별 그리고 대기 중에 있는 구름, 비, 번개, 천둥 등도 대응물이다. 태양이 있고 없고에 따라 생기는 밝고 어두움, 춥고 따뜻한 현상 또 태양에 따라 연속되는 춘하추동과 같은 연중의 계절 그리고 아침, 낮, 저녁, 밤 하루의 시기도 역시 대응물이다. 자연계에 존재하는 최소의 것에서 최대의 것에 이르기까지 대응물이 아닌 것이 없다. 자연계와 그 속에 있는 모든 것은 영계로부터 생겨나서 존속하며 또 영계와 자연계는 신성에 의하여 존재하고 항존 하는 때문. 왜 존속이란 말이 쓰여 지는가 하면 모든 것은 그 존재의 근원이 되는 것으로부터 생겨나며 존속은 영원히 계속되는 것이기 때문이다.

신적 질서는 주께로부터 유출되는 신선으로 말미암아 진행되는 것이다. 그것은 주안에서 시작되고 주께로부터 유출되어 모든 천국에 보편화되고 계속하여 세상에 들어온다. 그리하여 가장 외적인 물질계에서 종결된다.

전 세계에 있는 자연만상은 신질서에 따라 있는 것이다.

동물계는 벌의 경우를 보자, 벌은 꽃에서 꿀을 빨아다 모으고 밀로 둥지를 만들어 꿀을 저축하는데, 자기와 가족을 위하여 식량을 준비함으로써 닥쳐오는 겨울에 대비한다. 여왕벌은 자손을 늘리기 위하여 알을 낳으며 그것을 보호하고 감싼다. 밀은 초를 만드는 재료, 꿀은 인간의 음식물을 달게 만드는 데에 쓰인다.

공중에 나는 모든 생물들은 그들을 키우는 적합한 음식물을 어디서 얻어야 하는 지를 잘 알고 있다. 또한 제각기 적당한 둥지를 만들며 알을 품어서 새끼를 까고 그것들을 저절로 충분히 살아갈 수 있을 때에는 둥지에서 내쫓는다. 그들이 어릴 때부터 어떤 것이 적이며 어떤 것은 친구로 사귀어야 한다는 것을 배우는 까닭에 잘 안다. 더욱 놀라운 것은 부화된 새끼가 새로 자라는데 필요한 여러 가지 것이 갖추어져 있는 것이다.

땅의 짐승이나 하늘의 새들은 나면서부터 이러한 지식을 갖추고 있는데 그들보다 훨씬 뛰어난 인간이 왜 그것을 갖추지 못하였는가? 동물은 생명의 질서를 지키지만 사람만큼 합리적인 능력은 갖고 있지 않으므로 영계로부터 받은 그 속에 구유한 것이 깨뜨려지지 않기 때문. 그런데 사람은 그 개념은 영계로부터 얻었지만 합리적인 능력에 의하여 질서에 위반하는 생활을 하고 그의 속에 갖추어진 영계에서 받은 것을 비뚤게 해온 까닭에 나면서부터 이런 것을 알지 못하고 출생한 후에 신적 방편으로 천국의 질서에 돌아가도록 하는 것이 필요하게 되었다.

식물계에 어떤 대응이 있는가 하면 작은 씨가 싹이 나고 나무가 되어 잎이 나고 꽃이 피며 열매를 맺고 다시 그 열매 속에 미래의 종자를 품고 있는 놀라운 사실을 보라. 순서가 변치 않고 해마다 일정한 순서로 틀림없이 계속되는 사실을 보면 감탄할 수밖에 없다.

지상에 동물은 전체적으로 애정에 대응한다. 온유하고 유용한 동물은 선한 애정에 사나우면서 무용한 동물은 나쁜 애정에 대응한다. 소나 송아지는 자연적인 마음의 애정에, 양이나 어린양은 영적인 마음의 애정에 대응하며 조류는 저마다 종류에 따라 자연적이거나 영적인 마음의 이지에 속하는 것과 대응한다. 소, 송아지, 숫양, 암양, 숫 산양, 암 산양, 암 수의 어린양, 비둘기, 산비둘기 등의 동물은 표상적 교회였던 「이스라엘」 교회에서 신접한 일에 바쳐졌는데 이 교회에서는 희생번제 등에는 모두 이러한 동물을 썼다. 유순한 사람은 양이나 어린양, 사나운 자는 곰, 승냥이, 교활한 자는 여우와 뱀이라 말한다.

식물계에서는 나오는 천국이나 교회 사람들이 포도나무, 감람나무, 송백나무에 비유되고 사람이 행하는 선행이 과실에 비유되었던 곳이다.(주님은 포도나무요 우리는 가지니 가지가 포도나무에 붙어 있어야만 생명을 유지시킨다.)

또한 주님은 자신을 "생명의 빵"이라 불리웠다. 기독교회 가장 거룩한 의식이 「성찬」이며 빵과 포도주가 쓰여진 이유이다.

주님은 우주를 창조하고 형성하시었다. 그리하여 자연적인 사물과 영적 사물과의 대응 즉 이세상과 천국과의 대응은 일(用)에 의하여 이루어졌고 일은 이웃을 연결하는 것이며 일이 옷 입는 모양은 대응이고 일의 형체는 결합이다.

이 세상의 3계(동물, 식물, 광물)에 있으면서 질서에 따라 모든 사물은 일의 형태, 일을 위하여 일에서 형성된 결과이다. 왜냐하면 자연계에 존재하는 사물은 모두 대응물이기 때문이다.

말씀에는 글자에 나타나는 뜻과 영적인 뜻이 있으며, 글자에 나타난 뜻은 이 세상에 있는 사물로서 되었고 영적 뜻은 천국에 있는 사물로 되었다.

참고도서

E. 스베덴보리 지음, 이모세 · 이영근 옮김, 순정기독교, 예수인, 1995년.

E. 스베덴보리 지음, 사무엘 M. 와렌 엮음, 이영근 옮김, 신학총서개요, 예수인, 2002년.

E. 스베덴보리 지음, 이영근 옮김, 혼인애, 예수인, 2000년.

E. 스베덴보리 지음, 강흥수 번역, 천국과 지옥, 세종문화사, 1974년.

강흥수 역편, 썬다싱 전집, 성광문화사, 1967년.

파드마 삼바바 지음, 라마카지 다와삼둡 번역, 류시화 옮김, 티벳사자의 서, 정신세계사, 1995년.

E. 스베덴보리 지음, 정인보 번역, 하나님의 사랑과 하나님의 지혜, 한국스위든붉신학연구소, 1985년.

E. 스베덴보리 지음, 하재기 역, 나는 영계를 보고 왔다, 태종출판사, 1975년.

한스 홀쩌 지음, 안동민 역, 사후의 생명, 태종출판사, 1975년.

엄두섭 지음, 죽음 뒤에 오는 것, 신기원사, 1981년.

정인보 지음, 스위든붉의 생애와 사상, 규장각, 1984년.

한갑진 지음, 사후세계, 한진출판사, 1980년.

헨리 채드윅 지음, 서영일 번역, 초대교회사. 기독교문서선교회, 1983년.

이모세, 성서영해방법론, 다산글방, 1991년.

E. 스베덴보리 지음, 번역위원회, 천계와 지옥, 예수인, 1998년.

크리스 쿠퍼 지음, 김충섭 · 김다현 옮김, 누구나 알아야 할 우주, Gbrain, 2014년.

하나님의 보좌

인쇄일 2019년 3월 16일

발행일 2019년 3월 16일

지은이 김형일

발행인 김화인

펴낸곳 조 은

편집인 김진순

주소 서울시 중구 을지로20길 12 대성빌딩 405호(인현동)

전화 (02)2273-2408

팩스 (02)2272-1391

출판등록 1995년 7월 5일 신고번호 제1995-000098호

ISBN 979-11-88146-36-9

정가 15,000원